上一节有想法的
数学课

张胜辉　主编

中原出版传媒集团
中原传媒股份公司

图书在版编目（CIP）数据

上一节有想法的数学课／张胜辉主编 . — 郑州：
大象出版社，2022. 1
  ISBN 978-7-5711-1257-8

Ⅰ. ①上…　Ⅱ. ①张…　Ⅲ. ①小学数学课–教学研究
Ⅳ. ①G623. 502

中国版本图书馆 CIP 数据核字（2021）第 253112 号

上一节有想法的数学课
张胜辉　主编

出 版 人	汪林中
责任编辑	刘丹博　陈　洁
责任校对	倪玉秀　耿新超　张英方
装帧设计	王莉娟

出版发行	大象出版社（郑州市郑东新区祥盛街 27 号　邮政编码 450016）
	发行科 0371-63863551　总编室 0371-65597936
网　　　址	www.daxiang.cn
印　　　刷	新乡市豫北印务有限公司
经　　　销	各地新华书店经销
开　　　本	720 mm×1020 mm　1/16
印　　　张	17
字　　　数	264 千字
版　　　次	2022 年 1 月第 1 版　2022 年 1 月第 1 次印刷
定　　　价	49.00 元

若发现印、装质量问题，影响阅读，请与承印厂联系调换。
　印厂地址　　新乡县经济开发区富兴路东段
　邮政编码　453000　　　电话　0373-5635065

写在前面

不一样的教研,成就不一样的精彩!

"发展教师,成就学生"是学校稳步发展的核心。教师要成长,必然与教科研有着直接关联,将研究作为教师生命成长过程中的一个必经之路,以研究促成长,以研究带动教育教学能力提升,以研究解决实际教学问题,树立教师的专业自信,为学生可持续发展打下师资基础。正因为有这份初心,我们坚守着,奋斗着,反思着,创新着……

《上一节有想法的数学课》这本书正是我们三年研究实践成果的体现!

我们数学教研团队认为,只有把一节课、一个点想透彻了,才能学会思考的方法,把握思考的路径。如果总是泛泛地思考,不关注课堂的"生本 对话 求真 累加",教师对课标的解读、对教材的使用就缺乏纵深的认识,就无法引领学生进行深度思考、深度学习。数学课要有深度,教师的思考首先要有深度!于是,我们持续深入地展开了"上一节有想法的数学课"的主题研讨活动。

2018年4月19日,在"名师之路"全国著名小学名师成长、名校长培养暨"本真课堂"五校联盟第162次活动中,我校龚婷婷、周燕莉、马晓莹三位教师做课并说课,拉开了"上一节有想法的数学课"的序幕。当天下午,全国特级教师、中国教育学会小学数学教学专业委员会副理事长梁秋莲和《小学教学》主编殷现宾分别进行了评课。两位专家对三节课给予了较高评价,肯定了教师们敢于把自己的思考付诸教学行动,力求在课堂教学中有突破的教研精神。专家的肯定为数学团队的进一步实践探索注入了满满的动力,指明了前行的方向。

接下来的日子里,数学团队在我校特聘数学教育教学专家杨建斌老师的带领下,以年级组为单位,选定教学内容,从不同版本教材分析中深入解读教材,全面梳理数学知识体系,厘清"数与代数""图形与几何""统计与概率""综合与实践"领域的结构分布。接着,数学团队分组制定教学设计,研讨微型课,展示现场课,专题汇报,总结提升……在这个过程中,数学团队真正做到了全员参与,让每一位数学组的教师都在这个过程中有思考、有尝试、有收获、有成长!他们用行动践行了"不一样的你 一样精彩"的理念,用拼搏展现了"大气 博爱 智慧 致行"的团队精神。

我始终认为,一所学校,只有营造人人都参与的教研氛围,打造务实求真的教研团队,才能转变所有教师的教育思想,落实新的教育理念,产生正确的教育行为。我们的数学团队做到了,从教材分析到微型课,从现场课到说课,每一步都认真走,每一个脚步都踏踏实实,每一位教师的成长都真实可见。全员教研的过程,充满挑战与机遇,更充满精彩的成长故事,感动着每一个人。我欣喜地看到,近三年的打磨,磨出了教师们的气质。每位教师都能自信地站在舞台中央;近三年的打磨,磨出了团队的和谐奋进。团队的力量温暖着、感动着每个人;近三年的打磨,磨出了教师们更加专业的教学。每位教师都成为有专业尊严的教育者。

我知道,所有风轻云淡的潇洒,都来自千锤百炼的磨砺;一切别具匠心的设计,都源于精研细琢的探索!数学团队的成员克服困难,战胜自我,超越自我,实现了个人素养的积淀和提升。

我坚信,在教学研究这条路上,只有丰富专业学识,提高学科素养,积淀文化底蕴,才能使课堂更厚重、更开阔、更深刻,使学科独有的文化特性浸润学生的心田,成为学生成长的不竭动力。

一节有想法的数学课,必须是真实的;

一节有想法的数学课,应该是有效的;

一节有想法的数学课,必然是有思维成长的;

一节有想法的数学课,更应该有教师的想法和创新!

特别感谢梁秋莲老师的专业引领和指导,感谢洛阳市教体局教研室侯晓丽老师的悉心帮助,感谢洛阳市洛龙区教研室张红利老师的大力支持,感谢我校特聘数学教育教学专家杨建斌老师的陪伴和帮助,感谢数学团队每一位成员的辛勤付出!

很幸运,我们一群人结伴前行不累,课堂耕耘不辍,成长收获不菲!《上一节有想法的数学课》就是真实的记录与见证。另外,针对书中一些课例,我们还精心录制了精彩讲课视频片段,可扫二维码观看。感谢有您!

北京第二实验小学洛阳分校　张胜辉

序

《上一节有想法的数学课》,朴实无华的书名,却自带引人阅读探究、分享思考的"磁场"。全书分"我思我行,绽放思想之花""'惑'而生'新',探索智慧教学""拾级而上,迈向整体教学"三篇,展示了北京第二实验小学洛阳分校数学教研团队多年来坚持"不跟风、不折腾",立足课堂,追求"新课程理念与教学实践融合"的教研风采。

全书以课堂教学实例为主要载体,呈现了教师对教学实践的反思、对教学内容的深度分析、对学情的全面了解,以及以整体结构意识设计实施教学,扎扎实实改革教与学方式的方法和步骤。二十多节课的实例涉及小学数学各领域与各学段内容,每一篇课堂实录、每一篇教学设计都有新意,是理论转化为教学实践的研究成果。第一篇,实例中的"我思我想",体现了"想法"源于教师对自己的与他人的教学实践的反思,成于对教学内容的深度研究、对学情的充分了解和分析。第二篇,实例中的"教学设计",是教师以研究的姿态上好每节数学课的具体例证。教师从教学困惑中提炼出科研课题,将研究成果融入富有新意的教学设计,由"惑"生"新",成就了精彩的数学课堂。第三篇,结合"可能性"单元,以整体结构的意识分析重构教学内容,以整体优化教学过程的视角精心设计实施教学,展示了整体教学的基本策略。全书每篇教学实例中的"知识链接"资源丰富,利于教师"追根求源",理解教学内容的数学本质,提升自身的数学素养。

本书用鲜活、新颖的教学实例,展现从传统向现代的跨越,为一线教师提供了创造利于学生生动活泼、主动发展的数学课堂学习的方法、途径和策略。全书字里行间洋溢着数学教师热烈浓郁的教育情怀,彰显着数学教师致力于课堂教学改革,让每节数学课孕育精彩的追求。我们知道,教师成长始于课例研究,本书集学校教学改革数学课例的精华,为一线教师提供了"课例研究"的范例,将带给阅读者以及数学教师研究数学课堂教学的方法和途径。

不忘初心,忠诚教育教学事业;牢记使命,深化课堂教学改革。我们共同努力,让数学课堂更生动、让数学学习更有效、让学生成长更全面。

梁秋莲

2021 年 4 月

(本序作者为河南省基础教育教学研究室资深教研员,正高级、特级教师,中国教育学会小学数学教学专业委员会原副理事长、河南省教育学会小学数学教学专业委员会原理事长)

目 录

第一篇　我思我行，绽放思想之花

两位数加一位数(进位加法) / 张晓娜 …………………………………………… 002

两位数乘两位数的笔算乘法(不进位) / 吉碧林 ………………………………… 013

认识面积 / 龚婷婷 ………………………………………………………………… 026

平行与垂直 / 周燕莉 ……………………………………………………………… 035

三角形的认识 / 雷腊腊 …………………………………………………………… 047

分段计费 / 司马会鸽 ……………………………………………………………… 057

长方体的认识 / 毛香利 …………………………………………………………… 071

循环小数 / 周培培 ………………………………………………………………… 083

分数的意义 / 李丽文 ……………………………………………………………… 097

掷一掷 / 毛香利 …………………………………………………………………… 112

用字母表示数 / 郭遇巧 …………………………………………………………… 121

圆的认识 / 马晓莹 ………………………………………………………………… 130

第二篇　"惑"而生"新"，探索智慧教学

8 和 9 的认识 / 郭丹辉 …………………………………………………………… 142

11~20 各数的认识 / 白　寓 ……………………………………………………… 150

有余数的除法 / 郭丹辉 ………………………………………… 160

分数的初步认识 / 龚婷婷 ………………………………………… 166

小数的初步认识 / 马晓莹 ………………………………………… 177

三角形三边关系 / 李 伟 ………………………………………… 188

3 的倍数的特征 / 王曼利 ………………………………………… 197

用字母表示数 / 白东乐 …………………………………………… 208

问题解决(连续求一个数的几分之几) / 张瑞涛 ……………… 216

第三篇 拾级而上，迈向整体教学

"可能性"单元整体教学的研究与实践 / 杨建斌　马晓莹 …… 228

可能性(一) / 任乔丹 ……………………………………………… 237

可能性(二) / 高晓静 ……………………………………………… 244

可能性(三) / 李丽文 ……………………………………………… 253

第一篇
我思我行，绽放思想之花

在当下的小学数学教学实践中，时常忽视学科教学中一个最本真和最重要的问题——对教学内容本身的研究。事实上，游离于具体数学知识之外，单纯地讨论改进教学方式，不足以解决教学实践中的问题，结果只能是形式上的空转，难以真正实现学生的深度学习。我思故我行，就是基于对教学内容的深度研究、对学情的充分认识、对教学理念的全面理解，在思想驱使下演绎精彩课堂……

两位数加一位数（进位加法）

张晓娜

教学内容

人教版《义务教育教科书 数学》一年级下册。

我思我想

现行人教版教材将100以内加法和减法的学习分为两个阶段，分别将"口算"和"笔算"安排在一年级下册和二年级上册。本单元是在学生基本掌握了100以内数的组成，以及20以内的加、减法口算的基础上，重点学习100以内加、减法的口算。旨在通过口算教学，使学生进一步理解数的意义和组成，探索数字系统的结构，寻求多种可能的口算方法，学会用数学的方法进行交流，发展形象思维和抽象思维，培养学生的数学推理能力。

就口算而言，20以内的加法和相应的减法主要通过计数来完成运算，也就是说，运算结果是数出来的。口算过程涉及的是"几个一加、减几个一"，只有一个单位数(几个一)的加、减法。100以内的加法和减法涉及了"个""十"两个计数单位，因此运算也不再仅仅通过计数来完成。正如美国学者富森所说，它们之间存在着"单一性概念结构"和"多单位概念结构"的本质区别。如果说前者在算理上依托的是自然数的意义，那么后者所依托的则是十进位值制记数法。这就需要通过本节课的学习，使学生初步体会到：只有同一数位上的数才能相加(减)，十位上的数相加(减)与个位上的数相加(减)的方法完全相同，同样遵循"满十进一""借一当十"法则。本节课的学习要为后续学习多位数加、减法打下一个坚实的基础。

1. 注重知识的前后关联

计算是对数进行的，数位、计数单位、十进位值制概念是计算教学的核心概念。因此,要紧紧围绕着这些核心概念帮助学生建立"单位""位值"等概念,实现从"单一性概念结构"到"多单位概念结构"的过渡。

2. 将计数与计算统一起来,帮助学生建立"单位"概念,理解算理

事实上,计算本质上是另一种形式的计数,计算过程也是推理过程。摆小棒和拨数珠是小学低年级计算教学经常采用的方法。这种方法把抽象的数的运算转化成直观的物化动作,使学生直观看到进行加减的是计数单位"一""十"的个数,使学生从操作中感受计算的过程与步骤,为自主探索口算方法提供机会和条件。

3. 正确对待不同的口算方法

学生对于"满十进一"和"相同数位相加"已经有了一定的认识和经验,在此基础上,教材的编排层次是"实际问题引入—整理并呈现算法—交流并理解算法"。教材呈现出两种算法,来体现算法多样化。一种是"凑十法",另一种是类似于竖式的计算方法。学生前面已学习了"凑十法",印象比较深刻,会很自然地迁移到这里,这种方法所体现的运算律可从下面的例子中看出:

$$24+9=24+(3+6)=(24+6)+3=30+3=33$$

第二种方法类似于竖式计算,突出"进位"的道理,这也为后续学习做好铺垫。每种算法均以小棒图与口算过程算式图对照呈现,以此突出算理,并以"先算……再算……"突出两种算法的不同。从发展性和普适性来看,显然第二种方法更具一般意义。

课堂回放

教学目标

(1)使学生理解两位数加一位数(进位加法)的算理,掌握计算方法,能正确口算两位数加一位数的进位加法。

(2)让学生经历探索两位数加一位数(进位加法)的计算方法的过程,了解计算两位数加一位数不同的口算方法,感受不同的计算方法之间的联系。

(3)帮助学生理解"相同数位上的数相加,个位相加,满十进一"的算理。

教学重点

掌握两位数加一位数(进位加法)的口算方法。

教学难点

理解"相同数位上的数相加,个位相加,满十进一"的算理。

教学过程

一、故事导入

教师通过故事带领学生复习、理解"位值"。

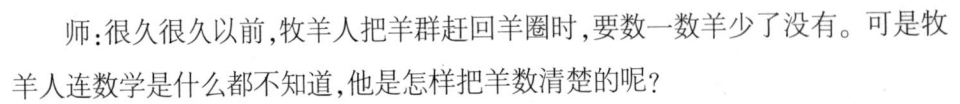

师:很久很久以前,牧羊人把羊群赶回羊圈时,要数一数羊少了没有。可是牧羊人连数学是什么都不知道,他是怎样把羊数清楚的呢?

师:如果羊很少,总共不到10只,他就可以把羊和自己的10个手指对应起来,一边把羊赶进羊圈,一边用手计算羊的数目。可是羊的数量越来越接近10,10个手指马上就用完了。

师:他想了想,就拿起一颗小石头,打算用这颗小石头来代表10只羊。接着又用手指数了10只羊,又把另一颗小石头放在一边。最后,还剩下4只羊,他就用另外4颗小石头来代表这4只羊。这样,有的小石头代表10只羊,有的小石头代表1只羊,该怎样区分呢?

师:聪明的牧羊人就在两堆小石头的中间画了一条线,使它们分别在不同的位置上,右边的一颗小石头代表1只羊,左边的一颗小石头代表10只羊。

师:你能看出来现在他的羊圈里有几只羊吗?

师:聪明的牧羊人虽然不懂数学,但他明白可以把表示1只羊的小石头和表示10只羊的小石头用不同的位置加以区分。用我们的数学知识来说,表示几个一的数位叫什么?表示几个十的数位又叫什么呢?

【评析】通过有趣的故事激发学生学习的兴趣,同时复习"位值",为知识的迁移做好铺垫。

二、提出问题,探索新知

1. 提出问题,列算式

师:牧羊人看着地上摆放的小石头,羊比平常少了一些!就在他打算出去寻

找时,听到了不远处传来的羊叫声。你看,又回来了几只羊?(出示图片)

生:9只。

师:谁能估一估牧羊人大约有多少只羊?

生1:30多只。

生2:33只。

师:准确的结果你都能算出来了,看来同学们都有很强的口算能力啊!那老师想知道你们是怎样算的,为什么结果是33,而不是20多,也不是34,更不是43?

【评析】情境引出24+9的算式,激发学生对24+9结果的思考与探索。

2. *动手操作,自主探究*

师:我们不仅要知道怎样算,还要知道为什么这样算。今天,老师为大家准备了作业纸,在作业纸上把计算的过程圈一圈,看看先算什么,再算什么,结果是多少。

(1)学生动手操作。

(2)交流汇报。

生1:我是把4根小棒和6根小棒圈在一起,先算4+6=10,再算30+3=33。

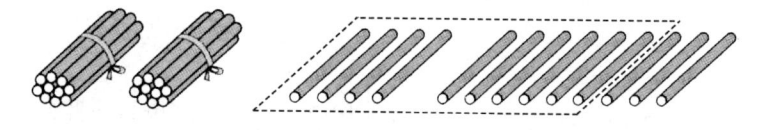

生2:我是把1根小棒和9根小棒圈在一起,先算1+9=10,再算23+10=33。

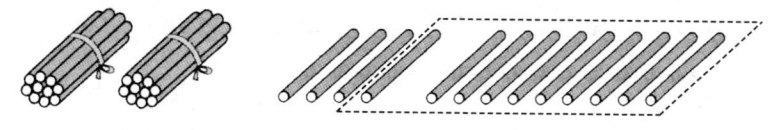

生3:我是把4根小棒和9根小棒圈在一起,先算4+9=13,再算20+13=33。

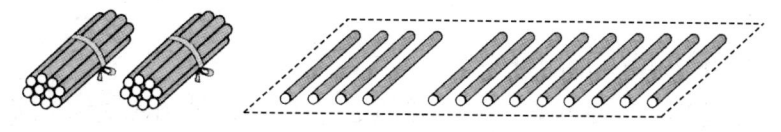

【评析】引导学生运用已有的"相同数位相加""凑十法"的知识经验,通过对小棒图的圈一圈、画一画,自主探索24+9的计算方法。

3. 比较异同，提炼算法

(1)比较"24+9"的不同算法,理解算理。

师:现在我们一起来对这些不同的算法进行比较。它们有相同的地方吗?它们的不同在哪里?

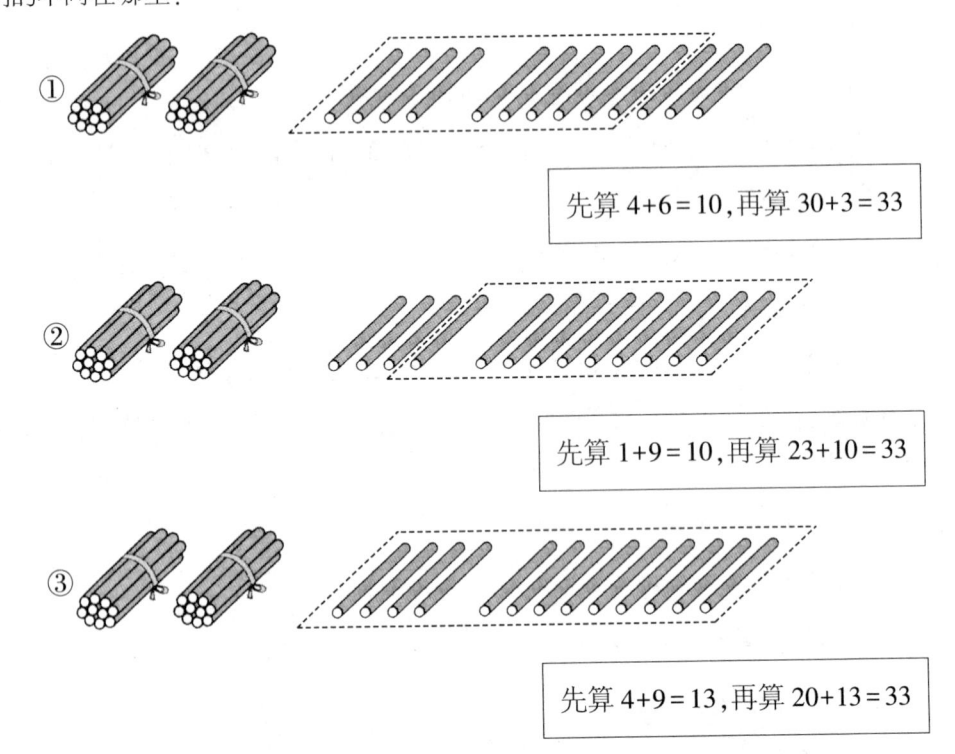

① 先算 4+6=10,再算 30+3=33

② 先算 1+9=10,再算 23+10=33

③ 先算 4+9=13,再算 20+13=33

生1:相同点是都分成了两步计算,先把单根小棒相加,再和两捆合在一起。

生2:第一种和第二种都用到了"凑十法",不同的是凑十的方法不一样,第一种是从9中取出6,和4凑成十;第二种是从4中取出1,和9凑成十。

生3:第三种和前两种都不一样,直接用4和9相加等于13,然后20+13=33。

师:这三种方法都是分了两步计算,他们第一步算得看似不一样,仔细看看,有没有一样的地方?

生:他们都是把几个一和几个一加在一起。

师:(小结)是的,各种方法的道理都是一样的,都是相同数位上的数才能相加。

【评析】对学生的计算过程进行梳理、归纳,巩固"相同数位上的数才能相加"

的算理,以"先算……再算……"的形式,帮助学生明确计算步骤,掌握计算方法。

(2)与典型情况24+6=30比较,突破难点。

①研究算理。

师:同学们不仅帮助牧羊人算清了一共有多少只羊,还研究出了多种方法。不过不同的"凑十法"中是否藏着相同的秘密呢?我们一起来看牧羊人是怎样数清一共有多少只羊的。

师:(出示图片)我们来回顾一下牧羊人算的过程,他先算的是24+6=30,是把24分成2个十和4个一,4个一和6个一相加,得到10个一,个位相加满十了,所以十位上多了一,成了30,再加上剩下的3,得到33。

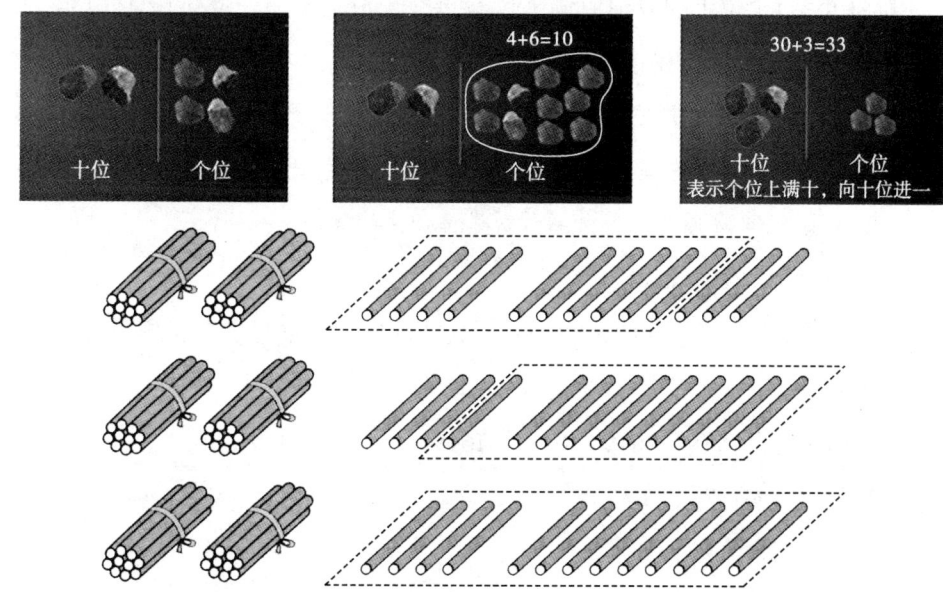

师:牧羊人和大家的方法有哪些相同的地方?

生1:都是先把个位相加。

生2:都用到了"凑十法",先把个位相加,满十向十位进一。

【评析】通过牧羊人数羊的动态过程演示,学生清晰地看到个位上的数字依次相加,当个位相加满十时,就有了10个一,可以转化成1个十,再通过与前面画小棒的方法相比,让学生明确"相同数位相加""满十进一"的算理。

②提炼算法。

师:课本中的小精灵受牧羊人的启发,也算了三道题。小精灵在计算三道题目时,有什么规律吗?

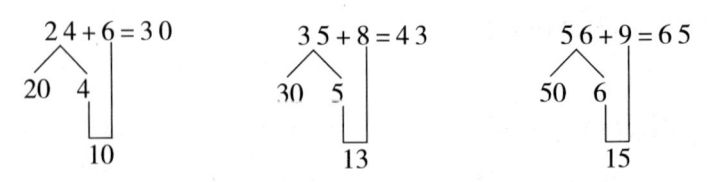

$$24+6=30 \qquad 35+8=43 \qquad 56+9=65$$
$$20\quad 4 \qquad\qquad 30\quad 5 \qquad\qquad 50\quad 6$$
$$10 \qquad\qquad13 \qquad\qquad15$$

生:小精灵都是把两位数分成了整十数和一位数,先算个位上的几加几,再和前面的整十数合起来。

师:个位相加结果有什么相同之处?十位有什么变化?

生:个位相加都已经满十了,所以十位上就多了一。

师:(小结)个位上的数相加满十了,就要在十位上多加一,我们把它叫作"满十进一"。这样的加法叫两位数加一位数的进位加法。(板书课题)

【评析】在对比中,找到不同计算方法的共同点,从具体、直观的计算中抽象出"满十进一"的计算算理。通过辨析,学生对口算的思维过程更清晰、更有条理,也更好地理解、掌握两位数加一位数进位加法的算理。

4. 题组类比,整体把握

师:你觉得今天学习的两位数加一位数的进位加法难吗?有这样一组题,你会做吗?

(1)出示题目:6+9　26+9　46+9　76+9

(2)学生完成计算。

(3)交流汇报。

师:比较这些算式,你发现它们有哪些相同的地方?

生1:我发现前面的加数个位上都是6,它们加的都是9。

生2:我发现得数的个位上都是5,因为它们都要先算6+9=15,15的个位上就是5。

师:还有什么发现?

生:得数的十位都比原来多了一个一。

师:(小结)它们都是先算6+9=15,所以得数的个位上都是5;6+9=15,已经满了十,所以得数的十位都多了一。按照这个规律,如果告诉你9+4=13,你能很快完成下面的题目吗?

(4)出示练习运用题目:9+4=13 39+4=☐ 59+4=☐ 89+4=☐

生:因为9+4=13,所以个位上都是3,由于个位相加满十了,所以十位上的数字都要加1,结果依次是43、63、93。

【评析】通过题组的观察、类比,激发了学生探索的兴趣,同时在题组的练习中使学生再次体会"满十进一"的计算算理,并掌握快速口算的方法。

三、巩固提升

师:学习了"满十进一"的计算方法,你会应用吗?敢不敢来闯闯关呢?

1. 想一想,填一填

$$27+3=\square \qquad 64+8=\square$$

生1:第一道把27分成20和7,先算7+3=10,个位相加满十,要向十位进一,结果是30。

生2:第二道把64分成60和4,先算4+8=12,个位相加满十,要向十位进一,结果是72。

2. 算一算,圈一圈,把你认为正确的结果圈起来

35+8(43 33)   27+4(67 31)

56+3(59 69)   3+28(31 58)

生1:5+8=13,个位满十要向十位进一,所以结果是43。

生2:先用个位的7加4,结果是11,个位满十要向十位进一,所以结果是31。

生3:个位6+3=9,不用进位,结果是59。

生4:个位的3加个位的8,结果是11,个位满十要向十位进一,所以结果是31。

3. 细分辨,找规律

师:先算一算,再仔细观察一下这些算式有没有规律。

23+5=   4+54=   32+5=

23+7=   6+54=   35+5=

23+9＝　　　8+54＝　　　38+5＝

生1：我发现第一行三道题计算时都不进位，其他的都需要进位。

生2：我发现第二行个位相加都是10，所以和是整十数。

师：大家既会观察又会总结，非常棒！刚才大家都是横着观察和比较，如果竖着观察，你又能发现什么？

生：我发现每一列都有一个相同的加数，而且另一个加数越大，它的和就越大。

【评析】第一题为基础题，通过两位数的拆分，帮助理解能力弱的学生再次巩固"相同数位相加""满十进一"的算理；第二题"圈一圈"，引导学生通过个位相加的结果快速判断和的十位上的数字，并在辨析中使学生再次巩固只有个位相加"满十"才能向十位进一，错误选项的呈现提醒了学生在做题时的易错点，避免了学生出现类似问题。第三题为拓展提高题，通过对规律的寻找、探索，再次巩固了本节课计算的算理，提高了学生计算的技巧。

四、课堂总结

师：本节课学到这儿，谁来说一说自己有什么收获？

师：(小结)通过本节课的学习，我们知道了"相同数位相加"，个位相加满十要向十位进一。

板书设计

两位数加一位数(进位加法)

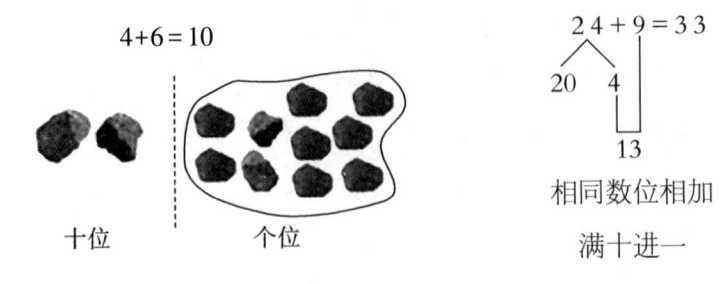

4+6＝10

十位　　　个位

$$24+9=33$$
$$20\quad 4$$
$$13$$

相同数位相加

满十进一

回顾反思

1. 借助有趣的情境，复习"位值制"

本节课的教学内容是从"单一性概念结构"向"多单位概念结构"过渡，需要借助"位值制"，因此，教师用牧羊人数羊的情境导入，牧羊人用小石头表示羊的只数，"有的小石头代表10只羊，有的小石头代表1只羊，该怎样区分呢"，使学生产生思维冲突，从而引出了"位值制"，为后面"单一性概念结构"突破到"多单位概念结构"做好铺垫。

2. 借助直观的操作，实现自主探索

本节课由情境"牧羊人有多少只羊"引出24+9怎样计算。由于一年级学生仍是以具体形象思维为主，所以教师运用小棒图，让学生在"圈一圈""画一画"的具体操作中自主探索两位数加一位数（进位加法）的计算方法，积累"单根小棒相加满十可以扎一捆"的经验，为进一步抽象出"满十进一"做好准备。

3. 借助方法的沟通，理解"满十进一"

有了"位值制"的复习，学生实践操作"单根小棒满十根可以扎一捆"的经验，教师呈现牧羊人解决问题的方法和小棒图的计算方法，通过多种计算方法的对比，引导学生找出不同方法之间的共同点，即"相同数位相加"，"个位相加满十，向十位进一"，帮助学生抽象出计算的算理。

4. 借助题组的类比，突破认知难点

拓展延伸阶段，教师借助题组类比引导学生观察 6+9、26+9、46+9、76+9 中"个位上为什么都是5""十位上的数字有什么变化"，让学生在题组中再次体会"满十进一"，帮助学生突破对算理的认知难点。在练习环节，教师借助题组，引导学生观察总结出什么时候可以"进一"，什么时候不能"进一"，只有"相同数位上的数"才能"相加"，再次巩固了学生对算理的理解与掌握，并提高了学生计算的技能。

本节课中，教师注重学生知识的迁移，学生的观察、总结，以及学生数学思维的表达，充分体现了学生的课堂主体地位，提升了学生的数学核心素养，为学生的进一步学习做好铺垫。

知识链接

加法的定义及计算法则

"1"是自然数的基本单位,任何自然数都是由若干个"1"所组成的。自然数是无限多的,在自然数中是找不到最大的自然数的。如果数出的这个数是 a,那么就会很容易地找到与 a 相邻的下一个数 $a+1$。$a+1$ 则称为 a 的"后继数",例如,1 的后继数是 2,2 的后继数是 3,以此类推。如此下去,显然从 1 开始,每个数都有它的后继数。1889 年,意大利数学家皮亚诺发展了"后继数"思想,在《算术原理新方法》这本著作中提出了算术公理系统,定义了自然数,同时也定义了加法。

依据公理,对加法可以作出如下定义:

如果给定一个自然数 5,在自然数列中,从 5 以后数出 3 个数来,就得到 8,这个 8 可表示为 5+3,并且叫作数 5 与数 3 的和。

一般地,给定一个自然数 a,在自然数列中,从 a 以后,连续数出 b 个数,与 b 对应着自然数列的一个确定的数 c,这个数 c 可以表示为 $a+b$,并叫作 a 与 b 的和,a 与 b 叫作加数。

依据定义,加法满足以下两种规则:

(1) 对于任意自然数 m,$0+m=m$;

(2) 对于任意自然数 m 和 n,$m+n^+=(m+n)^+$。

其中 n^+ 表示 n 的自然数后继。

(摘自薛海明、薛星:《自然数原本数数论》,有删改)

作者简介:张晓娜,洛龙区优秀班主任,洛龙区学科技术带头人,曾获河南省信息技术融合课二等奖、洛阳市优质课大赛一等奖、洛阳市信息技术融合课一等奖、洛阳市"一师一优课"一等奖、洛龙区优质课大赛一等奖。

两位数乘两位数的笔算乘法（不进位）

吉碧林

教学内容

人教版《义务教育教科书 数学》三年级下册。

我思我想

"两位数乘两位数的笔算乘法"是在学生已经能熟练掌握表内乘法、能进行多位数乘一位数的笔算乘法、会口算两位数乘一位数和两位数乘整十数的基础上进行教学的，它是三年级下册教材的一个教学重点，也是今后学习三位数乘两位数、小数乘法的基础，同时也为除数是两位数的除法学习做好准备，其作用在小学阶段"数与代数"的学习中是举足轻重的，也是学生计算学习过程中的一次新"跨越"。

《义务教育数学课程标准（2011年版）》指出："运算能力主要是指能够根据法则和运算律正确地进行运算的能力。培养运算能力有助于学生理解运算的算理，寻求合理简洁的运算途径解决问题。"同时还指出，在基本技能的教学中，不仅要使学生掌握技能操作的程序和步骤，还要使学生理解程序和步骤的道理。所以计算教学必须是让学生循"理"入"法"，让学生不仅"知其然"，而且更要"知其所以然"，以达到以"理"驭"法"、"理""法"相融的要求。

实际计算教学中往往存在以下几种情况：重视计算方法的教学，忽视对算理的理解，舍本逐末；重视笔算教学，忽视估算、口算、笔算间的沟通；重视知识本身的教学，忽视数学知识与生活实际的联系，把知识和生活割裂开来，体会不到数学学习的价值和乐趣。

在本节课的整个教学过程中，应充分调取学生已有的算法经验，加强口算、估算、笔算之间的对比，借助实际意义找到它们之间的相同和相通之处，从而努力实现口算、估算、笔算的多维沟通。

掌握算法和探究算理是计算教学的两大任务,算法是解决问题的操作程序,算理是算法赖以成立的教学原理。在计算教学中,算理探究与算法掌握具有同等重要的地位,教学中要帮助学生搭建算理与算法互通的桥梁。

课堂回放

教学目标

(1)让学生在观察、操作的活动过程中,掌握、理解两位数乘两位数的算法和算理,会用竖式计算两位数乘两位数的乘法。

(2)使学生在探究与交流过程中提升数感,感受转化、数形结合的数学思想,培养观察、概括、沟通、转化能力。

(3)引导学生感受数学与生活的联系,提高学习数学的兴趣,增强学好数学的信心。

教学重点

掌握两位数乘两位数笔算乘法的计算方法,理解算理。

教学难点

理解两位数乘两位数笔算乘法的算理。

教学过程

一、情境引入,激活经验

1. 回归基础,从"简单"开始

师:孩子们,我们在计算乘法时有一个法宝,知道是什么吗?

生:乘法口诀。

师:对,那用"三六十八"这句乘法口诀可以计算哪些乘法算式?

生1:$3×6=18,6×3=18$。

师:还有吗?

生2:$30×6=180,60×3=180$。

师:你的思维真灵活!在她的启发下,谁还有补充?

生3:$300×6=1800,600×3=1800$。

师:真好,由一句乘法口诀大家想到了这么多的乘法算式,不同之处就在于它们分别表示 18 个一、18 个十和 18 个百。

2. 拾级而上,向"复杂"进发

师:加大难度,计算 14×2 用到了哪些乘法口诀?

生:用到了两句乘法口诀:"二四得八"和"一二得二"。

师:能说一说你的计算过程吗?

生:先算 10×2=20,再算 4×2=8,最后算 20+8=28。

师:哦,也就是把 14 进行了拆分,分成了 10 和 4,然后把这个整十数和一位数分别与 2 相乘,最后把两个积合起来就是 28。你的思路真清晰!

【评析】运用乘法口诀引导学生进行发散思维,再次认识位值的含义,并进一步把探究引向深入,回顾两位数乘一位数的口算方法,为后面学习新知、理解算理打下基础。

二、自主学习,探究新知

1. 出示例题,导入新课

例 1:每套书有 14 本,王老师买了 12 套。一共买了多少本?

师:从题中你获取了哪些信息?要求的问题是什么?

生:我知道了每套书有 14 本,王老师买了 12 套书,要求的问题是一共买了多少本书。

师:算式怎么列?能说一说你的想法吗?

生:14×12,一套书是 14 本,12 套书多少本就是 12 个 14 是多少,用乘法计算。

师:这是一个两位数乘两位数的算式。(板书:两位数乘两位数)

【评析】引导学生经历解决问题的第一个环节——阅读与理解,使学生能说出自己的理解,准确地列出算式,明晰算式的特点,为后面探究并理解算理提供依据。

2. 借助点子图,理解算理

师:12 个 14 是多少?请大家先来估一估。

生 1:把 14 和 12 都看作 10,所以大约是 100。

生 2:把 12 看作 10,所以估值是 140。

师:对于这两种估计的结果,你怎么看?

生3:刚才两位同学都是用估小的方法,所以准确值一定比100和140要大,而且140更接近于准确值。

师:那么究竟14×12的准确值是多少,又该怎么算呢?请同学们拿出作业单,看作业单上的点子图,图中的每一个点子都代表一本书,这张点子图就表示王老师买的12套书。请同学们用水彩笔在点子图上分一分、算一算,看你们有什么发现。开始吧!

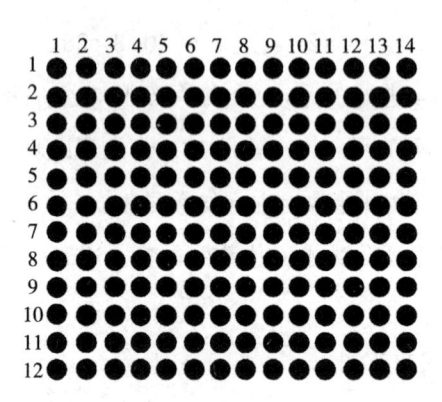

(学生动手操作)

师:我请几位同学上台展示一下他们的分法,并请他们说一说自己是怎样分的、怎样算的。

(学生展示算法如下)

算法一:

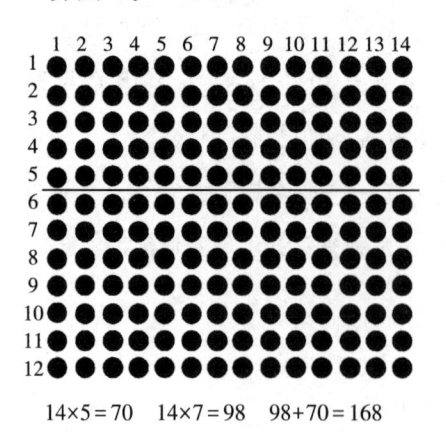

14×5 = 70 14×7 = 98 98+70 = 168

算法二:

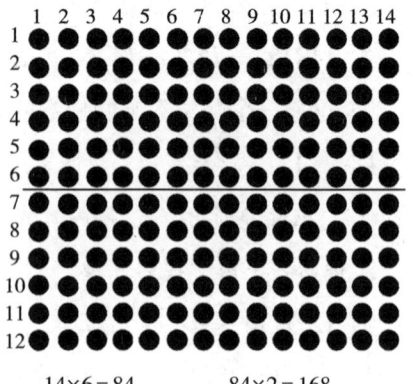

14×6 = 84 84×2 = 168

算法三：

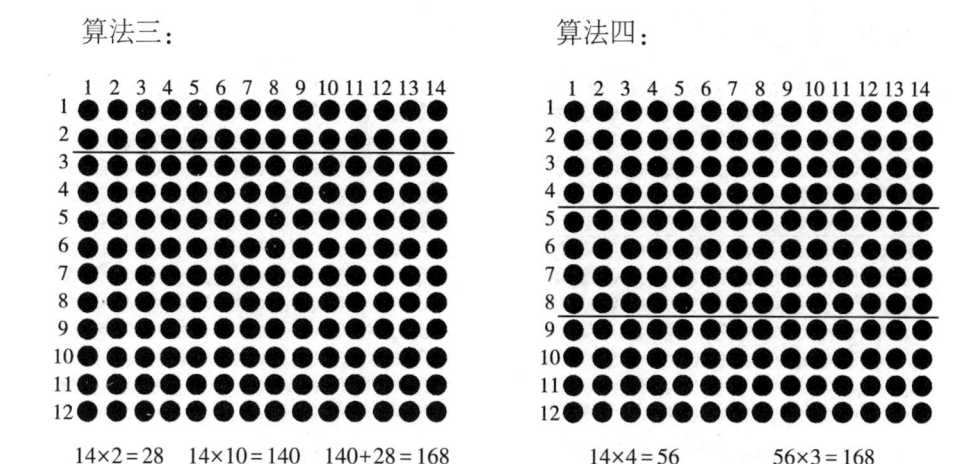

算法四：

14×2=28　14×10=140　140+28=168

14×4=56　　56×3=168

师：他们的分法各不相同，但得到的答案却是完全一样的，这是为什么？

生：他们都是先分成几部分，并分别算出每部分的个数，最后再把几部分的个数相加。

师：也就是——先分后合，果然有发现！（板书：先分后合）

师：这些分法中的不同点呢？别着急，有个好办法可以试试看，分类！试试看吧！

师：下面这些分法是平均分还是任意分？（出示课件）

算法一：

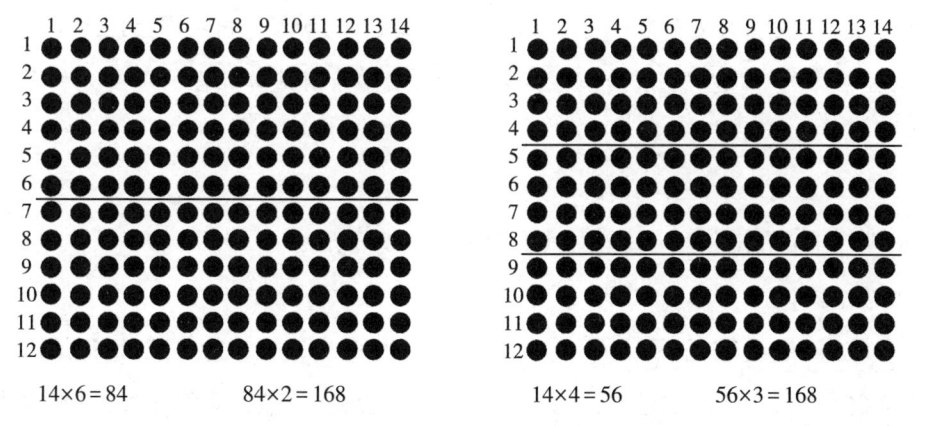

14×6=84　　　84×2=168

14×4=56　　56×3=168

生：这两种分法都是平均分，先算出一份的个数，再用它乘份数就能算出总数。

算法二：

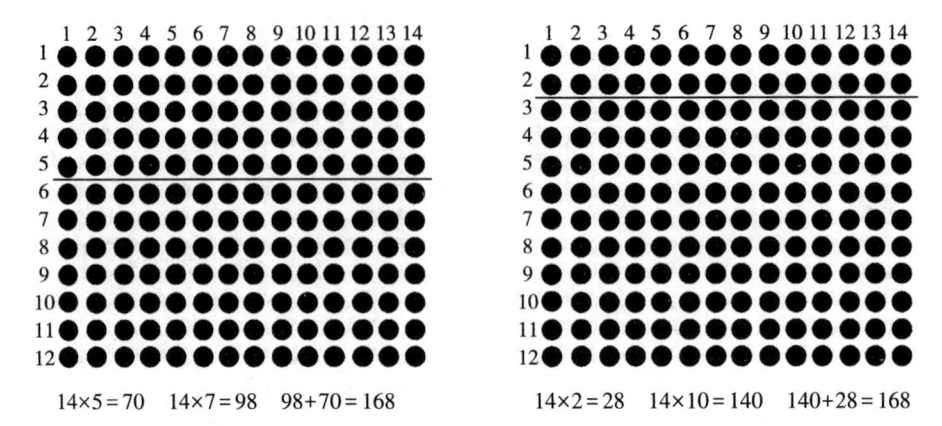

$14×5=70$　　$14×7=98$　　$98+70=168$　　　　　$14×2=28$　　$14×10=140$　　$140+28=168$

生：这两种分法都不是平均分，而是任意分的，所以它们分为一类。

师：哪位同学采用了这种分法（手指算法二）？请你说一说你当时是怎样想的。

生：把12分成10和2，这样就可以分别算出2个14和10个14的得数，再相加。

师：你是把12看成"1个十"和"2个一"，用"个位上的2"和"十位上的1"分别与14相乘，然后相加。

【评析】引导学生经历了想一想、分一分、算一算、说一说的过程之后，使他们对两位数乘两位数先分后合的本质有了更深的认识，接着又引导学生经历了一次"研究与发现"的过程，通过观察、分类、对比，使学生对笔算算理的理解更加深入透彻。

3. 列竖式计算，明确算法

师：同学们，在这个过程中，我们经过了几步口算？

生：三步。

师：不错，我们经历了$14×2$、$14×10$、$28+140$三步口算。想一想，这只是一个两位数乘两位数的乘法运算，如果是一个三位数乘三位数的乘法运算，三步口算能得到结果吗？

生：不能。要用四步口算才能得到结果，并且是一位数乘三位数。

师：你们说得不错，在今后的学习和生活中，我们接触到的数会越来越大，口算的步骤会越来越多,而且每步口算的难度更大,这就需要我们把每步口算的过程记录下来。你想用什么方式来记录这种"分"和"算"的过程?试一试吧!

(学生独立试算,一位学生板演)

师:赶快和大家交流一下你的想法和算法吧!

生:我是先算了 14×2,积是 28;接着我又算了 14×10,积是 140;最后把 14×2 的积 28 与 14×10 的积 140 加起来,和是 168。

师:我们来回顾一下他的发言。他先用第二个因数个位上的 2 去乘第一个因数每一位上的数,积是 28(板书:14×2 的积),结合买书这件事,就是 2 套书的本数。你能在图中找到这 28 本书的位置吗?

(学生在点子图上指出)

师:接着他又算了 14×10,也就是用第二个因数十位上的 1 去乘第一个因数每一位上的数,积是 140(板书:14×10 的积),也就是 10 套书的本数。140 本书在点子图的哪儿?

(学生在点子图上指出)

师:最后把 14×2 的积与 14×10 的积加起来,和是 168。168 是 14×12 的积(板书:14×12 的积),也就是 12 套书的本数和所有的点子数。

师:你们写的竖式与他的一样吗?哦,有不一样的,请你来说一说!

生:14×10 的积 140,个位上的 0 可以省略不写。

师:能具体说说理由吗?

生:4 在十位,1 在百位,个位上的 0 即使不写,也不影响这个数的大小和最终的计算结果,而且更简洁!

师:有道理,在这个竖式里 14×10 的积 140,个位上的 0 不写依然能清晰地表示出 140,所以我们可以省略不写。14×12 准确值是 168,确实比我们估算的结果 140 要大一些。

师:以上就是我们今天学习的内容——两位数乘两位数的笔算乘法。(补充板书:两位数乘两位数的笔算乘法)

【评析】在学生已经理解了算理的基础上,引领他们用竖式的形式来记录分的方法和算的过程,在此基础上,进一步引导学生概括、总结算法,从而达到学生对算理理解和算法总结的融合与统一。

三、拓展延伸，深化理解

师：在我们今天的学习过程中，点子图发挥了很大的作用，它不仅沟通了新旧知识间的联系，还帮我们找到并理解了竖式背后的道理。你们学会了吗？敢接受老师的考验吗？（出示课件）

第一关：猜猜看，猜猜 🍎 下面藏的是数字几。

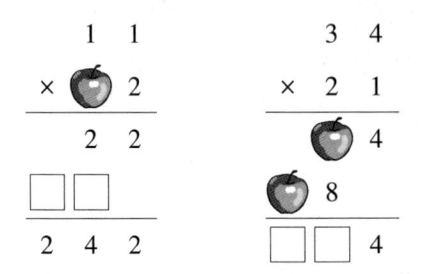

```
      1 1              3 4
  ×   🍎 2         ×   2 1
  -------           -------
      2 2              🍎 4
  □ □                🍎 8
  -------           -------
      2 4 2            □ □ 4
```

【评析】用"猜猜看"这种具有一定挑战性的活动激发学生的探究欲望，同时也考查了学生对两位数乘两位数的笔算算法的掌握情况。

第二关：下面的计算正确吗？把错误的改正过来。

```
      2 2              3 1              3 4
  ×   4 3          ×   1 3          ×   1 2
  -------          -------          -------
      6 6              9 3              6 8
      8 8              1 3              3 4
  -------          -------          -------
      1 5 4            2 2 3            4 0 8
```

【评析】通过让学生进行观察、思考、纠错，进一步巩固两位数乘两位数算法的掌握。

第三关：数学魔法。

$$31×11=341$$
$$32×11=352$$
$$34×11=374$$
$$35×11=385$$

师：仔细观察，同桌交流，有什么发现吗？

生1:31乘11,用1乘31得到31,用10乘31得到310,310加上31就是341。其他的题目也是这样。

生2:这四道题目的得数的百位和个位分别同第一个因数一样,十位上的数是第一个因数两个数位上数字的和。

师:真好!其实这个规律也可以这样说,两头一拉,中间相加。同意吗?那就赶快再来利用规律试一试吧!

41×11=   54×11=   63×11=   72×11=

师:有答案了吗?请你来说一说!

生:41×11=451,54×11=594,63×11=693,72×11=792。

师:真好,看来都是会观察、善总结、敢尝试的好孩子!

【评析】通过让学生进行观察、思考、交流、猜想、验证的探究过程,为他们积累探索数学规律的活动经验提供机会,并使他们体会到数学学习的趣味性。

第四关:走进生活,解决问题。

师:图中一共有多少个鸡蛋?有办法算出来吗?

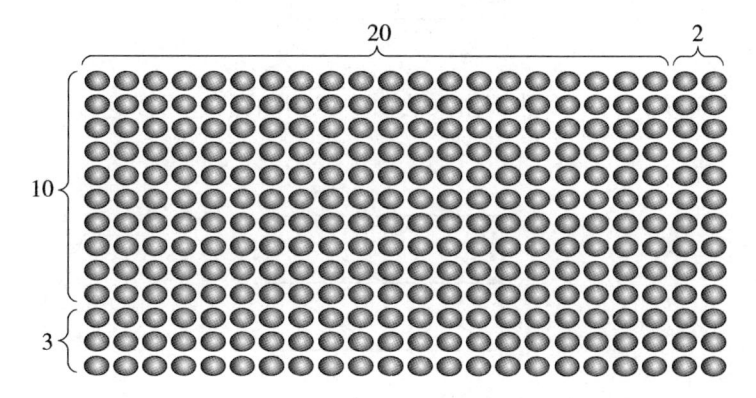

生:22×13。

师:借助这幅图想一想怎么算。

生1:把13分成10和3,先算22×10=220,再算22×3=66,最后算220+66=286。

生2:把22分成20和2,先算20×13=260,再算2×13=26,最后算260+26=286。

师:先分后合,好主意!如果在图中加上两条分界线,把13分成10和3,把

22分成20和2。现在鸡蛋就被分成了4份,你能介绍一下每份表示的意思吗?

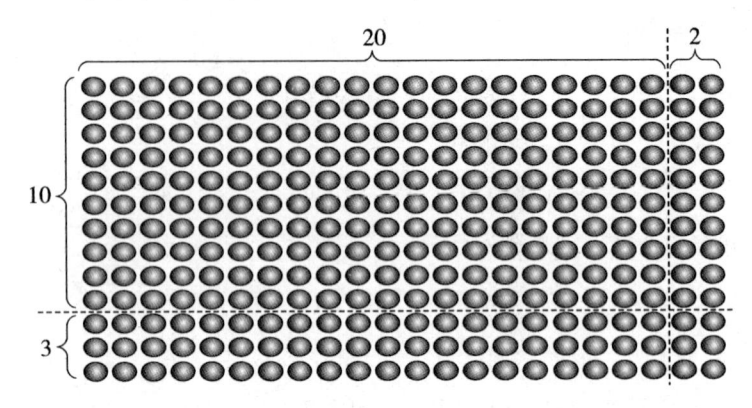

生:它们分别表示 10×20 = 200,3×20 = 60,10×2 = 20,3×2 = 6。

师:真好,看来竖式中每次计算的结果对应的都是图中一部分鸡蛋的数量。

师:其实这幅图还可以简化成这样(出示图片),看,明白吗?

生:明白。

师:如果这里的每一个数都由乘法口诀得到的话,还可以这样表示,如下表所示。

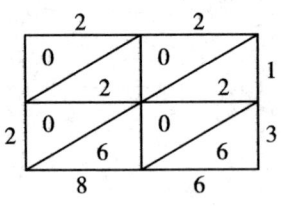

先用个位上的3去乘第一个因数:

二三得六,表示6个一;

二三得六,表示6个十。

再用十位上的1去乘第一个因数:

一二得二,表示2个十;

一二得二,表示2个百。

合起来是286个鸡蛋。这是我国明朝《算法统宗》中讲述的一种乘法计算方法——铺地锦,它和我们今天简洁的竖式计算有着密切的关系,怎么样,了不起吧?

【评析】让学生通过观察,并借助实物图,在解决生活实际问题的过程中,进一步体会每一句乘法口诀所对应的实际含义,明确笔算方法,加深算理理解,同时渗透相关的数学文化。

四、课堂小结

师:同学们,学到这里,你们有什么想说的吗?

生1:我学会了两位数乘两位数的笔算乘法。

生2:我知道了竖式背后先分后合的道理,不仅掌握了具体的计算方法,而且还可以用点子图解释每一步所代表的含义。

师:这个三位数乘两位数(312×13)又该怎样计算呢?课后请大家继续研究!这一节课我们就上到这里,下课,同学们再见!

【评析】下课,并不意味着学习的结束,让学生带着思考、带着问题下课,将进一步的探究延续到课下,使学习更深入,会对笔算乘法的算理理解得更透彻。

板书设计

两位数乘两位数的笔算乘法

每套书14本,王老师买了12套,一共多少本?

14×12=168(本)

先分后合

$$\begin{array}{r} 1\ 4 \\ \times\ 1\ 2 \\ \hline 2\ 8 \\ 1\ 4 \\ \hline 1\ 6\ 8 \end{array}$$

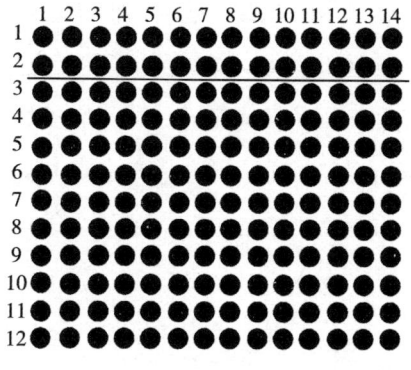

14×2=28　14×10=140　140+28=168

答:一共有168本。

回顾反思

"两位数乘两位数的笔算乘法"是人教版《义务教育教科书 数学》三年级下册第四单元第二课时的内容,在整个小学阶段的计算教学中有着举足轻重的作用。本节课前,我对学生进行了学前调查,对教材进行了深入研读,教学设计几经修改和实践,课堂教学效果整体有以下特色:

(1)乘法口诀是所有乘法计算的法宝,它不仅可以计算一位数乘一位数,还可以帮助我们解决整十、整百、整千数等的乘法问题,而这些正好是多位数笔算乘法的基础。因此,在本节课开始时运用不同形式回顾乘法口诀显得较为必要,同时因为学生已有一定的基础,适当增加了难度,复习两位数乘一位数的口算方法,为后面理解两位数乘两位数笔算乘法的算理打下基础。

(2)借助几何直观的点子图,将"冰冷"的算法和"神秘"的算理深层次融合,让学生清楚感受到"法中见理,理中得法"。点子图的介入能帮助学生在分一分的过程中经历用图示表征算法的过程,然后在交流的过程中明确用算式表征算法的过程,了解图形表征、算式表征和计算方法之间的联系。最后在理解竖式计算的算理时,让学生再次利用点子图,表示出竖式计算中每一步的结果,从而更好地理解其含义,掌握好算法,实现算理和算法的有机融合。在此过程中,也让学生感受到了数形结合的思想。

(3)学习新课时,发现两位数乘两位数口算难度较大,此时可以引导学生估算出大概结果,但发现并不能解决实际问题,由此学生自然而然想到笔算,而在探究两位数乘两位数的笔算方法时,进一步让学生感受笔算和口算的算法和算理是一样的,只是书写形式不同而已,从而实现了口算、估算、笔算的多维沟通。

"铺地锦"对部分学生来说难度过大,很难理解这个方法的本质,课中仅向学生做简单的介绍,使其了解我国丰富的数学文化。

知识链接

铺地锦

我国明代数学家程大位(1533—1606)喜欢用歌诀的形式表述算法,他在《算

法统宗》(1592年)卷十七中指出:"写算,即铺地锦。"歌曰:

　　　　写算铺地锦为奇,不用算盘数可知。

　　　　法实相呼小九数,格行写数莫差池。

　　　　记零十进于前位,逐位数数亦如之。

　　　　照式画图代乘法,厘毫丝忽不须疑。

以"358×49"为例,来说明铺地锦的计算步骤:

(1)画方格,列数和行数由两个乘数的位数决定。将第一个乘数各数位上的数分别与第二个乘数各数位上的数相乘。

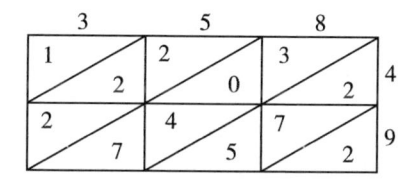

(2)把每两条斜线间夹的数分别相加,满10向上行进1。和写在格子外相应的位置。

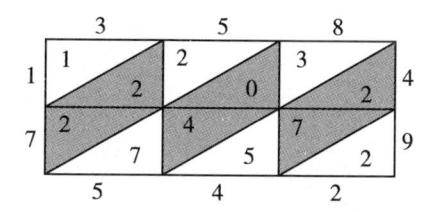

左起依次从上向下,再拐弯向右接着写下去,就得到358×49的积17542。

(摘自潘红丽、潘友发:《"铺地锦"史话》,有删改)

作者简介

吉碧林,中小学一级教师,北京第二实验小学洛阳分校数学教师,洛阳市学术技术带头人,洛龙区优秀教师,洛龙区骨干教师,曾获洛阳市数学优质课二等奖、洛龙区数学优质课一等奖。

认识面积

龚婷婷

教学内容

人教版《义务教育教科书 数学》三年级下册。

我思我想

什么是面积？"面积"属于一个度量概念，其实质是要对某块区域、某些平面图形的大小寻找一个合适的数。就小学阶段来说，几何度量的主要内容有一维空间的度量（长度）、二维空间的度量（面积、角度）、三维空间的度量（体积、容积）。从度量的角度认识面积，不仅能够让学生深刻地理解面积的意义，积累度量经验，为体积及其他相关内容的学习奠定基础，也有利于在空间形式上经历"由线到面"的飞跃，在思维形式上实现由一维空间向二维空间的转变，从而培养和发展学生的度量意识，形成正确的度量观念。

对于三年级学生来说，尽管他们对面积有一定的直觉感知，但不论是生活经验，还是学习经验，对面积的度量都局限在一维层面上。因此，学习面积时，他们常常会有一些误解。比如，当问到什么是面积时，学生会摸着桌面说"这就是桌面的面积"，将面的存在误解为面积；对于如何测量一个图形的大小，第一反应就是用直尺去量。

依据面积及其度量的本质与结构，我将本节课的课堂框架划定为"明确度量对象（建立面积概念）→用什么来度量（选择度量工具）→怎样度量（以面量面，找到一个数）"，在此框架下展开教学。

课堂回放

教学目标

(1)结合具体情境引导学生理解面积的含义,会比较封闭图形面积的大小。

(2)在活动中,让学生尝试、探索平面图形面积的测量方法,准确建立度量单位,发展学生的度量意识。

(3)在探究活动中培育学生勇于实践的品格。

教学重点

结合实例使学生初步认识面积的含义。

教学难点

度量意识的培养。

教学过程

一、情境导入

师:同学们,放假的时候,爸爸妈妈通常会带你去干什么呢?谁来说给大家听听?

(学生回答)

师:看来大部分家庭都会选择旅行度假,在开车旅行途中,会经常看到这样的标牌(出示各种地界标牌)。当你返程看到这个牌子的时候会有什么感觉?(出示洛阳界图片)

生:到家了……

师:是啊,过了这个界我们进入了洛阳,就到家了。那么,"界"到底是个什么样子?

师:(课件出示河南省行政区划图)你能在这张图上找到洛阳的"界"吗?

(学生上前指一指)

师:以这条弯弯曲曲的线为界,界线围起的这片区域,都属于洛阳市。地图就是以这些弯弯曲曲的线为界,围出了大大小小不同的区域,告诉了我们各个地区的范围和位置。那么,洛阳和郑州相比,谁占的区域大?

生:洛阳。

师:和南阳相比呢?

生:南阳。

师:地图上,洛阳、郑州、南阳各市界线所围出的区域都有确定的大小。同学们很棒!通过观察,比较出了它们的大小。在表示它们的大小时常用到一个词,你们知道是什么吗?

生:面积。

师:面积这个词你听说过吗?在哪儿听说过?

生:我家房子的面积有120平方米。

(其他学生列举田地面积、操场面积等)

师:看来你们的生活经验都很丰富呀,今天这节课我们就一起来认识面积。

(板书:认识面积)

【评析】对于三年级学生来说,"界"在他们的生活中并不陌生,因此,我采用了以学生旅行途中看到的地界标牌为引子,借助地图,让学生在地图上找出洛阳的界,并由这些界线围出的区域的大小,初步感知面有大小,为认识面积打下基础。

二、认识面积

1. 在操作观察中感知物体上表面的"面"

(1)摸一摸、说一说。

师:面积自然会和面有关,面在哪里呢?(出示纸巾盒)这是什么?知道它的形状叫什么吗?它的上面有面吗?在你们的桌上也有这样形状的长方体物体。动手摸一摸,看看都有几个面,每个面的边在哪里。互相说一说。

(学生观察)

师:谁来和大家分享你的观察结果?

生:有6个面,每个面都是由四条边围成的。

师:请同学们再观察一次,在这6个面中,哪个面最大,哪个面最小,哪些面的大小一样?

生:……

(2)找一找、说一说。

师:从我们身边你还能找到"面"吗?

生:黑板面、课桌面、课本封面。

师:这些面的边线就是我们刚刚所说的界。大家找到的"面"一样大吗?

生:……

师:像这些,能够从物体外表摸得到或看得见的部分,就把它叫作物体的表面。物体表面的大小是物体表面的面积。(板书:物体表面的大小)

2. 在联想中认识平面图形的面积

师:我们刚才从物体上找到了面,并且知道物体上的面都有确定的大小。我们还知道,可以从物体上找到或得到不同形状的平面图形。(课件出示数学课本)可以得到什么图形呢?

生:长方形。

师:(出示屋顶图片)将屋顶沿着屋顶的边线描下来又能得到一个什么样的图形呢?

生:三角形。

师:这是一个钟表,想一想,将它的边缘用线描下来又会得到什么样的图形呢?

生:圆形。

…………

师:这些平面图形的边都围出了一块区域(课件动态涂上不同的颜色)。比一比,哪一个图形的面围出的区域大?

师:(课件出示)像这样的图形,它们的大小能确定吗?为什么?

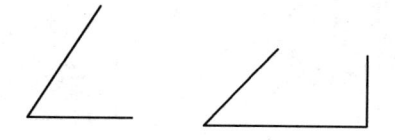

生:不能。因为没有围起来,无法判断。

师:看来,当一个平面图形的边首尾连在一起,围出的区域的大小才是确定的。所以,面积可以是封闭图形的大小。(板书:封闭图形的大小)

3.通过归纳概括，形成面积概念

师：回顾学习过程，现在你们能说一说什么是面积吗？

生：表面的大小，封闭图形的大小，是面积。

师：面积指的是物体表面的大小或封闭图形的大小。（手指板书引导学生对面积有一个更全面的认识）

【评析】通过摸一摸、找一找、说一说，感知平面图形和封闭图形的面；在认识面的基础上构建面积概念。

三、探究比较面积大小的方法

师：通过前面的学习，我们知道了物体上的面、平面封闭图形的面，知道面有大小，知道了什么叫作面积。

1.观察比较

（教师出示课件）

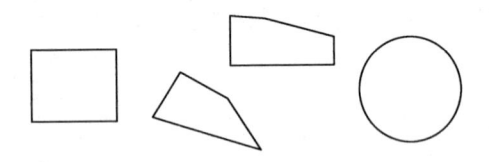

师：现在试试你的眼力，凭你的观察，能将这些封闭图形按它们的面的大小，从大到小排成一排吗？

生：……

师：好眼力，继续。谁的面积大？

2.重叠比较

师：请比较这两个图形的面积。（出示课件）

师：看来，仅凭眼睛的观察不容易分辨出谁的面积大，谁的面积小。有其他办法吗？把你的想法和同桌互相交流一下。

生：……

师:哪位同学能来说一说?

生:放在一起比一比、量一量、算一算。

师:比一比、量一量、算一算是我们以往比较事物差异的常用方法。我们先来试一试怎样"放在一起比一比"。请同桌合作,拿出学具动手试一试。

师:谁愿意上台展示?

(两名学生上台展示。用课件呈现比较过程,如下图所示)

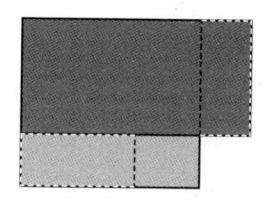

师:他通过两次重叠,比较出了两个图形面积的大小。

3. 量一量,比大小

(1)明确要求,动手操作。

师:用"放在一起"的方法,也就是重叠的方法可以比较图形面积的大小。但是,如果不能把两个物体或图形的面重叠在一起呢?怎样比较它们的大小?

生:量一量。

师:请想一想,用什么来量呢?

生:用比较小的图形(卡片)量。

师:有创意。我们准备有三种图形("○""△""□"),请你选用一种图形作标准,用它来量一量,看能不能比较它们面积的大小。

(同桌两人为一组)

师:同桌商量一下,动手操作吧。

…………

(2)汇报展示。

(学生展示量一量的方法和结果)

师:不管你们选用哪种图形作标准来量,都能够比较出它们面积的大小。

师:现在你们还有问题吗?

(解决学生提出的其他问题)

(3) 引导思考。

师:(出示课件)我有个问题,如果说它们的面积分别是10个"○"和12个"○",你们同意吗?18个"△"和21个"△"呢?为什么?

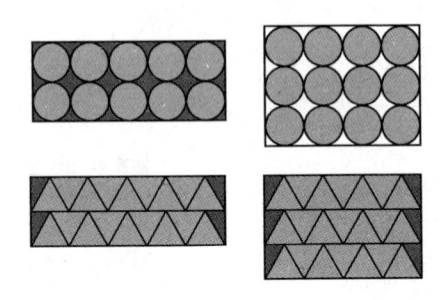

生:用三角形和圆片没有铺满,还有空隙,不能准确量出图形的面积。

师:那么,用哪种图形作面积单位最合适?为什么?

生:用正方形能铺满,选用正方形作标准来测量面积是最合适的。

师:同学们,知道吗?国际上就是规定用正方形作标准,把边长是1厘米、1分米、1米……的正方形的面积作为面积单位。(出示课件)

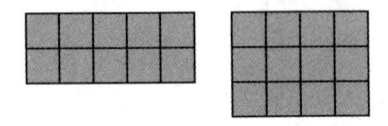

【评析】从比较面的大小到面积的度量,学生在这一过程中,既学到了方法,又体会到面积的"有限可加性"和"运动不变性",以及面积单位的产生。

四、巩固应用

(教师带领学生做以下练习)

(1)从身边找出两个面,指出它们的面积并比较面积的大小。

(2)猜一猜,说一说。

有两个长方形,它们的大小一样,一个长方形铺满用了8个"□",另一个长方形铺满用了32个"□"。

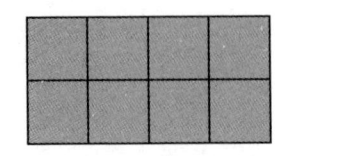

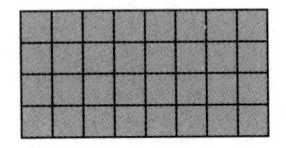

这是为什么?

【评析】通过此练习使学生明白,同一个图形,选取的标准不同,所得到的数也不同。

五、回顾小结(略)

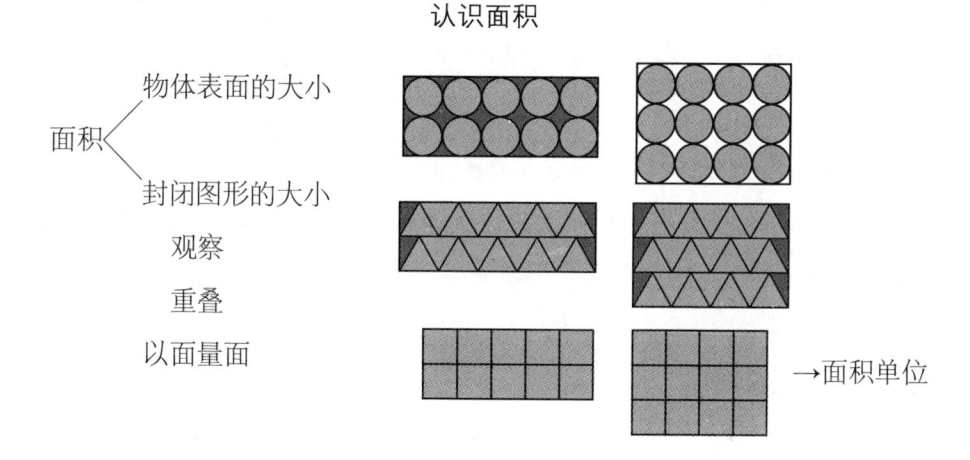

板书设计

认识面积

面积 { 物体表面的大小
封闭图形的大小

观察
重叠
以面量面   →面积单位

回顾反思

"认识面积"是人教版《义务教育教科书 数学》三年级下册第五单元第一课时的内容。这节课的关键是让学生结合具体情境理解面积的含义,会比较封闭图形面积的大小。在活动中,尝试、探索平面图形面积的测量方法,体会选择测量单位的重要性,发展学生的度量意识。在探究活动中培育学生不畏困难、勇于实践的品格。

借助"界"引入面积。在欧几里得的《几何原本》中,将面描述为:面的界限是线。对于三年级学生来说,"界"在他们的生活中并不陌生,因此,我采用了以学生旅行途中看到的地界标牌为情境,借助地图,让学生在地图上找出洛阳的界,建立界的表象。由这些界线围出的区域的大小,引出面积。

习题的设置使学生感受设定度量标准的必要性,同一个图形,选取的测量单位不同,所得到的数就不相同。通过圆形、三角形、正方形进行度量,感知用正方形作为度量标准的优势。

知识链接

刘徽的面积理论

图形成为数学研究对象始于土地测量等生产实践的需要。在我国,《九章算术》是集先秦到东汉初年数学知识大成的名著。"方田"是《九章算术》的开卷章,其中收集了方田、圭田、邪(斜)田、箕田、圆田、宛田、弧田、环田等多类平面图形的面积公式。刘徽证明了三角形、梯形面积公式,修正了圆面积公式。

刘徽面积理论的出发点是"凡广从相乘谓之幂"的面积定义,这是中国数学史上第一次明确了"面积"概念。在此基础上,不仅直线形面积可由它推出,更重要的是他创造了无穷分割的割圆术,以证明圆的面积公式。其证明过程是一个严谨的演绎证明。可以说,刘徽的面积理论是一个严密的逻辑系统。由此,在我国古代面积理论中,实现了从以归纳论证为主向以演绎证明为主的飞跃。这是刘徽对我国古代数学理论的重大贡献之一。

(摘自郭书春:《刘徽的面积理论》,有删改)

作者简介 龚婷婷,洛龙区优秀班主任,洛龙区优秀教师,曾获河南省优质课二等奖、洛阳市优质课一等奖。

平行与垂直

周燕莉

教学内容

人教版《义务教育教科书　数学》四年级上册。

我思我想

"平行与垂直"一课一直是诸多学者、教者关注的热点,综合各种观点不难发现,研讨的焦点主要集中在教材编写与教学策略两个方面。

1. 焦点问题

(1)"平行"这一高度抽象的概念在现实生活中的原型在哪里?

(2)如何来验证两条直线永不相交?是否需要引入第三条直线,以此为参照,来说明方向相同的两条直线无限延伸也不会相交?

(3)让学生通过分类来认识相交与不相交,并由此引出"不相交的两条直线平行"。那么,分类需要一定的基础性资源,基础性资源从哪里来?

(4)"同一平面"这个重要的前提条件通过怎样的教学策略让学生有所体验并认同?

2. 教学策略

从以上研讨到不同的教学尝试,虽然演绎出不少精彩的案例,但也很难说有明显突破。那么,如何才能走出瓶颈,在经历一次次思想与行动的碰撞、教学设计与教学实践的抉择后,对本课教学形成自己的想法和做法?课前,我着重从以下四个方面做了认真的思考和准备。

(1)"位置、位置关系、相交"这些上位概念需要让学生有所感知。

"平行"与"垂直"是直线间的一种位置关系,对于学生来说,"位置关系"是第一次接触和认识。在以往的教学中,一些教师对此关系不太重视。再者,教材中,对"平行"这一数学概念的定义,采用的是特殊的"否定式",即在同一平面内不相交的两条直线叫作平行线。同时,相交与垂直又是属种关系,后者是前者的真子集。从这一逻辑关系上来看,要认识"平行"与"垂直"首先是要认识"相交",只有在这一基础上才能更合情地理解"平行"。那么,什么是相交呢?仅凭"我画的相交"够吗?

(2)"方向相同的两条直线不会相交",对小学生来说并未"越位"。

张奠宙先生认为:"'方向相同的两条直线不会相交',这一判定法则,建立在人们熟悉的方向概念之上,两人同方向走不会相交世所公认。它明确易懂,可以操作,而且能和以后中学几何里'同位角相等,两直线平行'判定法则相衔接,在逻辑上没有错。"

基于直觉,引入"方向相同",以此帮助学生认识"平行"这一高度抽象的概念,从我们对学生的前测和后来的教学实践来看,只要情境贴近学生的生活,问题设置合理,尺度把握得当,还是可行的。

(3)"动态+想象"从有限走向无限。

"没有对无限的想象,就不会有平行线的概念。"这已是大家的共识,但仅于此,似乎还不够。因为"平行"与"垂直"都是两条直线之间的特殊位置关系,应将两条直线在不同位置上的相交动态化,让学生借助直观并加以想象,体会"平行"与"垂直"的特殊性,即两条直线与第三条直线形成相同的夹角和两直线相交形成四个直角,它们都是在"一刹那"发生的事情。相对于静态中的想象,采取"动态+想象"这一教学策略,或许更为有效。

(4)让数学课也富有诗意。

怀海特曾把小学阶段的教学定位于"浪漫期","直接认识事实的阶段,偶尔对事实做系统的分析"。我的理解是,小学数学教学要尽可能将数学表达中的形式化语言转化为富有诗意、情趣的生活化语言。翻翻数学新教材,精美的封面设计,精彩的导言,动人的故事……无不弥漫着浓浓的诗情画意。建构诗意的数学课堂,用诗性的真善美去涵养学生对数学的理解,能够让抽象的数学形象化、枯燥的数学生动化,也能够让数学课堂更加丰满。

基于以上思考,我对"平行与垂直"一课进行了全新的教学设计,并展开教学实践。

课堂回放

教学目标

(1)通过问题引领,使学生理解平行与垂直是同一平面内两条直线的两种位置关系,并且初步认识平行线和垂线。

(2)创造性地使用教材,深层理解相交的意义,并挖掘对平行本质的理解,发展学生的空间想象能力。

(3)通过教学活动让学生充分感受到数学知识间的融会贯通,培养学生对数学的深度思考,激发数学学习的兴趣。

教学重点

深层次理解"相交",挖掘对"平行"本质的理解。

教学难点

深层次理解"相交",挖掘对"平行"本质的理解。

教学过程

一、情境导入

(课件出示生活中由点、线所构成的图形)

师:在我们的生活中,丰富多彩的图案,千变万化的几何图形,都是由最基本的点和线构成的。所以,人们对它们的研究,往往都是从点、线入手。今天这节课我们就来学习在同一平面内两条直线的位置关系——平行与垂直。(板书课题)

【评析】由图片欣赏让学生感受、体验我们生活在图形的世界里,而所有几何图形都是由抽象的"点"和"直线"支撑起来的。"平行"与"垂直"研究的就是在同一平面内"两条直线"之间的位置关系,所以通过图片欣赏,学生在感受几何之本的同时,也迈向思维的深度。

二、在操作和想象中认识相交

1.画直线——感知点与点、直线与直线位置上的不同

师:(课件出示平面上的两个点)过这两个点你能画出一条直线吗?自己动

手画一画吧!

师:小组成员之间互相看一看,你们所画的直线一样吗?

生1:不一样,它们的长短不同。

生2:它们的倾斜程度不同。

师:它们的长短不同,你们同意吗?说说理由。

生:不同意,因为直线可以向两端无限延伸,所以没有长短之分。

师:没错,直线是没有长短之分的,当然也没有粗细之分。刚才还有同学说它们的倾斜程度不同。大家明白吗?请刚才这位同学说一说你心中的倾斜程度。

生:我说不清楚,只是看上去它们"倾斜"得不一样。

师:直线的倾斜程度是中学的学习内容,但有一点我们可以明白,过两点只能画一条直线,那么经过一点可以画直线吗?能画几条?

生:能画出无数条。

师:(课件动画演示)这是一个点,我们称它为点 A,经过点 A 的直线有无数多条。我们很容易看出它们的倾斜程度不同。这些直线的区别在哪儿呢?如何来表示呢?

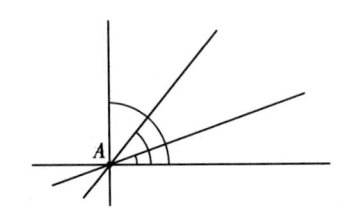

如果我们将处于水平位置的这条直线作为基准,经过点 A 的每条直线与基准线之间形成了这样一个角。角的度数反映了直线的倾斜程度。现在你是不是对角有了新的认识?

生:从角的度数就可以看出直线的倾斜程度。

师:倾斜程度反映了直线在一个平面上的位置,能够表达两条直线之间的位置关系。

【评析】"平行"与"垂直"研究的是在同一平面内两条直线之间的"位置"关系,所以通过寻找两个点、两条直线之间的不同,让学生感知"位置"和"位置关系"。并且通过学生"画",为后面研究"相交"提供了基础性资源。

2.画相交线——认识相交

师:现在,你能再画出一条直线使它与直线 AB 相交吗?(稍作停顿)明白老师的意思吗?谁能说一说你心目中的相交是什么样的?

生1:两条直线交叉在一起。

生2:会形成四个角。

生3:两条直线碰到一起。

…………

师:看来大家对于相交都有着自己的理解,根据你的理解试着画一画吧!

(学生展示作品)

师:观察这几组相交线,虽然什么模样都有,但它们有没有相同的地方?

生1:都有交叉点。

生2:形成了4个角。

师:没错,你们所画的相交线有这样的交叉点吗?指给同桌看一看吧!

(1)初步认识相交。

师:如果两条直线有一个这样的公共点,我们就说这两条直线相交。这个公共点就叫作这两条直线的交点。

(2)在动态中加深对相交的认识。

师:相交是两条直线之间的一种位置关系,它还有很多有趣的地方,请看!(课件出示两条相交的直线)

师:这两条直线相交了吗?它们的交点在哪里?伸出小手指一指。

师:现在,我们让一条直线不动,让另一条直线绕着这个点旋转,不断改变它的位置,看看它们的交点会有什么变化。(动态演示)

师:现在这两条直线还会相交吗?

生:会相交,因为直线是可以无限延伸的,延伸以后它们还会交在一起。

师:它们的交点在哪里呢?想象着指一下。(学生指一指)

师:哦,也就是说交点的位置越来越远了,是吧?

师:现在呢?(动态演示)

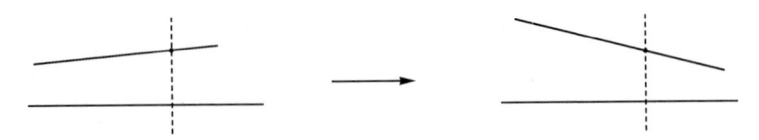

生1:交点的位置变近了。

生2:交点跑到右边了。

师:大家可真善于观察。两条直线的相交就是这么奇妙,当它们之间的位置有所改变时,交点的位置也在不停地发生改变。

【评析】"平行"是一个高度抽象的数学概念,其定义又始于"相交"。因此,"相交"无疑是这节课的一个重要突破口。通过"心目中的相交→画出来的相交→数学意义上的相交→动态中的相交"一系列的数学活动,学生对于"相交"有了深刻的认识,并由此引发思考:两条直线之间的位置关系只有相交吗?会不会不相交?什么情况下不相交?为后面"平行"的教学做好铺垫。

三、在对比和想象中认识平行

1. 提出一个问题

师:大家都是爱思考的孩子。从刚才的演示中,我们看到,相交的两条直线之间的位置在不断发生着变化。看到这个过程,你们有什么问题想问吗?

生:这两条直线会不会出现不相交的情况呢?

师:对呀,会不会不相交呢?(思考片刻)请跟随镜头,我们一起来走进生活。

2. 在生活中寻找"不相交"原型

师:(出示铁路线图片)瞧,这是一条笔直的铁路线,闭上眼睛想一想,如果这条铁路线,没有转弯没有尽头,一直朝着远方延伸,再延伸,这两条铁轨会相交吗?

生:不会。(学生闭眼充分想象)

师:(出示车轮痕迹图片)再看,雪地上行驶的汽车,会留下两条清晰的车轮痕迹,想象一下,如果这辆汽车一直笔直地朝前开,那么,这两条车轮痕迹会相交吗?

生：也不会。

师：看来在我们的生活中确实存在着不相交的情况，甚至是处处可见。

3. 从经验中感悟平行

师：(出示洛阳道路规划图)瞧，这条是南北方向的王城大道，这条是龙门大道。想象一下，如果王城大道和龙门大道就这样笔直地无限延伸下去，在这两条道路上行驶的汽车，不管是由南向北还是由北向南，会不会经过同一个地方呢？

生：不会，因为这两条大道的方向相同。

师：也就是说具有相同方向的直线是不会相交的，同意吗？

生：同意。

师：在我们数学中，怎样才算方向相同呢？其实，我们只要借助另外一条线就可以方便地看出来。(出示高铁线，贯穿两条大道)

师：这条就是我们洛阳的高铁线，现在我们就拿它们和高铁线来比一比。瞧，它们都与高铁线分别形成了一个角，这两个角的度数是相等的，那我们就说王城大道和龙门大道具有同一个方向，无限延伸也不会相交。

师：像这样，不相交的两条直线叫作平行线，它们之间的位置关系就叫互相平行。

师：如果有人说"直线 a 是平行线"或者"直线 b 是平行线"，你同意吗？

生：不同意。

师：你会怎样给他解释？

生1：平行应该是相互的。

生2：单独的一条直线不能说是平行线。

……

师：平行可以用简洁的符号来表示：$a // b$。中间的这两条小斜线就是表示互相平行的符号。

【评析】通过熟悉的生活环境唤醒学生"方向相同"的已有经验。借助洛阳道路规划图中所呈现的"王城大道"和"龙门大道"，并以铁路线为参照，认识具有相同方向的直线不会相交。

4. 镜头回放，加深认识

师：现在回过头来，我们再来看看这两条相交的直线，看看又会发生什么情况。（动态演示）

生：这两条直线平行了。因为它们与另一直线相交形成的两个角相等，说明这两条直线具有相同方向，就不会相交。

师：再转动呢？还平行吗？（动态演示）

生：不平行了。因为方向不同了，它们会相交在一起。

师：闭上眼睛，把刚才的演示在脑子里过一个10秒的电影。（学生闭眼感受）

师：有新的感受吗？说说看。

生1：随着两条直线间的位置变化，这两条直线有时相交，有时不相交。

生2：两条直线间的位置关系有相交和平行两种。

师：不错，两条直线之间的确存在着两种位置关系：相交和互相平行。

5. 在情境中感受同一平面

师：可是有一个方体娃娃听完你们的话有意见了。（出示课件）请看。

师：经过它身体的两条直线也是互相平行的吗？

生：不平行。

师:那它们会相交吗？

生:不会。因为它们没有在同一个面上。

师:再来看看这幅图片。(课件出示曲面房顶)

师:如果老师想在上面的面上画出两条平行线,可以吗？

生:不可以。因为这个面是凹凸不平的。

师:看来,我们生活中的面,不仅仅有平面,还有曲面。我们今天研究的直线与直线间的相交与平行,都是在一个重要的前提条件下,就是在"同一平面内"。

【评析】通过方体娃娃和现实生活中的曲面房顶,使学生在具体的、有趣的、现实的情境中感受"同一平面内"这一重要的前提条件。

四、在度量中认识垂直

师:现在,我们知道了,在同一平面内两条直线间的位置关系有两种,一种是通往神奇的相交王国,另一种是通往美妙的平行王国。那么,在相交王国中这两条直线又会出现什么样的情况呢？我们继续探索。(出示4组相交线)

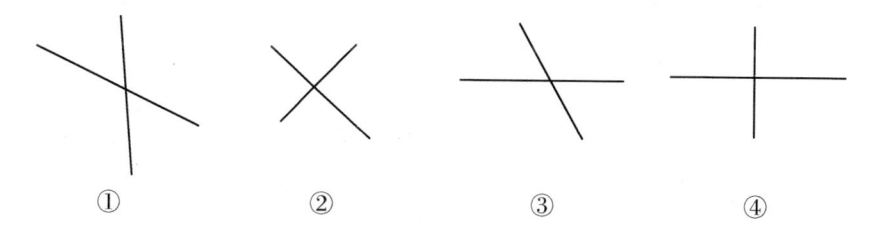

① ② ③ ④

师:瞧,这么多的相交线,它们在交点处都形成了4个角。它们所形成的4个角各有什么特点呢？谁先来说一说你的发现？

生1:图①和图③的4个角中都有两个锐角、两个钝角。

生2:图②和图④的4个角都是直角。

师:是这样吗？请你们用三角板上的直角来比一比。

(学生在作业纸上操作)

师:当两条直线相交成直角时,这种位置关系也有一个名称,我们就说这两条直线互相垂直,它们的交点叫作垂足。用符号表示:$a \perp b$。

【评析】垂直相对平行来说是学生比较容易发现和理解的,所以这部分教学充分放手给学生,让学生通过动手操作来发现垂直的特殊性。学生通过度量获得的认知和感受应该是更深刻的。

五、在识别、应用中加深认识

1. 动态演示两条直线由相交到互相垂直的过程，辨别两条直线的位置关系

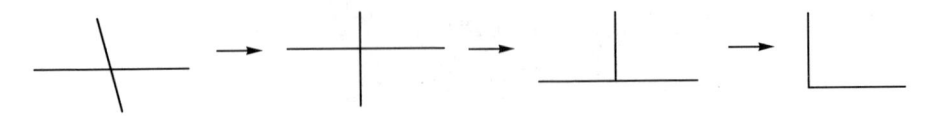

2. 寻找图形中的平行与垂直

(出示平行四边形、直角三角形和长方形)

【评析】在平面图形中寻找平行与垂直，不仅为前面验证平行与垂直的方法提供了严谨的素材，而且为后面进一步学习"平行四边形"提供了坚实的支撑性材料。

六、课堂总结

师：学到这里，我们一起来听一听"线的诉说"，边听边想它们是谁。

师：它们，千姿百态，却你中有我，我中有你，手牵着手，不离不弃。它们是——

生：相交。

师：它们，享受着距离的愉悦，不相近，也不相远，却有一致的方向、共同的理想。它们是——

生：平行。

师：而它们，端庄地站立在那里，无声地告诉我们：做人要正直，做事要公平。它们是——

生：垂直。

师：没错。"线的诉说"还有很多很多，以后我们继续学习。下课！

【评析】诗意性的结尾，三个"它们是"，不仅是对本节课内容的一个提炼升华，同时也使学生深深地感受到，原来数学课也可以这样有诗意！它可以融入传统文化，并赋予其育人功能。当学生再次回忆起这节课的时候，不再是枯燥的数学概念，而是浪漫的、富有诗意的数学课堂。

板书设计

平行与垂直

同一平面内两条直线 $\begin{cases} 相交 \xrightarrow{成直角} 互相垂直 \quad a \perp b \\ 不相交 \longrightarrow 互相平行 \quad a // b \end{cases}$

回顾反思

相交、平行、垂直这些词语在生活中普遍存在,充分借助学生丰富的生活经验,从最初的理解"位置""两点确定一条直线""两直线间的位置关系"等建立横向联系,再到从"方向相同"认识"平行"实现纵向衔接。将这些"碎片"的经验知识结构化,隐蔽的联系显性化。在动态建构中把知识、技能、体验、情感有机结合起来,让学生在认知过程中学会思考,为后续学习积累经验。从课堂反馈来看,通过同一平面内两条直线的位置关系的动态演示和生生、师生充分交流,学生对相交和平行有了清晰、深刻的认知,在此基础上展开垂直的教学,有一种水到渠成的感觉。

课堂永远是一门有缺憾的艺术,"平行"的教学还有很大探究空间,比如:是否可以利用两条路方向相同的情景来展开;是否可以尝试从"两直线间距离相等,两直线平行"的角度出发进行教学;是否可以把相交和垂直整合在一起,先教学"垂直",再学习"平行"等一系列问题,等待进一步去尝试和研究。

知识链接

一个理论,两个直觉

关于平行线的概念,我国义务教育阶段主要用以下四个命题来完成述说:(在同一平面内)

定义:两条永远不相交的直线叫平行线。

公理:过直线外一点有且仅有一条直线与已知直线平行。

定理:两条直线被第三条直线所截,如果同位角相等,则两条直线平行。

性质:两条直线平行则同位角相等。

其中,定义在小学、初中阶段保持一致,而公理、定理、性质三个命题在小学阶段仅有所渗透。

张奠宙先生认为,小学阶段不谈平行公理,没有同位角概念,只能是基于平行线的直觉进行平行线的判定,并能画平行线。他将小学阶段的平行线教学概括为"一个理论,两个直觉"。由于"一个理论(定义)"不能作为平行线的判定准则,可以凭借"方向一致"的直觉,也可以利用"距离相等"的直觉。方向、距离都是学生与生俱来的直觉,"方向相同"的直觉,与中学的"同位角相等"概念的衔接比较顺畅;"距离相等"的直觉,在画平行线时比较方便。

(摘自史宁中:《数学基本思想18讲》;张奠宙、巩子坤、任敏龙、张园、殷文娣:《小学数学教材中的大道理——核心概念的理解与呈现》,有删改)

> **作者简介** 周燕莉,洛阳市洛龙区骨干教师、优秀教师、优秀班主任,曾获河南省数学优质课一等奖、洛阳市优质课一等奖、洛阳市洛龙区优质课一等奖。

三角形的认识

雷腊腊

教学内容

人教版《义务教育教科书 数学》四年级下册。

我思我想

数学概念是数学知识的"细胞",是进行逻辑思维的第一要素。一切数学规则的研究、表达与应用都离不开数学概念。因此,在小学数学教学中,帮助学生逐步形成正确的数学概念是课堂教学的一个重要任务。小学生学习数学概念大多以"概念形成"的形式为主。在概念教学中,要防止重结论、轻过程的错误做法,让学生在数学活动中充分地去体验、去思考、去构建、去修正,而"三角形的认识"是小学阶段唯一一节以发生定义呈现的概念课,更是有一定的难度。

为了帮助学生更好地理解、建构三角形的概念,本节课把教学重点放在三角形定义的形成过程中。首先通过丰富的感性材料,结合动手操作,强化感知,为概念形成做好准备。接着在充分感知的基础上,引导学生分析、比较、综合、概括出三角形的定义。在不断的辨析、修正中,让学生感受到数学语言的简洁、精准。

课堂回放

教学目标

(1)通过动手操作和观察比较,理解三角形的定义,知道三角形高和底的含义,会画三角形的高。

(2)经历观察、比较、分析和操作的过程,体验数学与生活的联系,感受数学的美。

教学重点

理解三角形的定义并掌握三角形各部分的名称。

教学难点

理解三角形的高以及底和高的对应关系。

教学过程

一、创设情境,激趣导入

师:老师给同学们带来一些有趣的图片,我们一起来欣赏一下吧!这些图片中有我们学过的哪种平面图形呢?(展示含三角形的图片)

生:三角形。

师:三角形在生活中有着广泛的应用。这节课我们就一起来研究有关三角形的知识。(板书课题:三角形的认识)

【评析】唤醒学生已有的知识经验,激发学生的探究欲望。

二、自主探究,学习新知

1. 认识三角形

(1)画一画,想一想。

师:大家对三角形已经有了一定的认识。你们能画出一个三角形吗?现在请同学们完成作业单第一题,画一个三角形。

(学生活动)

师:谁来说一说你是怎样画的?

生1:描出三角板中间的三角形。

生2:用三角板先画两条边,然后再画一条线把它们连接起来。

生3:先画三个点,然后连接这三个点。

师:看到同学们画三角形,老师也想画一画。

①从一点引出两条边,然后画第三条边。

②先确定三个点,连点成线。

师:其实在一个图形的画法中,包含着一些相关的数学知识。请同学们想一想,先画两条边,两条边为什么由一点引出?为什么确定三个点就能连出三角形?

【评析】画三角形激活学生已有的知识和经验;让学生思考"为什么",为构建概念做准备。

(2) 看一看,说一说。

①观察思考,提出问题。

师:现在我们不仅能辨认三角形,还能正确地画出三角形。如果有人问你什么是三角形,你会怎样说?同桌之间说一说自己的想法。

②交流想法,初步认知。

生1:有三条边的图形叫三角形,或有三个角的图形叫三角形。

生2:有三条边、三个角的图形叫三角形。

生3:有三条边、三个角、三个顶点的图形叫三角形。

生4:由三条边组成的图形叫三角形。

生5:由三条线段组成的图形叫三角形。

生6:由三条线段围成的图形叫三角形。

师:从同学们的发言中,我听到了这些关键词:边、角、线段、组成、围成。

③思一思,辨一辨。

师:"边"是什么?谁来给大家指一指?

师:你们所说的边就是刚才我们连接两点而成的线段,如果说成"边",还有可能让人想到曲线,是不是用"线段"更确切呢?现在我们把"边"擦掉。

师:"角"这个词是不是也可以擦掉?

生1:可以。

生2:不可以。

师:先来回忆一下,什么是角?

生:从一点引出两条射线所组成的图形叫角。

师:对啊,有了射线才有了角,(指着画出的三角形中的相邻两边)这两条线段是不是就在从这个点引出的两条射线上?另外,有了三角形,才有三角形里的三个角。那我们反过来再用角来说什么是三角形是不是不合适?

师:所以我们是不是可以把"角"这个词擦掉?

师:那什么是"组成"?什么是"围成"?它们有什么区别呢?我们借助图形来理解。(出示课件)如果让你在这两个图形下面的括号里填写"组成"或"围成",你会怎样填？

（　　）　　　　　　（　　）

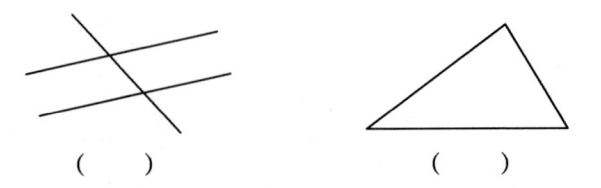

师：看来对于第一个图形,只能说是由三条线段组成,不能说是围成。而对三角形来说,可以说是组成,也可以说是围成,相比较用哪个词更准确呢？

生：围成。

师：不错,围成,它有围在一起,里外不通,也就是封闭的意思。那就要把"组成"擦掉。通过以上比较,五个关键词剩下了两个。"线段"和"围成",你能用这两个关键词说一说什么是三角形吗？

生：由三条线段围成的图形叫三角形。

师：这样定义三角形还有问题吗？由三条线段围成的图形一定是三角形吗？同学们,如果有这样一个图形（出示课件）,也是由三条线段围成的,但它却不是三角形。那么,你能移动线段的位置使它们围成三角形吗？好好想一想,发现一个问题比解决一个问题更重要。只有发现问题,才能解决问题。

生：线段的端点连在一起。

师：看来大家所说的"围成"必须是每相邻两条线段的端点相连。[板书三角形定义：由三条线段围成的图形（每相邻两条线段的端点相连）叫作三角形]（课件演示端点相连的过程）我们看,三个点中,任意一个点,既是一条线段的终点又是另一条线段的起点,三条线段两两相连构成一个三角形。

【评析】学生通过独立思考、逐步探索和相互交流,深入感知和理解三角形的构成要素,并逐步总结出三角形的概念。

师：同学们,任意的三个点用线段两两相连就一定能围成三角形吗？

师：这样,请同学们完成作业单第二题,从四个点中任选三个点画一个三角形。相信你会有新的发现。

师:谁愿意展示一下自己的作品?你们为什么不选这三个点呢?

师:是的,就像黑板上的三角形,不在同一条直线上的三个点用线段两两相连才能围成三角形。

师:构成三角形的这三个点就是三角形的顶点,这三条线段就是三角形的边,从一点引出的两条线段组成了三角形的角。三角形有三个顶点、三条边、三个角。为了方便表达,我们可以用大写字母 A、B、C 分别表示三角形的三个顶点,那么,这个三角形就可以表示为三角形 ABC。

【评析】发现问题比解决问题更重要。通过这个问题的设置培养学生敢于质疑的精神,使学生进一步体会数学的严谨性和简洁性。

2. 认识三角形的底和高

(1)情境引入。

师:通过刚才的学习,我们不仅掌握了三角形新的画法,而且也深入了解了什么样的图形是三角形。我们描述三角形等物体的特点时经常会用到高、低这样的词,到底什么是三角形的高呢?在我们生活中哪里有高呢?(出示课件)

师:你能找出图片中人或物体的高吗?(让一名学生上台指出)

师:看来大家都认为人或物体的高是一条线段。

(2)认识三角形的底和高。

师:其实,三角形的高也是一条线段。我们知道线段的突出特征是有两个端点,那这个三角形的高,它的两个端点又会在哪里呢?

生:一个在顶点,一个在与这个顶点相对的边上。

师:我们可以把顶点所对着的这条边看作三角形的底边。

师:可是三角形的底边上有无数个点,顶点到底边任意一点连接的线段也有无数条,到底哪条线段才是它的高呢?为什么?请同学们相互讨论。

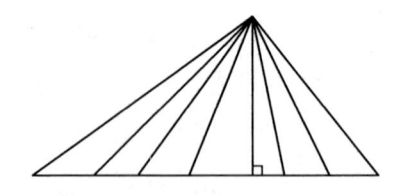

生:从顶点到垂足,因为这是最短的一条。

师:有道理,用顶点到底边最短的一条线段作三角形的高,这样就可以比较两个三角形的高低。就像下面这两个三角形,通过观察,第二个三角形明显高一些。但如果我们在第一个三角形中选一条线段,再在第二个三角形中任意选取一条线段进行比较,可能比较出来的结果第一个高,那就错了。

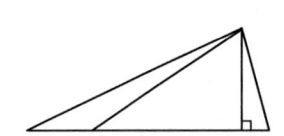

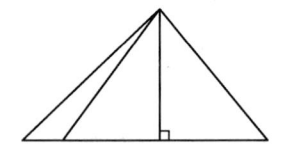

师:其实就像平时我们的比赛,需要有一个统一的标准,都拿顶点到底边最短的这条线段去比较,这样才公平。我们一起来看一看书上是怎样定义三角形的高和底的。

师:打开数学课本,翻到第60页,自学定义:从三角形的一个顶点到它的对边作一条垂线,顶点和垂足之间的线段叫作三角形的高,这条对边叫作三角形的底。

谁再来说一说什么是三角形的高?

(学生踊跃回答)

【评析】结合生活中的高,逐步过渡到三角形的高的学习,使学生在自主探索中经历知识的形成过程,实现对教学难点的突破。

3. 画高

(1)自主画高。

师:现在我们已经知道了什么是三角形的高,想不想试着画一画三角形的高?赶快动手吧!

(2)展示交流。

师:谁来说一说你是怎样画的?

生1:三角板中的一条直角边与底边重合,平移三角板,使另一条直角边过相应的顶点,沿着这条直角边画一条线段。

生2:我不看三角形的另外两条边,只看底边和上面的点,然后过这个点画垂线。

师:你们可真会学习!不仅能正确画出三角形的高,还能和以前学过的知识"过直线外一点画已知直线的垂线段"联系起来。

师:怎样检查我们画的高是否正确呢?对,用量角器或三角尺上的直角量一量。下面请同学们互相检查一下,看你画的高是否正确。

(学生互相检查)

(3)认识顶点与底边的相对性。

师:我发现有位同学是这样画的,他画的是三角形的高吗?

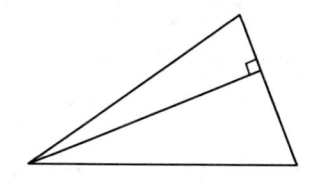

(学生的回答有"是",有"不是")

师:有人认为是,有人认为不是,我们一起来回顾一下高的定义,看它到底符不符合高的特征。(边说边指)从三角形的一个顶点,(它是三角形的顶点吗?生:是)到它的对边作一条垂线,顶点和垂足之间的线段叫作三角形的高,这条对边叫作三角形的底。它符合高的特征吗?现在你认为它是三角形的高吗?

(学生齐声答"是")

师:看来任何一个顶点相对的边都可以作为三角形的底边。

师:你能再选择一个顶点,向它相对的底边画一条高吗?快动手画一画吧!

【评析】通过回顾"过直线外一点画已知直线的垂线段",将新、旧知识互相融合。

三、拓展延伸,深化理解

师:我们不仅认识了三角形的高还会画高,现在老师改变三角形的形状,一起来接受挑战吧!

师:你能找到钉子板中三角形这条底边上的高吗?(钉子板中为锐角三角

形)谁来指一指?

(学生正确指出)

师:现在我拉动橡皮筋,改变顶点的位置,快看,它变成了我们熟悉的直角三角形,你能找到它的高吗?

生:能!

师:因为直角三角形的两条直角边互相垂直,所以这两条直角边互为底和高。

师:继续改变顶点的位置,你能找到这个三角形这条底边上的高吗?我再强调一下,是这条底边上的高。(钉子板中为钝角三角形)看来有点儿困难,从这个顶点向底边作垂线是不可能的,再想一想这个三角形的高在哪里。

生:在底边的延长线上。

师:对,在底边的延长线上。下面请同学们把你观察到的三角形的高在点子图中表示出来,并想一想三角形的高都有可能在三角形的什么位置。(让学生感受三角形的高可能在三角形内、三角形上和三角形外)

师:当三角形的顶点在与底边平行的一条直线上移动时,所形成的这些三角形的高有什么特点呢?

生:都相等。

师:对了,都相等,因为平行线之间的距离处处相等。

【评析】通过以上活动的设置,把学生的知识碎片拼凑起来,让学生在感受三角形的高的位置的过程中,掌握举一反三的学习方法,培养空间想象力。

四、课堂总结

师:这节课我们一起经历了给三角形下定义的过程,了解了什么是三角形的高,并学会了画高。在学习的过程中我们要适时质疑。真的是这样吗?一定是这样吗?发现问题并且解决问题。

三角形是图形中最简单的一种,正因为简单,才最重要,任何多边形都可以分成若干个三角形来研究。随着我们学习的不断深入,大家的收获会更多。

这节课我们就上到这里,下课!

板书设计

三角形的认识

由三条线段围成的图形(每相邻两条线段的端点相连)叫作三角形。

高
底

回顾反思

三角形是学生在生活中能经常接触到的,所以对此有丰富的感性认识积累。为了更好地实现教学目标,吸引学生积极主动学习,在教学三角形的定义时,教师没有直接把"由三条线段围成的图形(每相邻两条线段的端点相连)叫作三角形"这个定义呈现给学生,而是设计了一系列有层次的活动。首先通过画一画、想一想为抽象概括出三角形定义做好充分准备,然后通过看一看、说一说让学生尝试定义出三角形,接着又在辨析中进一步明确三角形的定义。这一系列的教学活动,让学生充分经历了三角形概念的形成过程,不仅让学生记住并掌握了知识点,更重要的是让他们在学习的过程中体验到了学习数学的快乐,感受到了数学的魅力。当然,整个教学过程也有一些不足。例如,对三角形概念教学环节收放不够及时,导致时间分配上不太理想,需要进一步改进。

知识链接

小学阶段的数学定义

定义和命题是数学最基本的表达方式,数学定义表述了数学的研究对象,数学命题表述了数学的研究结果。如果研究对象没有确切的定义,数学命题的阐述就没了根基,会影响对数学命题真伪的判断。正如人民教育出版社王永春先生所说:"概念不清,推理不明,判断不灵。"如何合理地给出数学的定义呢?

史宁中教授将数学定义的形式归纳为两种:"一种形式是基于对应的定义,称为名义定义;一种形式是基于内涵的定义,称为实质定义。"

名义定义是对某一类事物标明符号或指明称谓。

比如小学教材中关于小数的定义:

像 3.45、0.85、2.60、36.6、1.2 和 1.5 这样的数叫作小数。

在上面的表述中,"这样的数"是所要定义的对象,称为被定义项;"小数"是定义出来的对象,称为定义项。被定义项"这样的数"是几个具体的数,定义项"小数"则是一个集合,是一类数,表示的是抽象了的数学共性。

实质定义是指揭示内涵,对某一类事物的刻画。如:两组对边平行的四边形叫平行四边形。

在实质定义中,被定义项和定义项都是一个集合。通常把这样的陈述句归结为"属加种差"的定义方法。

从数学科学的角度讲,每个概念的表述都应是严密的、精确的,但从数学教育的角度来看,对一些概念给出严格的定义是没有必要的,有时也是不可能的。苏步青先生有一句名言:中小学教材可以混而不错。不错是大前提,关注的是大方向、本质;混是放松严格性的要求,现阶段讲不清的问题用写意的方式说明,但仍不失真。

对于一位数学教师来说,掌握了定义的逻辑知识,可以深刻地理解教材、分析教材和设计教法,增强概念教学的科学性、逻辑性和艺术性,让学生的数学思维更严密,以便更好地培养学生的推理能力。

(摘自史宁中:《数学基本思想18讲》,有删改)

作者简介　雷腊腊,洛阳市优秀班主任,洛龙区骨干教师,洛龙区优秀教师,洛龙区名师,曾获洛阳市数学优质课一等奖。

分段计费

司马会鸽

教学内容

人教版《义务教育教科书 数学》五年级上册。

我思我想

"分段计费"是人教版教材五年级上册"小数乘法"中新增加的内容,教材通过"阅读与理解""分析与解答""回顾与反思"三个步骤呈现解决问题的一般过程,旨在进一步提升学生解决问题的能力,初步体会函数思想。

"分段计费"的知识背景是分段函数,作为一个函数模型,需要先确定问题中起关键作用的变量分属于哪段,再准确地梳理出各段与"费用"之间的对应关系。其中,涉及各分段"端点"的取舍,以及"自内向外""先分再合"的思想方法。因此,作为解决问题的第一个环节"阅读与理解"就显得尤为重要。要真正提高学生的数学阅读能力,就有必要让学生直面"复杂信息,陌生环境"。如果对于学生的"审题"教师"包办"太多,就会造成学生的数学阅读能力弱化。选择什么样的教学资源,才能有利于提升学生的数学阅读能力,让学生真正接触到"分段计费"这一个函数模型的本质呢?通过什么样的问题情境,既能为学生创造一个"深度学习"的环境,又能为五年级学生所接受呢?我想,洛阳地铁的开通无疑是一个热点,作为一名洛阳人,是否可以以此为背景来进行研究呢?这样不仅扩大了学生的探究空间,有利于提升学生的数学阅读能力,而且让学生真正接触到"分段计费"这个函数模型的本质。

教材中的出租车计费与学生生活贴近,乘坐里程分为两段,后一段计算是学生熟悉的"单价×里程"。相比之下,地铁的计价方式复杂,以北京地铁现行的计价方法,将乘坐里程分为四段,并且后段的计算是"每增加几千米,加收 1 元",五年级学生具备这样的接受能力吗？对比发现,两者需要重点理解的内容是一致的,差别在于由两段计费拓展到多段计费,由一个界点增加到多个界点。

我们认为,对于五年级学生来说,他们已具备一定的生活经验和解决问题的能力,对单一计价具有丰富的生活经验,并熟练地掌握了基本的数量关系。以上差异,并不能构成学生认知上的障碍,学生需要面对的是对分段计费缺乏直接参与缴费的生活经历,面对特殊的分段计费问题,需要跨越"从文本阅读到有效数据提取""从单一标准的计费到多种标准计费"等认知上的难关。

基于以上对教材的理解和对学情的分析,课堂上可通过引导学生对北京地铁计费标准的初步阅读、对比分析、信息整理一系列的教学活动,提高学生对文本信息的整理和分析能力,从而加强对题目的阅读理解能力。

首先,通过对北京地铁不同时期的收费标准的展示,使学生发现并感受"单一标准计费"和"多种标准计费"的不同,激发学生的好奇心和兴趣,初步了解分段计费的收费标准。

其次,数形结合,明确各分段"端点"的归属,加深对分界点的认识和理解。通过有效的数学活动,明确"里程"的取值区间与计费方式的对应关系。让学生在充分理解题意的基础上,寻求解决问题的方法,掌握"先分后合"的思想。

整个教学活动,以"问题引领"的方式,逐步引导学生明确相关概念,促进学生深入思考,突破教学难点,让学习真正发生。

课堂回放

教学目标

(1)通过阅读、有条理地整理信息、分析信息,准确地理解分段计费的特点,会用分段计费的方法解决简单的实际问题。

(2)经历重构数学模型的过程,体会数学与生活的联系,感受模型思想。

(3)在整个学习过程中,初步体会函数思想。

教学重点

探索解决问题的正确方法,培养学生分析问题、解决问题的能力。

教学难点

理解分段计费中数量之间的变化关系,渗透函数思想。

教学过程

一、设置情境,引出问题

1. 创设情境,激发兴趣

师:同学们,我们国家有很多城市,每座城市都有独特的魅力。有这样一座城市,她被誉为千年帝都、牡丹花城,她就是——洛阳。

师:让我们一起走进洛阳,欣赏洛阳城市风光。(播放洛阳交通变化视频)

师:城市是人类文明的标志,交通是一座城市文明的重要体现,我们洛阳的交通也正在飞速发展。大家看,这是2017年6月28日,洛阳地铁1号线开工仪式的新闻照片。(展示图片)2021年3月28日,1号线正式开通运营。那么乘坐地铁,你最关心的是什么呢?

生1:乘坐地铁怎么收费?

生2:地铁票价贵吗?

师:看来大家不约而同地想到了地铁票价的问题。

2. 初识分段计费,引发需求

师:带着这个疑问,让我们先来了解北京地铁,获取一些经验。

师:北京地铁票价经历了多次调整,这张表显示的是近20年的票价变化。(出示《北京地铁票价变化表》)

北京地铁票价变化表

时间	票价	计费方式
1999年12月10日—2007年10月6日	每人次3元	单一票价
2007年10月7日—2014年12月27日	每人次2元	单一票价
2014年12月28日至今	6千米内(含6千米),票价3元;6~12千米(含12千米),加收1元;12~32千米(含32千米),每增加10千米,加收1元(不足10千米按10千米计算);32千米以上,每增加20千米,加收1元(不足20千米按20千米计算)	分段计费

师:大家看,1999年12月10日到2007年10月6日,票价怎样定的?

生:每人次3元。

师:怎么理解?

生1:只要上车就收3元。

生2:无论坐多远都收3元。

师:是的,不管坐多远都是一个价格——3元。

师:2007年10月7日到2014年12月27日呢?

生1:每人次2元。

生2:价格由每人次3元调整为每人次2元。

师:2014年12月28日到今天,北京地铁有了新的计费标准,请大家认真读一读。

(学生认真读计费标准)

师:先来比较一下,这个计费标准和之前的两种在计费标准上有什么不同?

生1:前两种不管乘坐多远,票价都相同;这次调整后,乘坐里程不同,票价也不同。

生2:这次调整把乘坐的里程分成了一段一段的,每段计费标准都不一样。

师:好样的,会观察会总结。前面两种,无论远近,都是一个价格,我们把这样的计费方式,叫单一票价。现在把乘坐里程分成了几段,每段都有各自的计费方式,就叫分段计费。

今天,我们就来研究分段计费。(板书:分段计费)

【评析】从同学们最熟悉的家乡洛阳出发,以洛阳新的出行工具地铁为切入点,以北京地铁票价为素材,激发学生对分段计费的探究兴趣,选材贴近生活,扩大了探究空间,通过单一票价与分段计费两种不同计费方式的对比,初步了解分段计费。

二、深入研究,体会思想

师:分段计费,包含两个关键词:分段和计费。(板书:分段　计费)要认识分段计费,我们要明白段是怎样划分的,每一段又是如何计费的。

1. 整理信息,自主研究

师:让我们再读北京地铁分段计费的计费标准。

(学生再读北京地铁分段计费的计费标准)

师:读完了吧?什么感觉?

生1:信息太多,太复杂。

生2:我们需要把这些信息整理一下。

师:我们学过哪些整理信息的方法?

生1:画图。

生2:列表格。

师:对,用列表格和画线段图的方式来整理信息,是我们解决数学问题的好方法。请同学们拿出桌上的学习单,根据计费标准,选择一种自己喜欢的方式来整理信息,整理时请关注以下问题:

(1)乘坐路程是如何分段的?

(2)每一段是如何计费的?

2. 交流研讨,厘清关系

师:整理好了吗?跟同学们交流一下。

师:哪些同学选择的是列表格的方法整理信息?将你整理的结果和大家分享一下。

(1)明确第一段的计费标准。

生1:第一段是6千米以内(含6千米),收费3元。比如走1千米收3元,走5千米也收3元。

生2:我有补充,比如走0.1千米收3元,走6千米还是3元。

师:也就是说,只要大于0且小于或等于6千米,都属于第一段,收费3元。

(2)明确第二段的计费标准。

师:第二段怎么计费呢?

生:6~12千米(含12千米),加收1元。比如乘坐了7千米,加收1元是4元,乘坐12千米也是加收1元,需要4元。

师:很好,通过举例来说明问题,理解非常到位。

(3)明确第三段的计费标准。

师:第三段的计费标准有所变化了,谁来说一说?

生：12~32千米(含32千米)，每10千米加收1元。

师：大家想一想，在第三段中，最多能加收几元？

生：加收2元，因为这一段中有两个10千米。

师：真会思考。不足10千米按10千米计算是什么意思？

生1：比如1千米或者9千米，都没有满10千米，也要按10千米来算，加收1元。

生2：比如在第三段里乘坐了0.1千米，或者正好乘坐了10千米，也要加收1元。

师：非常正确。

(4) 明确第四段的计费标准。

师：第四段的计费标准是什么？怎样理解？

生1：32千米以上，每增加20千米，加收1元。

生2：和第三段的规则一样，比如在第四段乘坐了17千米，不满20千米，还按20千米算，加收1元。

生3：哪怕只乘坐了0.1千米，也要按20千米算，加收1元，乘坐19.9千米也只加收1元。

师：是的，只要进入这一段，不满20千米也按20千米来计费。

师：老师也像你们一样，把信息整理在表格里面。从表格中我们可以清晰地看出，这个计费标准将乘坐里程划分成了4段，每一段对应着一种计费标准。

	一	二	三	四
分段	0~6千米(含6千米)	6~12千米(含12千米)	12~32千米(含32千米)	32千米以上
计费	3元	加收1元	每10千米加收1元，不足10千米按10千米算	每20千米加收1元，不足20千米按20千米算

(5) 借助线段图明确分界点。

师：这样的计费标准能在线段图上表示出来吗？

生：可以。

师：大家说，老师来画图。先画一条线段，表示乘坐的里程，起点用0表示，第一段是 0~6 千米,第二段是 6~12 千米,第三段是 12~32 千米,需要注意的是,第三段一共有 20 千米,每 10 千米加收 1 元,最多可以加收 2 元,32 千米以上属于第四段。(边说边画出相应的线段图)

师:为了看得更清楚,老师用不同的颜色代表每段的里程。(每一段贴上不同的颜色)

```
0      6      12                    32
|------|------|---------------------|------
```

师:这个 6 千米属于第一段还是第二段?

生:属于第一段,因为题目中说,6 千米以内含 6 千米。

师:观察真仔细。那 12 呢? 32 呢?

师:(小结)从这幅图上我们可以更清楚地看出,6、12、32 是段与段之间的分界点,这些分界点是上一段的终点、下一段的起点,都包含于上一段。

【评析】出示北京地铁的计费标准,面对大量而繁杂的信息,学生感受到信息整理的必要性和重要性。在分享交流的过程中,让学生明晰"加收 1 元""每 10 千米加收 1 元""不足 10 千米按 10 千米计算"等新的计费标准;结合线段图,进一步明确分段计费中段的划分,加强对分界点的理解。这个环节让学生经历完整的收集信息、整理信息、分析信息的过程,有助于学生更好地理解信息,加深对分段计费的计费标准的认识,初步建立模型思想。

3. 在具体问题中,加深理解

师:同学们,经过刚才的整理和分析,大家对北京地铁的计费标准是不是更加清楚了?那么问题来了。

(1)明确分界点的收费。

师:你坐上车,距你下车的站点正好 6 千米,应该付费多少元? 6.1 千米呢?

生 1:正好 6 千米,应该付 3 元,因为属于第一段。

生 2:6.1 千米应付 4 元,只要超过 6 千米不足 12 千米,就要加 1 元。

师:那 12 千米呢?

生:还是 4 元,12 千米包含在第二段。

(2)结合具体生活情境,体会分段计费的计费标准。

师:假如站点在13千米处,应该收费多少元?为什么?

```
0      6      12                    32
|------|------|--------------------|--------
       ⌣⌣⌣⌣⌣⌣⌣⌣
         13千米
```

生:应该收费5元,比12千米多了1千米,按照第三段的计费标准,10千米之内都是加1元,所以在4元的基础上再加1元是5元。

师:讲得真清楚!如果继续乘坐9.5千米,到达下一站,应该付费多少元?先跟同桌说一说你的想法。

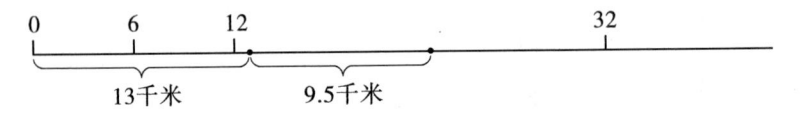

```
0      6      12                    32
|------|------|--------------------|--------
       ⌣⌣⌣⌣⌣⌣ ⌣⌣⌣⌣⌣⌣
         13千米      9.5千米
```

生1:在第三段一共乘坐了1+9.5=10.5千米,10.5千米中包含了1个10千米,要加1元,多出的0.5千米也按1个10千米计算,还需加1元,所以是6元。

生2:通过看图发现,又乘坐了9.5千米之后仍在第三段,第三段最多加收2元,加上前两段的费用,一共是6元。

师:掌声送给这两位同学,他们特别会思考。我们把刚才的计算过程用算式记录下来,第一段收费3元,第二段收费1元,第三段收费2元,一共6元。

[板书:3+1+2=6(元)]

师:现在回头看一看,我们是怎样计算费用的?(总结)首先弄清楚在哪一段,它的计费标准是什么,在具体计算时,先分开看看每一段的费用是多少,最后将各段费用合起来,概括成四个字就是"先分后合"。(板书:先分后合)

【评析】考虑到分段计费中多种计费标准带给学生的认知困难,教学中将学生带入生活情境,结合线段图,通过对特殊数据的分析和处理,让学生明确分界点的归属和收费问题。通过对"13千米""又乘坐了9.5千米"等核心问题计费方法的深入思考和交流探讨,激发学生思维,突破教学难点,使学生理解并掌握分段计费的计费标准,体会"先分后合"的思想。

三、实际运用,解决问题

师:北京地铁怎么收费你们明白了吗?来,我们一起乘坐1号线。这是1号线的部分线路图,看看图中有哪些信息。起点是苹果园站,站与站之间的数据表

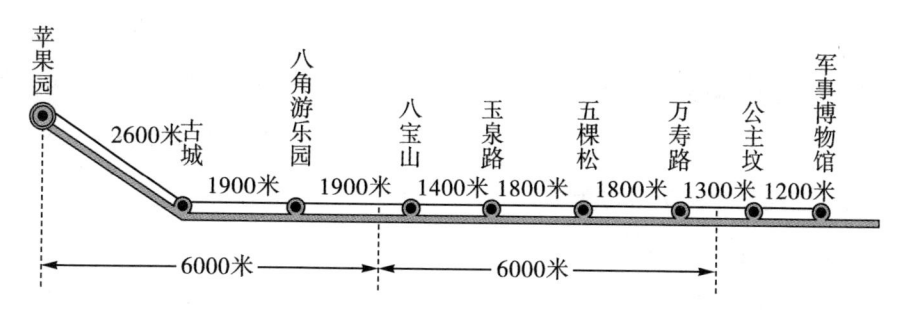

示两站之间的大概里程。下面的 6000 米,表示从苹果园上车到这里大约是 6000 米,也就是 6 千米。

```
苹果园 —2600米— 古城 —1900米— 八角游乐园 —1900米— 八宝山 —1400米— 玉泉路 —1800米— 五棵松 —1800米— 万寿路 —1300米— 公主坟 —1200米— 军事博物馆
|←——— 6000米 ———→|←——— 6000米 ———→|
```

师:图看懂了吗?下面我们来解决生活问题。

(1)依据费用,推测站点。

师:(课件出示问题一)从起始站苹果园上车,到哪些站点的票价是 3 元?到哪些站点的票价是 4 元、5 元?

生 1:到古城和八角游乐园的票价是 3 元。因为它们都不足 6 千米,属于第一段。

生 2:我认为到八宝山、玉泉路、五棵松、万寿山这四个站的费用是 4 元,它们都超过了 6 千米,不到 12 千米。

生 3:到公主坟、军事博物馆的票价是 5 元,它们都超出了 12 千米。

(2)任意两站计算费用。

师:(课件出示问题二)估算一下,如果从五棵松上车,到军事博物馆下车,票价是多少元?

生 1:我认为票价是 3 元,五棵松到万寿山大约 1800 米,万寿山到公主坟大约 1300 米,公主坟到军事博物馆大约 1200 米,加起来共 4300 米,不足 6000 米,所以收费 3 元。

生 2:我也认为是 3 元,我估计成整千数,五棵松到万寿山大约 2000 米,万寿山到公主坟大约 1000 米,公主坟到军事博物馆大约 1000 米,加起来 4000 米,所以收费 3 元。

师:回答得太好了!数学就是这样,不仅要会学,还要会灵活运用。

【评析】通过模拟乘坐北京地铁来解决生活中所遇到的实际问题,这两个问题的设置各有侧重点:问题一是对分段计费计费标准的逆向思维训练,不是根据乘坐里程计算费用,而是根据费用来推测下车的站点;问题二打破了从起点站出发的思维定式,给出任意两个站作为起点站和终点站,让学生根据站与站的距离自己计算乘坐里程,从而分析如何计费。这个环节中两个问题的设置,使学生真正理解并灵活掌握分段计费的计费标准,培养学生对知识的应用意识,提高实践能力。

四、回顾反思,拓展应用

1. 回顾反思

师:同学们,我们知道在分段计费中,费用会随着里程的变化而变化。所以,关于里程和费用的关系,我们还可以用这样的图来表示。(出示图)

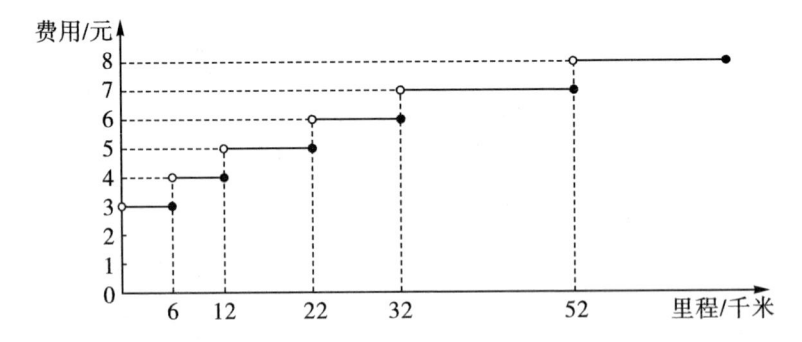

师:横轴表示的是地铁的里程数,纵轴表示要交的费用。(动画演示)一起来看。在0~6千米(含6千米),交费3元。6~12千米(含12千米),交费4元。12~22千米(含22千米),交费5元。22~32千米(含32千米),交费6元。32千米以上,每20千米加收1元。32~52千米,交费7元。继续往后,52千米往后,交费8元、9元。同学们,想一想,分段计费跟单一票价相比,有什么特点?

生1:分段计费乘坐的路程越长,每段越便宜。前面6千米就要交3元,到后来,每乘坐20千米,才加收1元,所以,越往后每段越便宜。

生2:这样就照顾了那些乘坐路途远的乘客,费用不会太高。

生3:和无论远近都收费一样的单一票价相比,分段计费乘坐的路程越长,交的钱也越多。

生4:根据路程远近收费,这样更加公平合理。

师:这么一分析,我们发现小小的分段计费里面竟然藏有这么多的学问。

2. 拓展应用

师：其实，像这样的分段计费并不仅限于城市交通，在我们生活的方方面面都可以看到。（课件展示）水费、电费、燃气费都采用了分段计费。我们发现用得越多，单价就越贵，这是提醒我们生活中要节约不浪费，让社会有限的资源得到合理利用。

【评析】借助坐标图，让学生进一步体会分段计费的特点，以及分段计费的相对公平性和合理性，再次体会函数思想。借助生活中的水费、电费、燃气费，拓展函数模型的应用，并渗透节约资源的思想教育。

五、延伸课外，经历建模过程

师：同学们，课上到这里已经接近尾声了，有个词叫学以致用，下课后，我们就用今天学到的知识，尝试着为洛阳地铁设计一个计价方案，好吗？说不定你们的方案会被相关部门采纳哦。

师：老师这里收集了一些材料。（图片出示两份材料）第一份材料是两种不同的设计方案的比较，第二份材料是洛阳地铁与北京地铁线路总长的比较。

材料一：

0~4 千米（含 4 千米）	2 元
4~22 千米（含 22 千米）	每递增 6 千米加收 1 元
22 千米以上	每递增 9 千米加收 1 元

0~6 千米（含 6 千米）	2 元
6~24 千米（含 24 千米）	每递增 6 千米加收 1 元
24~45 千米（含 45 千米）	每递增 7 千米加收 1 元
45 千米以上	每递增 8 千米加收 1 元

材料二：

城市	线路	起止站	站点/个	总里程/千米
北京	13 号线	西直门—东直门	16	40.5
洛阳	1 号线	谷水西—文化街	19	23
	2 号线	经三路—龙门大道	15	18.3

课后，我们可以先研究这两份材料，在这个基础上来设计方案。设计方案时主要思考以下问题：

(1)根据洛阳地铁的总里程,怎样进行分段比较合理?

(2)每段的计费标准怎么设定既能照顾短途乘客,又有利于长途乘客?

【评析】将知识延伸到课外,根据提供的材料,为洛阳地铁设计计费方案,使学生经历建立数学模型的过程,感受模型思想,并树立社会责任感和主人翁意识。

板书设计

分段计费

	一	二	三	四
分段	0~6 千米 (含 6 千米)	6~12 千米 (含 12 千米)	12~32 千米 (含 32 千米)	32 千米以上
计费	3 元	加收 1 元	每 10 千米加收 1 元,不足 10 千米按 10 千米算	每 20 千米加收 1 元,不足 20 千米按 20 千米算

```
0      6       12                  32
   3  +   1    +       2       =   6(元)
```

先分后合

回顾反思

"分段计费"是小学阶段学生解决实际问题的一个重要内容。本课的教学设计,旨在培养和提高学生的阅读理解能力,积累解决问题的经验,并初步体会函数思想。本课的教学设计几经改版,最终得以如此呈现。

本课以深度教学为初探,在有利于数学内涵的挖掘与创新的基础上,做了一些有益的尝试,以促使学生思维能力的提升。教学中,将教材中的出租车问题调整为地铁的分段计费,使文本信息量倍增。另外,分段计费多种标准的呈现、数量关系的改变也为本课教学增加了难度。如何解决以上问题,我们做了如下尝试:

首先,让学生经历从文本阅读到有效信息的提取。面对纷繁复杂的信息,整理信息的必要性就得以凸显,本课我们是以洛阳地铁为背景,以北京地铁票价为研究素材,使学生的探究兴趣倍增,变"要我整理"为"我要整理",激发了学生学习的内驱力。经过对北京地铁计费标准的文本阅读、信息整理、对比分析、分享与交流，学生对分段计费的大量信息有了清晰而明确的认知，有效提高了阅读理解能力。

其次，跨越从"单一标准的计费"到"多种标准计费"的认知障碍。教学中，我们巧妙设置问题，分散教学难点，在第一段中，借助特殊里程的收费，加深学生对 6 千米以内(含 6 千米)计费标准的理解；在第二段中，重点理解"加 1 元"；第三段中，关注每"10 千米加收 1 元"的含义，从而分析出 20 千米最多加 2 元，化解知识难度；第四段，借助 0.1 千米、19.9 千米的特殊数据，重点把握不足 20 千米也按 20 千米计算的计费标准。每一段计费标准的分析，落实一个问题，解决一个困惑。解决具体问题时，用问题引领的方式，在充分的师生对话、生生互动中，形成思维的碰撞，迸发智慧的火花，感受"先分后合"的数学思想。在实际运用环节，模拟乘坐地铁 1 号线，设置不同角度的问题，让学生在思考、交流和争辩中，加深对分段计费多种计费标准的理解和掌握，培养学生灵活的思考力和解决问题的能力。

随着对本节课的研究逐渐深入和不断尝试，课堂中也出现了一些遗憾。教学内容难度稍大，部分水平欠佳的学生在课堂上的跟进略显不足。所以，我们也有了自己进一步的设想：是否可以将本节内容后移到学生学习小数除法、简易方程之后，作为一个专门的综合实践活动进行进一步研究？又或者是否可以采用不等式表示各段取值，从而使学生进一步理解所用的知识和方法，了解所学知识之间的联系，获得更丰富的数学活动经验？

教学研究不会停止，我们前进的脚步也将会迈得更远，走得更坚实。

知识链接

函数与函数思想

数学的核心是研究关系，具体来说研究三种关系，即数量关系、图形关系和随机关系。从小学数学到中学数学，对数量关系的研究经历了从算术到方程再到函数的过程。算术研究的是具体的、确定的常数以及它们之间的数量关系，方程研究的是确定的常数和未知的常数之间的数量关系，函数研究的则是变量之间的数量关系。

方程和函数虽然都是研究数量关系,但它们有着本质的区别。方程中字母表示的未知数往往是常量,函数中的自变量 x 和因变量 y 一定是变量,两个变量依据一定的法则相对应,因此二者有本质的不同。方程的呈现形式是等式,函数的呈现形式有解析式法、图像法和列表法等。运用方程思想,关注的是通过设未知数找出数量之间的等量关系,构建方程并求出方程的解,从而解决数学问题和实际问题。运用函数思想,关注的则是变量之间的对应关系,通过构建函数模型并研究函数的一些性质来解决数学问题和实际问题。

在小学数学里没有学习函数的概念,但是有函数思想的渗透,与正比例函数和反比例函数最接近的是正比例关系和反比例关系,分段计费更是分段函数的具体体现:自变量 x 的不同取值范围,有着不同的对应法则。

(摘自王永春:《小学数学与数学思想方法》,有删改)

作者简介:司马会鸽,洛阳市骨干教师,洛阳市优秀教师,洛阳市首届名师,洛阳市第二届优秀名师,洛阳市教学标兵,河南省名师,所执教的数学公开课多次荣获省、市级一等奖。

长方体的认识

毛香利

教学内容

人教版《义务教育教科书　数学》五年级下册。

我思我想

从研究平面图形到研究立体图形,是学生空间观念的一次飞跃,而"长方体的认识"作为立体图形的起始,对发展学生空间观念,帮助学生建构几何知识体系起着承上启下的作用。在认识长方体的过程中,学生究竟要学会什么? 长方体是内涵丰富的简单几何体,它包含了长方形、正方形、线段、直线的垂直和平行、平面的平移和旋转,涉及周长、面积、体积、图形的拆分与合并以及图形的展开与合围,是小学数学教学的重点,也是空间图形教学的难点。因此,长方体的认识需要经历一个由面到体再回到面的过程。

本课之前,学生对于长方体特征的获得都是源于实物或模型,属于感性认识。长方体的本质特征是相交于一个顶点的长、宽、高决定长方体的大小。如何帮助学生将已有的"初步印象"发展为更高层次的空间观念,真正从数学意义上认识长方体? 在长方体认识的课堂教学中,大多的教学只是关注学生数一数面、棱、顶点的数量,发现面和棱的特征,没有感到这部分知识有什么难点。但事实并非如此,在进一步学习表面积及体积时,学生往往会感到吃力。究其原因,还是对长方体缺乏全面认识。

学生对长方体的理解是建立在实际生活经验和长方体的特征要素——面、棱、顶点的特征基础之上的,因而对面、棱、顶点的理解是学生正确认识长方体的前提。对面、棱、顶点的理解,除了对各自特征的理解,更重要的是建构面、棱、顶点的关系,即面、棱、顶点各自特征与长方体整体之间的相互关联。也就是说,长方体的构成要素之间的位置关系和数量关系才是学生理解长方体特征的关键。

基于以上认识,本节课试图在学生观察、操作的基础上,借助推理与想象,把对长方体特征的认识置于点、线、面、体的整体认知结构中,以此帮助学生理解面、棱、顶点之间的关系,从而全面认识长方体。

课堂回放

教学目标

(1)让学生经历长方体的抽象过程,掌握长方体的特征,认识长方体面、棱、顶点之间的位置关系和数量关系。

(2)引导学生通过想象与操作,理解长方体的长、宽、高的含义。

(3)在自主探索长方体特征的过程中,培养学生的空间观念及推理能力。

教学重点

掌握长方体的特征,认识长方体面、棱、顶点的位置关系和数量关系。

教学难点

培养学生的空间观念及推理能力。

教学过程

一、创设情境,导入新课

师:这是一组从生活中收集的图片(课件出示冰箱、大楼、家具、包装盒等),从这组图片中你看到最多的是哪种几何体?

生:长方体。

师:不错,长方体在我们的生活中随处可见。我们在一年级的时候就知道什么样的物体是长方体,但你了解长方体的几何图形吗?比如,你能想象出,把这个包装盒画在作业纸上的样子吗?闭上眼睛想一想。

(学生闭目想象)

师:我们一起来看课件。(课件演示)

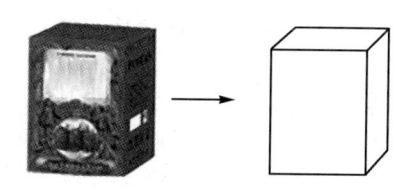

师:和你想象的一样吗？闭上眼睛再试着想象一下(给学生留出想象时间)，想出来了吗？今天这节课我们来进一步认识长方体。(板书:长方体的认识)

二、有序观察，认识构成要素

1. 交流经验，认识面、棱、顶点

师:关于长方体,你都知道些什么?

生1:长方体有6个面。

生2:长方体有两个面大小相等。

生3:长方体上有角。

生4:长方体上有边。

师:刚才有同学说长方体有6个面,拿出你们准备的长方体,找一找面在哪里,看一看面的形状,数一数有几个面。

生1:长方体有6个面,面的形状都是长方形。

生2:面的形状不全是长方形,有的面是正方形。

师:刚才有位同学说"长方体上有边",能将你所说的"边"指给大家看吗?

(学生指认)

师:大家看清楚了吗？他所说的"边"是两个面相交形成的这条线,(模型演示)比如,正面和上面相交形成的这条线,在几何体中把它叫作"棱"。

师:找一找长方体上其他的棱,数一数长方体有几条棱。

生:12条棱。

师:还有位同学说"长方体上有角",把你所认为的"角"指给大家看。

(学生指认)

师:这是角吗?

生:不是,角是一个顶点和两条射线组成的图形,他所指的是角的顶点。

师:不错,这位同学所指的是一个点,而不是角。(模型演示)这个点是这3条棱相交形成的,是它们的一个共同的端点,这个点叫作长方体的"顶点"。

师:数一数,一个长方体上有几个顶点?

生:8个。

2. 列表归纳

师:面、棱、顶点是构成长方体的三个要素,你能根据前面的讨论完成下表吗?

	面	棱	顶点
形状			
数量			

(学生独立完成后,进行展示)

	面	棱	顶点
形状	长方形或正方形	线段	点
数量	6个	12条	8个

【评析】从学生已有的生活经验出发,明晰构成长方体的三要素,并通过观察认识其特征,让学生由感性认识循序渐进地转向理性认识。

三、在操作中理解要素间的关系

1. 操作与思考

师:通过前面的探究和交流,我们认识了长方体的构成要素,进而知道长方体的面是长方形或者正方形,共有 6 个面;棱是面与面相交形成的线段,共有 12 条;顶点是 3 条棱的交点,共有 8 个顶点。想一想,如果要用一些小棒和连接小棒的接头来搭建一个长方体,那么,需要几根小棒和几个接头?

生:12 根小棒,8 个接头。

师:为什么是 12 根小棒和 8 个接头?

生:因为长方体有 12 条棱、8 个顶点,所以需要 12 根小棒和 8 个接头。

师:如果给你 12 根小棒和足够的接头,就一定能搭建出一个长方体吗?老师为每个学习小组准备了一个材料袋,每个袋子里装有 12 根小棒和 8 个接头。小组合作,来搭建长方体。

活动要求:

(1)如果搭建成功,思考自己的发现;

(2)如果搭建不成功,思考失败的原因。

(学生搭建)

2. 反馈交流,认识"棱"与"棱"之间的关系

师:完成了吗?哪几组搭建成功了?哪个小组先来汇报?汇报时,要首先介绍使用小棒的规格,每种规格有几根;再将你们搭建的长方体展示给大家,最后说一说你们的思考。

生1:我们小组的12根小棒,有12厘米、9厘米、6厘米三种规格,每种规格各有4根,这是我们搭建的长方体。从搭建过程中发现,长方体的12条棱可以分为3组,每组有同样的长度。

生2:我们组和他们的材料相同,搭建的长方体一样,我们的思考是,4条长度相等的小棒要放在相对的位置。

师:你说的相对位置指的是什么,能指给大家看吗?

(生2在搭建的模型上指出4条相对的棱)

师:大家明白了吗?"相对"表达的是棱与棱之间的位置关系,他们从搭建的过程中不仅发现了棱与棱之间的数量关系,还发现了棱与棱之间的位置关系。

(板书:相对的4条棱相等)

生3:我们组的12根小棒,有12厘米、6厘米两种规格,12厘米的小棒有8根,6厘米的小棒有4根,这是我们搭建的长方体,它有两个面是正方形。

……

师:没有搭建成功的小组,有什么要说的?

生4:我们小组的12根小棒,也是12厘米、9厘米、6厘米三种规格,但12厘米的小棒有5根,6厘米的小棒只有3根。这是我们搭建的半成品,缺少一根小棒。从搭建的过程中,我们发现每种小棒都应该是4根,否则搭不成。

师:用什么办法可以搭成?

生5:可以将多出的那根12厘米的小棒剪成6厘米。

师:好,那就试一试。

3. 数学推理，认识"面"与"面"之间的关系

(1) 引发思考。

师：通过以上的操作活动，(结合模型)我们发现把长方体的12条棱按它们所在的位置分为3组，相对的4条棱长度相等。如果进一步思考，棱是两个面相交形成的，哪两个面之间的位置关系可以用"相对"来描述？相对面之间形状相同吗？请你们还以小组为单位，结合搭建的长方体模型和实物，做进一步思考。

(2) 交流归纳。

师：说说你们的发现。

生：长方体有3组相对的面，相对的面完全相同。

师：你能在实物上把3组相对的面指给大家看吗？

(学生在实物上指出3组相对的面)

师：为了方便，我们把从正面看到的称为前面，其他面可以怎样称呼？

生：上面、下面、左面、右面、后面。

师：每个面有了称呼，我们就可以清楚地来表述面与面的位置关系。比如，上面和下面是相对的面。还有哪两个面是相对的面？

生：左面和右面，前面和后面。

师：认识了相对的面，为什么说相对的面完全相同？

生：我是看出来的。

师：眼见不一定为实，能说出道理吗？

生：我是这样看的，相对两个面是两个长方形，它们的长是一组相对的棱，宽是另一组相对的棱，相对的棱长度相等，所以相对的两个面的形状和大小完全一样。

师：同意他的看法吗？拿出你们的长方体，看一看3组相对面的长和宽分别是哪两组相对的棱。

(学生再次观察长方体模型)

师：现在我们对长方体又有了新的认识，发现12条棱可以分为3组，相对的4条棱长度相等，进而又推出，6个面中，相对的两个面完全相同。

(板书：相对的两个面完全相同)

4.分解长方体,认识长、宽、高

师:在搭的过程中,我们认识了长方体的特征,现在我们来拆分长方体框架,看看又会有怎样的启发。如果我去掉1条棱,你还能想到这个长方体的样子吗?

生:能。

师:自己动手拆拆看,要能想象出原来的样子,至少要保留几条棱?是怎样的几条棱?

(学生动手操作)

生:保留相交于一点的3条棱,依然能想到原来长方体的样子。

师:的确是这样,相交于一个顶点的3条棱决定了一个长方体的形状和大小。
(课件出示)

师:现在你有什么想说的?

生:相交于一点的3条棱太重要了,每两条棱就决定了一个面,这样3个面的大小就能确定了,另外3个面和这3个面相对,并且大小相等。所以说,相交于一个顶点的3条棱决定一个长方体的形状和大小。

师:不错,通过这3条棱,我们可以想象出分别相对的其他棱,进而想象出各个面,最后想象出整个长方体。我们通常将相交于一点的3条棱分别叫作长方体的长、宽、高。一个长方体的长、宽、高确定了,这个长方体的形状和大小就确定了。知道了长、宽、高,我们就能想象出对应的长方体。

(板书:长、宽、高)

【评析】长方体的特征是相交于一个顶点的长、宽、高决定长方体的大小。在经历了上述过程后,学生能深刻体会到长、宽、高决定着长方体的形状和大小,不仅从本质上理解了长方体的特征,同时也培养了空间想象能力,在观察、想象、推理的过程中促进数学思考。

四、在动态转化中，沟通面与体

师：为什么长方体具有这些特征呢？这是一张 A4 纸，如果我们不考虑它的厚度，是什么图形？

生：长方形。

师：请同学们仔细观察课件上的内容。（课件演示：将长方形沿着面的垂直方向平移，留下移动的痕迹形成长方体）

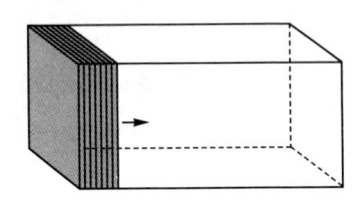

其实，长方体是长方形沿着面的垂直方向连续平移运动形成的。我们知道，平面图形在平移过程中形状和大小都不会改变。现在，你能解释长方体的特征吗？

生：因为平移不会改变长方形的形状，所以相对的 4 条棱平行，并且相等。因此，相对的面也完全相同。

师：数学知识的获取是从"为什么"中来的，因此，我们在今后的学习中，要学会多问为什么。

五、借助实例，初识直观图

师：比如，我们拿在手上的长方体模型，看到的 6 个面是长方形或者正方形。我想你可能有这样的疑问，在我们的书上看到长方体图形，有的面却是平行四边形，这又是为什么？这涉及很多知识，不过，我们还可以从生活经验中找到根据。在日常生活中，当我们观察一个长方体物体时，你是否可以看到它的 6 个面、12 条棱和 8 个顶点？比如，一幢长方体楼房（课件出示大楼图片），最多能看到几个面？

生：最多可以看到长方体实物的 3 个面。

师：知道图片上这个宏伟建筑物叫什么吗？（出示"水立方"图片）

生："水立方"。

师：不错，这是位于北京奥林匹克公园内的国家游泳中心，又称"水立方"，它是为 2008 年北京奥运会修建的主游泳馆，也是 2008 年北京奥运会标志性建筑物之一。从图中我们能够看到的是它的正面、右面和上面。为了方便研究,人们根据能够观察到的事实,将实物转化为几何直观图(课件动画演示)。

师:从这个直观图中,除了可以看到3个面,还能看到什么?

生:7个顶点,9条棱。

师:你能结合长方体的特征,用虚线把看不见的面、棱和顶点画出来吗?

(学生在作业纸上完成,指定学生完善黑板上的直观图)

【评析】学生通过在观察物体方面的已有经验来初识直观图,在把三维实物画成二维图形的过程中,学会识读直观图。

六、应用

1. 由"体"到"面"

师:请你用今天学到的知识介绍这个盒子。

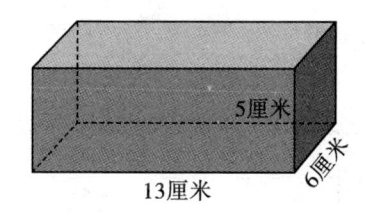

2. 由"面"到"体"

师:下面的8个长方形中,想一想,哪6个可以围成一个长方体?

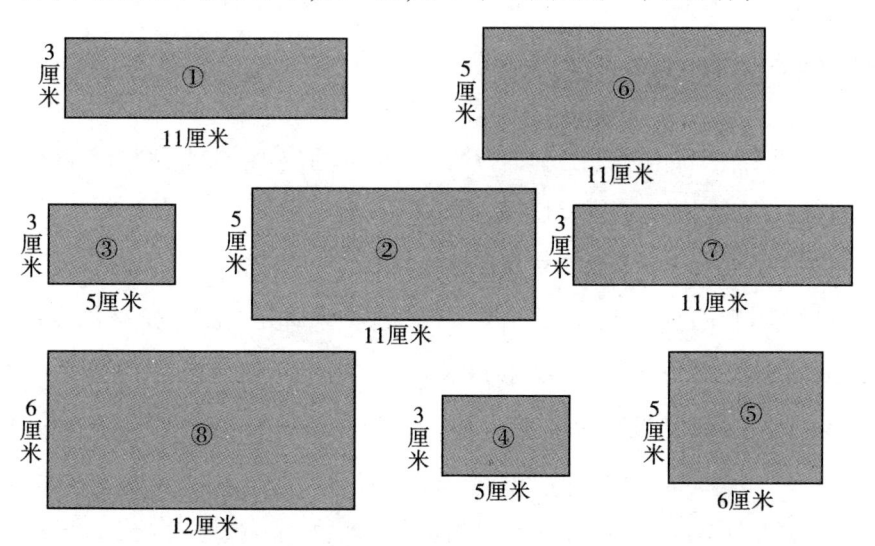

问题1:哪两个长方形要排除出去?为什么?

问题2：如果用①号长方形做长方体的底面，左、右两个面应该是几号和几号？前、后两个面应该是几号和几号？上面应该是几号？说说理由。

问题3：想象一下，围成的这个长方体是什么样子？

（学生踊跃回答）

【评析】练习的设置，不仅是对长方体特征的运用，更是对学生空间能力的训练，有助于丰富和发展学生的空间观念。

七、课堂总结

通过这节课的学习，大家认识了长方体，知道了长方体有8个顶点、6个面和12条棱，相对的面完全相同，相对的棱完全相等，并且我们还动手制作了长方体，对面、棱、顶点的位置关系也有了非常深入的了解。

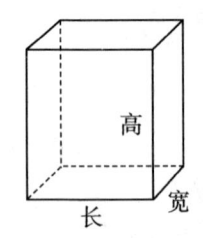

板书设计

长方体的认识

	面	棱	顶点
形状	长方形或正方形	线段	点
数量	6个	12条	8个

相对的4条棱相等，相对的两个面完全相同。

回顾反思

如何让学生全面掌握长方体的特征，培养和发展学生的空间观念是本课教学的出发点。为此，教师主要做到了以下几点：

1. 经历从实物中抽象出几何图形的过程

图形与几何的教学是在抽象出的几何图形中来研究点、线、面、体的关系。虽然学生从入学的第一学期就开始接触长方体，并能够从一些物体中辨认出长方体，但这种认识只是对实物表象的认识，对长方体形状的物体具备哪些特征并不清楚，也不具备通过几何图形研究构成要素之间关系的经验。因此，本课课始，教师便精心选取了现实生活中随处可见的长方体实物，来唤醒学生脑海中已有的长方体表象，以及不断存储的直观图印象，再让学生经历从实物中抽象出几何图形的过程。课中,再次经历从实物向平面直观图转化的过程,使学生具备初步的读图、识图能力,为后面的学习积累经验。

2. 认识长方体,理解构成要素之间的关系是关键所在

明确了棱与棱之间的关系,就可以依理推出面与面的关系,建立长、宽、高的概念。为此,在第三环节,用小棒搭建长方体这一操作活动,使学生把研究视角指向"棱",多种感官共同参与,探究"棱"与"棱"之间的位置关系和数量关系。在这个基础之上,学生得以通过合情推理,获得面与面之间的位置关系和数量关系。

3. 正视学生的疑问

长方体的相对的棱、相对的面为什么相等？长方形与长方体是怎样的关系？这些问题常常是教学中回避的问题,能不能让学生感知,用什么方式让学生感知,在本节课的第四环节进行了一次尝试。从课堂效果上看,虽仍有改进的空间,但总体上还是达到了预期目标。学生从中感受到了面的平移、棱的运动,对为什么相对的面完全相同和相对棱相等有了直观感受。正视学生可能的疑问,鼓励学生多问"为什么",在学生可接受的前提下,尽可能直面学生在理解上存在的问题,唯此,才能把学生的思考引向深入。我国现代数学教育的先驱傅种孙先生针对教学中忽视学生疑问的现象指出:"幸而学生们都有颜回之风,终日不言,教师得安然无事,设有子路在座,怕是要不得安宁了。"

知识链接

柏拉图立体

由多个完全相同的正多边形构成的多面体,又称为柏拉图立体,是最有规律的立体结构。数学家证明了世上只能存在以下五种柏拉图立体。

柏拉图将这样的五种立体写在《蒂迈欧篇》一书中,并将这样的五种立体与构成世界的经典元素联系在一起。

欧几里得在《几何原本》一书中对柏拉图立体进行了完整的数学描述,并且证明除了这五种正多面体,再也找不到其他的正多面体。

四面体	立方体	八面体	十二面体	二十面体
由4个等边三角形组成	由6个正方形组成	由8个等边三角形组成	由12个正五边形组成	由20个等边三角形组成
火	土	气	以太	水

(摘自[英]伊凡·莫斯科维奇:《迷人的数学》,余卓桓 译,有删改)

作者简介 毛香利,中小学高级教师,洛阳市骨干教师,洛阳市优秀教师,曾获洛阳市数学优质课一等奖。

循环小数

周培培

教学内容

人教版《义务教育教科书 数学》五年级上册。

我思我想

"循环小数"是学生较难理解和表述的一个概念。现行人教版小学数学教材将循环小数定义为：一个数的小数部分，从某一位起，一个数字或者几个数字依次不断重复出现，这样的小数叫作循环小数。"某一位起""一个数字或几个数字""依次不断重复"这样的抽象用语，对于学生来说理解起来会有一定的困难。因此，在实际教学中，教师往往会把教学的重点放到表述概念的关键词上，忽视循环小数的本质内涵。就教材中关于循环小数的定义形式来说，并非基于概念的内涵，而是对循环小数形式上的描述。学生并不能通过这个定义理解循环小数的内涵。人教版五年级上册教师用书中指出：通过"循环小数"的学习，理解除法中产生循环小数的原因，掌握"循环小数""有限小数""无限小数"的概念。

如何让学生明白"循环小数产生的原因"，理解"两个整数相除，商不是整数或有限小数时，必然是无限循环小数"，是教学中必须面对和思考的问题。

回顾历史，从刘徽以"无名"命名"微数"，到我国元代数学家朱世杰提出"小数"的名称及表示形式，二者相隔了数千年。而真正建立起稳定的十进制小数表达形式却是在极限理论建立之后的18世纪。小数概念的建立，既是"数系"的一次扩充，也是对"十进位值制"计数系统的完善。一方面是为了现实世界中数量表达的需要；另一方面是为了数学本身的需要，主要是为了表达无理数。

从根本上说，小数是"除"出来的，循环小数是"商"的一种特殊情况。在进行两个整数 m 和 $n(n \neq 0)$ 之间的除法运算时，如果得不到一个整数，就必有余数，这个余数只能是 1 和 $n-1$ 之间的一个整数。根据除法的运算法则,有余数后,要继续除下去,就需要用"0"填位。因此,最多 n 次运算后,某个余数必然出现第二次,并且在以后的运算中周期性出现,就形成了循环小数。

基于以上思考,在设计本节课时,我尝试回归起点,从循环小数的本质出发,以学生熟悉的除法运算入手,借助"有余除法"的相关经验,围绕核心问题"余数会不会没完没了地出现"展开关于"商"的进一步研究,层层揭开循环小数的面纱。在此基础上来归纳循环小数的定义,使学生从本质上理解循环小数。

课堂回放

教学目标

(1)在对关于"商"的探究活动中让学生理解循环小数产生的原因,认识循环小数,并能用循环小数表示商。

(2)在比较中引导学生认识有限小数和无限小数,认识循环节,掌握循环小数的简便记法,能正确区分有限小数和无限小数。

(3)在经历探索的过程中,进一步提高学生的观察、比较、分析、判断、抽象、归纳等能力,让学生感受到数学的规律美、简洁美,并从数学家对循环小数的探究经历中感受数学精神,增强学好数学的信心。

教学重点

认识循环小数,正确使用循环小数表示商。

教学难点

理解产生循环小数的原因。

教学过程

一、谈话导入

1. 谈话交流

师:同学们,看,这里有两个整数 3 和 2,你知道这两个数进行加减乘除运算的结果分别是多少吗?

生:$3+2=5,3-2=1,3\times 2=6,3\div 2=1.5$。

2.观察比较

(课件显示:3+2=5   3-2=1   3×2=6   3÷2=1.5)

师:比较这4个算式,你发现了什么?

生:我发现加法、减法、乘法运算的结果都是整数,而除法运算的结果是小数。

3.小结

师:是的,我们知道,两个整数之间进行加法、减法、乘法运算,结果仍然是一个整数。当两个整数相除时,结果就不一定是个整数,有可能是个小数。

【评析】通过对两个整数的加减乘除运算进行计算、观察、比较,引发了学生对两数相除结果的思考,知道商可能是整数,也可能是小数。

二、讲授新知

1.除出来的小数

师:这样看来,小数是除出来的数,通过除法的"商",我们可以对小数进行进一步的研究。

(1)创设情境。

(课件显示:这是一条长37厘米的彩带,平均分成5段,每段长多少厘米?)

师:会列算式吗?

生:37÷5=7.4(厘米)。

(2)复习竖式。

师:不错。结合这个算式,我们先来回顾一下用竖式计算除法的过程。

师:当除到个位还有余数时,我们可以用"商"和"余数"来表示它们的运算结果。有了小数,我们会怎么办?

(出示课件)

$$
\begin{array}{r}
7 \\
5{\overline{\smash{)}37}} \\
\underline{35} \\
2
\end{array}
\qquad
\begin{array}{r}
7.4 \\
5{\overline{\smash{)}37}} \\
\underline{35} \\
20 \\
\underline{20} \\
0
\end{array}
$$

生:在前一次计算得到的余数后面添0,继续除,依次得到商的小数部分。

【评析】小数概念的建立,是数和数量关系的二次抽象。循环小数的认识,是对"商"的进一步研究。课始,通过创设分彩带的生活情境,唤醒学生已有的两数相除得到小数和列竖式计算除法的经验,为探究循环小数做好了铺垫。

2. 认识循环小数

(1)提出问题。

师:那么,余数会不会没完没了地出现?

生1:会。

生2:不会。

师:看来大家的意见不统一,我们还是借助刚才那条彩带来试一试吧!

(2)循环小数的产生。

①列出算式。

(出示课件:如果把这条长37厘米的彩带,平均分成6段、7段、8段、11段,每段长又会是多少呢?)

师:怎样列式?

生:37÷6,37÷7,37÷8,37÷11。

②分组探究。

师:我们先以37÷6为例,来研究它的商。

(出示竖式)

```
       6.16
    ┌──────
  6 │ 3 7
      3 6
      ───
        1 0
          6
        ───
          4 0
          3 6
          ───
            4
```

师:从这个竖式中,我们看到,首先得到了商的整数部分6,余数为1,补0后,继续除,得到商的第1位小数"1",余数为4,在4的后面补0,得到商的第2位小数"6",余数为4,继续下去,会怎样呢?为了研究方便,我们可以将计算的过程填入下表:

商的小数部分	第1位	第2位	第3位	第4位	第5位	第6位	第7位	第8位	第9位	第10位	第11位	第12位
余数	1	4										
商	1	6										

师:大家明白了吗？如果没什么问题,我们就分组研究,左边4列的同学研究37÷6、37÷7,右边4列的同学研究37÷8、37÷11,并思考以下问题:(出示课件)

a.余数会不会没完没了地出现？为什么?

b.如果余数没完没了地出现,是否存在一定的规律?

③汇报交流,归纳概括。

生1:我研究的是37÷6,发现余数一直在重复出现4,商的小数部分就重复出现6,所以我认为余数会没完没了地出现。

商的小数部分	第1位	第2位	第3位	第4位	第5位	第6位	第7位	第8位	第9位	第10位	第11位	第12位
余数	1	4	4	4	4	4	4	4	4	4	4	4
商	1	6	6	6	6	6	6	6	6	6	6	6

生2:我发现37÷7在计算的时候也出现了这样的情况,不过不是一个数字在重复出现。余数按照2、6、4、5、1、3的顺序在重复出现,商的小数部分就按2、8、5、7、1、4的顺序重复出现。(展台展示)

商的小数部分	第1位	第2位	第3位	第4位	第5位	第6位	第7位	第8位	第9位	第10位	第11位	第12位
余数	2	6	4	5	1	3	2	6	4	5	1	3
商	2	8	5	7	1	4	2	8	5	7	1	4

生3:37÷11也是这样。余数按照4、7的顺序循环出现,商的小数部分按3、6的顺序循环出现。(展台展示)

商的小数部分	第1位	第2位	第3位	第4位	第5位	第6位	第7位	第8位	第9位	第10位	第11位	第12位
余数	4	7	4	7	4	7	4	7	4	7	4	7
商	3	6	3	6	3	6	3	6	3	6	3	6

生4：我研究的是37÷8，和我们以前的一样，商是小数，余数没有无休止地出现。(展台展示)

商的小数部分	第1位	第2位	第3位	第4位	第5位	第6位	第7位	第8位	第9位	第10位	第11位	第12位
余数	5	2	4									
商	6	2	5									

生5：我发现了余数重复出现的顺序不变，而且商的顺序也不变。

师：你们观察得真仔细！确实是这样，这是因为商的小数部分各数位上数的大小与前次除得的余数有关。如果继续除下去会怎样？

生：继续除下去，余数就会继续重复出现，商的小数部分对应数位上的数字也会重复出现。

④小数的分类。

师：说得真好！一直除下去，商的小数部分的位数会是无限多，没有穷尽。像这样，小数部分的位数是无限的小数，我们称它为无限小数。而像4.625这样，商的小数部分的位数是有限的小数，我们称它为有限小数。

⑤归纳循环小数的概念。

师：继续看这两个竖式(出示课件)，它们有什么共同点和不同点？

$$
\begin{array}{r} 6.166 \\ 6\overline{)37} \\ 36 \\ \hline 10 \\ 6 \\ \hline 40 \\ 36 \\ \hline 40 \\ 36 \\ \hline 4 \end{array}
\qquad
\begin{array}{r} 3.3636 \\ 11\overline{)37} \\ 33 \\ \hline 40 \\ 33 \\ \hline 70 \\ 66 \\ \hline 40 \\ 33 \\ \hline 7 \end{array}
$$

生1：它们的商都是无限小数。

生2：37÷6商的小数部分是一个数字重复出现，37÷11商的小数部分则是两个数字依次重复出现。

生3：37÷6商的小数部分是从百分位起出现重复，37÷11商的小数部分则是从十分位起就出现重复。

师：你们不仅会观察，还会总结！像37÷6、37÷7和37÷11的商那样，一个数的小数部分，从某一位起，一个数字或者几个数字依次不断重复出现，这样的小数叫作循环小数。如：6.1666…、3.3636…就是循环小数，循环小数是无限小数这个大家庭中的一分子，也称为无限循环小数。

师：这就是今天我们学习的内容。(板书课题：循环小数)

【评析】以"一条彩带"为载体，通过平均分成不同的段数，引导学生展开"商"的探究。通过不同层次的观察和对比，学生能自主发现其中的规律，真正区分有限小数和无限小数，逐步完善认知，形成循环小数的概念。

(3)"循环节"与循环小数的简便记法。

①自主探究。

师：请大家打开课本第34页，自学循环小数的循环节以及简便记法。

(课件出示"自学提示")

②想一想：什么叫作循环节？如何用简便写法记录一个循环小数？

③做一做：用简便写法表示37÷7与37÷11的商。

④揭示"循环节"概念，掌握简便记法，交流归纳。

师：哪位同学来说说什么是循环小数的循环节？

生：循环小数依次不断重复出现的数字，就是它的循环节。

师：你能找出6.1666…和3.3636…这两个循环小数的循环节吗？

生：6.1666…的循环节是"6"，3.3636…的循环节是"36"。

师：大家同意吗？从一个循环节里，我们不仅可以看出有几个数字在循环，这几个数字都是几，还可以知道这几个数字的排列顺序。找出了一个小数的循环节，我们就可以用简洁的方法表示一个循环小数。如：

1.333…还可以记作 $1.\dot{3}$，0.234545…还可以记作 $0.23\dot{4}\dot{5}$

你是怎样表示37÷7、37÷11的商的？

生：$37÷7=5.2857\dot{1}\dot{4}$、$37÷11=3.\dot{3}\dot{6}$。

【评析】通过自学,培养和发展学生阅读数学文本的能力。

(4)学以致用,拓展认知。

师:认识了循环小数,了解了循环小数的简便记法,想不想检验一下我们的学习效果?(出示课件)

①判断下列各数,是循环小数的在题后的括号里画"√",不是的画"×",并说出理由。

3.666…　　(　　)　　　2.35435　　　(　　)

2.58080…　(　　)　　　3.14852…　　(　　)

3.333　　　(　　)　　　0.24382438…(　　)

②将第一题的循环小数用简便写法记录下来,并读一读。

师:你能对第一题的小数进行分类吗?你的分类依据是什么?

师:谁愿意将结果写在黑板上?请大声读一读。

生:按有限小数和无限小数可以分为两类,第一类有限小数,有2.35435、3.333。第二类无限小数,有3.666…、2.58080…、3.14852…、0.24382438…。

师:能继续对无限小数进行分类吗?想一想,4人小组之间可以讨论讨论。

生:无限小数还可以继续分类,3.666…、2.58080…、0.24382438…是无限循环小数,3.14852…不是无限循环小数。

师:能给它一个名称吗?

生:无限不循环小数。

师:大家同意吗?不简单,同学们的想法与数学家不谋而合,在数的大家庭里不仅有大量的无限循环小数,还有大量的无限不循环小数。

【评析】在此环节中,学生运用已学的知识进行辨析、分类,不仅巩固了循环小数的知识,还对小数的分类有了新的思考。

三、"商"的讨论

1.提出问题

师:通过对"余数会不会没完没了地出现"这一问题的探究,我们认识了无限循环小数。现在你认为两个整数相除,商有几种可能?

生:三种可能,可能是整数,也可能是有限小数,还有可能是无限循环小数。

师：如果商不是整数，也不是有限小数，就一定是无限循环小数吗？

生：不一定是无限循环小数，也可能是无限不循环小数。

师：你们的意见呢？同意的举手。

（不少同学举手，个别同学在犹豫）

师：看来，我们有必要进一步研究。如果把这条长37厘米的彩带平均分成17段，每段长又会是多少？

2. 共同探究 37÷17

师：这次，我们一起来完成研究单。（依次思考以下问题，并将余数和商填入表中）

37÷17，商几余几？→生：商2余3；

30÷17，商几余几？→生：商1余13；

130÷17，商几余几？→生：商7余11。

师：如果继续除下去，有哪几种可能？

生1：余数为0，商是有限小数。

生2：某个余数重复出现，商是无限循环小数。

师：会不会出现第三种可能，商是无限不循环小数？

生2：我认为不可能。

师：说说你的理由。

生2：因为每一次的余数都要小于除数，所以余数的个数是有限的，肯定会重复。

师：是这样吗？实践出真知，我们一起继续除下去，并把每次除得的余数和商填在研究单上。

（学生进行计算，填写学习单）

师：多数同学都停了下来，说说你们的发现，哪位同学先来说？

生1：当除到第17位时，有余数重复出现。（展台展示学习单）

商的小数部分	第1位	第2位	第3位	第4位	第5位	第6位	第7位	第8位	第9位	第10位
余数	3	13	11	8	12	1	10	15	14	4
商	1	7	6	4	7	0	5	8	8	2
商的小数部分	第11位	第12位	第13位	第14位	第15位	第16位	第17位	第18位	第19位	第20位
余数	6	9	5	16	7	2	3			
商	3	5	2	9	4	1	1			

师:你们算的结果和他的一样吗?(个别同学的计算错误,自行纠错)从这份学习单上,我们看到,当除到与商的小数部分相对应的第17位,余数3重复出现。现在我们来观察前16个余数:

3、13、11、8、12、1、10、15、14、4、6、9、5、16、7、2

如果按大小顺序,从1到16一个不少,如果不出现重复,下一个余数一定要比16大,有这种可能吗?

生:没有,因为余数要比除数小。

师:是啊,整数除法运算,每一次的余数都要小于除数,所以余数的个数是有限的,就37÷17来说,每一次的余数只能是1到16之间的整数,当除到小数部分的第17位时,要么余"0",商是有限小数;要么与前面的某一个余数重复,导致商的循环,商为有限循环小数。两个整数相除的情况下,绝对不可能出现商是无限不循环小数的情况。如果余数不能为"0",就必定会重复。

3. 历史上的探究

师:现在,我们知道37÷17的商是一个无限循环小数,它的一个循环节有几位?

生:16位。

师:从这里可以看到,循环小数是一种既让人喜欢又让人发愁的数。让人喜欢是因为它有很多迷人的性质,让人发愁是因为在没有计算机的时代,有时候要算一道商是循环小数的除法题,相当困难。曾经有一个叫赫德逊的外国人,算过1÷1861的商,得数是一个循环节有1860位的循环小数。还有一个外国人叫向克斯,硬是把1÷17389的商算了出来,那是一个循环节有17388位的循环小数。要问是什么力量支撑了他们,只能是兴趣和爱好。这就是数学的魅力。

【评析】此环节通过引导学生观察、发现37÷17的商,从学生的思维困惑处入手,将学生的思维打开,深入地思考问题,让学生真正懂得背后的道理。通过介绍赫德逊和向克斯的事迹,激发学生对数学的兴趣,形成良好学习品质。

四、课堂总结

师:同学们,你们对今天学习的循环小数有什么想说的?

生1:我知道了什么样的小数是循环小数,还学会了循环小数的简便记法,会用循环小数表示商。

生2:我知道了两数相除商有三种情况,商是整数、有限小数或无限循环小数。

生3:两个整数相除,如果商是循环小数,循环节一定小于除数,最多也要比除数少1。

师:确实如此!你是怎样发现的?

生3:我是从37÷17和两个外国人计算1÷1861和1÷17389中发现的。

师:明白其中的道理吗?

生:现在还不明白。

师:其实它还和余数小于除数有关。大家有兴趣和这位同学一起探讨吗?那就课后继续探讨,下节课交流。下课!

【评析】此环节将本节课的知识进行总结,让学生在总结中梳理知识,进一步培养了学生良好的思维品质。

板书设计

循环小数

$37÷6=6.1\dot{6}$ $37÷7=5.\dot{2}8571\dot{4}$ $37÷8=4.625$ $37÷11=3.\dot{3}\dot{6}$

两数相除 $\begin{cases} 整数 \\ 小数 \begin{cases} 有限小数 \\ 无限循环小数 \end{cases} \end{cases}$

回顾反思

一切教学活动都要以培养和发展学生的核心素养为根本,数学教学当然不能例外。"循环小数"是一节概念课,以往的教学往往围绕着表述概念的关键词进行。比如,"从前有座山,山上有座庙,庙里有个老和尚……",类似的导入方式被视为"教学内容的无缝对接",能够让学生从中体会"循环"的含义,这样的教学设计一度被视为经典,广泛采用。事实上,早在一年级"找规律"教学时,学生就接触了"循环单位"或"循环组"的概念,随着时间的推移,学生已经积累了丰富的寻找"循环组"的经验。且不论如此教学设计的必要性,即使学生完全理解了这样的关键词,也仅仅是从表面形式上认识了"循环小数",难以触摸到"循环小数"的本质。基于此,我将本节课的教学重点放在"商"的探究上,充分关注学生已有的生活经验和知识背景,通过一系列有效的数学活动,提供充分探究的空间,使学生积极主动地参与知识的探究过程。

1. 唤醒学生的经验,关注学生的思维生长点

"一条彩带平均分"的生活情境贯串始终。从平均分成 5 段开始,唤醒两数相除的经验,到平均分成 6 段、7 段、8 段、11 段,使学生在计算商的过程中,观察、比较、思考、发现余数和商的变化规律,体验到小数位数的无限和有限,从根本上区分无限小数和有限小数。

2. 问题引领,不断将探究活动引向深入

首先从"小数是除出来的数",引出问题——"余数会不会没完没了地出现?"在问题探究中明确循环小数产生的原因,从而归纳"有限小数"和"无限小数""循环小数"的概念;通过对"商"的讨论,引出问题——"如果商不是整数,也不是有限小数,就一定是无限循环小数吗?"将探究活动引向深入。

3. 给足学生探究的空间,注重渗透思想方法

在整个教学过程中,通过精心设计的"学习单",扩大了学生的探究空间,指明了探究方向;通过一系列数学活动,在"动手计算、比较归纳、推理概括"等思维活动的共同作用下,进行清晰的观察,本质的发现,合情的推理,使学生的认知不断得以完善,从普遍认为"不一定是无限循环小数"到确信"绝对不可能出现商是无限不循环小数";再到自主地发现"循环节的位数一定小于除数,最多也要比除数少1"。在这个过程中,学生不仅明晰了"循环小数"的本质含义,也从中感受到数学分析推理的魅力。

知识链接

循环小数的循环节

数系的扩展,是在人类社会实际需求和数学内部矛盾发展的推动下,从自然数开始,为了减法的通行,扩充为整数;为了除法的通行,扩充为有理数;进而为了开方以及数学内部更深刻矛盾解决的需要,发展到无理数,完成了实数系的建立。从有理数到实数的扩充,人类经过了2400多年艰苦卓绝的奋斗,直到18世纪末,才将严密的实数构造理论建立起来。在有理数集合扩充为实数集合的过程中,十进制小数表示是最方便使用的概念和工具。

循环小数的循环节虽然忽大忽小,难以把握,但也有明显的特点:

(1)循环节的位数一定小于除数,最多也要比除数小1。

(2)循环节位数的多少与除数的大小无关。

虽然循环小数循环节的位数与除数的大小无关,会忽多忽少,但还是有一定的规律可循:

(1)一个既约分数 $\frac{a}{b}$ 的分母,如果只含有2和5以外的质因数,那么,

①这个分数所化成的小数是纯循环小数;

②这个纯循环小数的循环节最少位数可以这样确定:如果 $\overbrace{999\cdots9}^{m}$ 能被分母整除,m 最少是几,循环节的最少位数就是几。

(2)一个既约分数 $\frac{a}{b}$ 的分母 b 如果既含有 2^m 和 5^n 的因数,又含有2和5以外的质因数 p,即 $b=2^m \times 5^n \times p$,那么,

①这个分数所化成的小数是混循环小数;

②它的小数部分不循环的数字的个数等于2和5的指数中较大的那个(即 m,n 中较大的一个);

③循环节最少位数这样来确定:如果 $\overline{999\cdots9}^{i}$ 能被 p 整除,i 最少是几,循环节的最少位数就是几。

(摘自张静庵:《算术大全》,有删改)

> 作者简介
>
> 周培培,中小学一级教师,曾获洛阳市数学优质课二等奖。

分数的意义

李丽文

教学内容

人教版《义务教育教科书　数学》五年级下册。

我思我想

在小学数学概念体系中，分数处于核心概念的地位，随着数学学习的不断推进，越来越多的数学概念、数学内容将与分数这一核心概念发生或密或疏的联系。如果学生在建构分数概念的过程中出现认知模糊或者错误，将对后续的学习造成很多麻烦。

分数是一个内涵丰富的数学概念，具有"份数""度量""商"及"比"等不同层次的意义。掌握分数概念的重要标志是理解分数所表征的这些相关但不同的意义。因此，在分数教学中，应当对分数不同意义都有所重视。张奠宙先生认为："分数的份数定义可以作为起点，但是不宜过分强调，应该迅速向更抽象的分数定义转移。"另一方面，学生对分数的理解同样存在不同阶段和层次，就小学阶段的分数教学而言，我们在思考分数不同意义的同时，还应思考这种意义更加适合哪一阶段学生的学习。

现行人教版小学数学教材，在不同阶段涉及了分数的"份数""商""测量"及"比"的不同意义，体现了分数意义的本质，为我们思考这种意义更加适合哪一阶段学生的学习提供了依据。根据人教版教材的安排，三年级上册首次出现分数的概念，认识的出发点是对实物的操作，在平均分的基础上，加入"整体"的概念，让学生理解，与"整体"相比较，"部分"也可以是一个数，这个数就是分数，它大于0且小于1。分数突出的是"整体"与"部分"的关系，体现了分数的"份数"定义。五年级下册"分数的意义和性质"首先从度量和分物的角度引入，并指出，在进行度量、分物时，往往不能正好得到整数的结果，这时常用分数来表示，但最终强调的仍然是分数的"份数"定义。与三年级不同的是"整体"的含义，从一个物体扩充为多个物体，明确提出单位"1"和"分数单位"两个抽象的概念。所谓单位"1"是从众多"平均分"的对象中抽象出的一个概念。从现行教材中的定义来看，分数是"把单位'1'平均分成若干份，表示这样一份或几份的数"。定义中对"几份"没有限制，表明已经突破了"部分与整体"的局限，隐含了"一个量"与"另一个量"的关系，也为假分数的存在留出了空间。而后过渡到"分数与除法"，体现的是分数"商"的意义，到六年级上册"比的认识"，明确关注了比与分数的联系与区别，体现了分数"比"的意义。

无论如何，教学重点最终都要回到学生对分数意义理解这一基本问题上。基于以上认识，本节课的教学，尝试着从以下两个方面加以改进。

第一，让学生经历单位"1"的抽象过程。单位"1"是一个经过多次抽象的概念。抽象的结果是舍弃对象的形式、状态等非本质属性，使所研究的对象不仅脱离了具体的事物，也摆脱了具体量的束缚，凸显出等分"份数"这一本质特征。即分的份数是重要的，至于是1个饼，还是10个、100个都不重要。单位"1"与自然数"1"的区别，在于单位"1"是一个尺度标准（或参照标准），而自然数"1"是用单位"1"度量时，度量一次的记录符号。因此，教学上需要让学生真正经历单位"1"的抽象过程，而不只是简单归纳。

第二，重视学生对分数概念的建构。从度量角度来看，与整数一样，分数也是可以"数"出来的。以 $\frac{3}{4}$ 为例，如果把它放在数轴上，则表示到0点的距离为3个 $\frac{1}{4}$ 单位。因此，本节课以"数是数出来的"为线索，让"份数"和"度量"共同承担起对学生建构分数概念的任务。从"1"可以度量出"2、3、4……"，到对"1"平均分，寻找新的度量标准（分数单位），体会分数单位的产生和累加过程，发现整数与分数之间的联系，从而建构分数的概念。

课堂回放

教学目标

(1) 了解分数的产生,理解分数的意义。

(2) 经历单位"1"的抽象过程,理解单位"1"的本质含义。

(3) 通过具体的教学活动,认识分数单位,经历分数单位的产生和叠加过程,能说明一个分数中包含分数单位的个数。

(4) 在理解分数意义的过程中,发展抽象能力,感受数形结合思想。

教学重点

理解分数的意义,认识分数单位。

教学难点

理解单位"1"的抽象性。

教学过程

一、重新认识"1"

师:同学们认识这位慈祥的老爷爷吗?(课件呈现华罗庚头像图片)

生:认识。

师:他就是世界著名的数学家华罗庚。他曾经说过这样一句话(课件出示),我们一起读出来好吧!

生:数起源于数,量起源于量。

师:这句话的意思你们懂吗?从同学们的表情中我看到了疑惑,没关系,相信大家上完这节课后就清楚了。请大家看大屏幕,这是几个苹果?

(课件依次出示1个苹果、2个苹果……5个苹果图片,学生随着出示的苹果数数出1、2、3、4、5)

师:就这样一直数下去,能数得完吗?

生:数不完。

师:是啊,如果你认为一个数最大,没有比它更大的数,我只要把这个数再添加1,就得到一个更大的数。想一想,在无数的自然数中,如果让你挑选一个最特别的数,你挑几?理由是什么?

生1:我认为0最特别,表示什么也没有。

生2:我认为1最特别,因为其他数都是一些1相加后得到的。

师:不错,0有它的特别之处,但1不仅表示一个物体,还是整数的计数单位。所有的整数都可以看成1的累加,数学还把它叫作叠加。比如0+1=1,1+1=2,2+1=3,…,这样继续下去可以得到任意一个整数。板书:

$$1 \xrightarrow{\text{叠加}} \text{整数}$$

师:整数就是这样一个一个数出来的。一个物体可以用1来表示,那么把许多物体放在一起能用1表示吗?

生:能。

师:举个例子。

生:1盒巧克力,1篮水果。

【评析】数是数出来的。在数苹果的过程中,让学生从中体会到1是整数的计数单位,任何一个整数都可以看成1的叠加,1不仅可以表示一个物体,还可以用来表示几个物体组成的整体。这为沟通分数与整数的联系,以及认识单位1做了铺垫。

二、分数的再认识

师:同学们说得不错,整数是一个一个数出来的。1可以是一个具体的物体,也可以是一个整体。那么,除了整数,还有分数,分数是数出来的吗?是怎样数出来的?相信你们对这样的问题是感兴趣的,我们就来继续研究。

1. 认识单位"1"

师:请看大屏幕(课件显示:●●),此图表示2个月饼。你能用一个分数来表示吗?

生:不能。

师:现在呢?

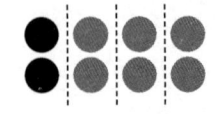

生:$\dfrac{1}{4}$。

师：如果把8个月饼装在一个盒子里，2个月饼就是这盒月饼的$\frac{1}{4}$。接着看——

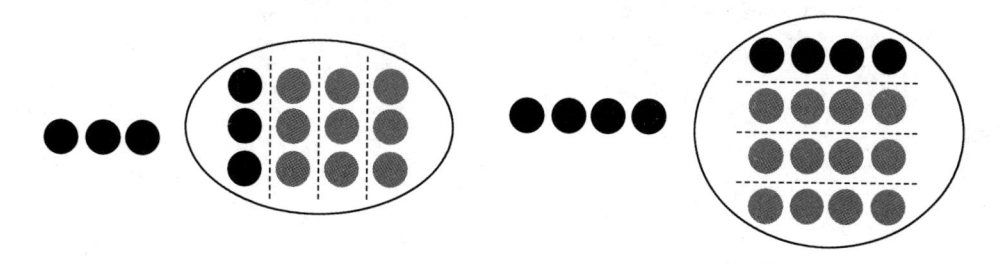

生：在这里，3个月饼、4个月饼都可以表示为它们所在那盒月饼的$\frac{1}{4}$。

师：更多的月饼能用$\frac{1}{4}$来表示吗？比如1万个月饼。

生：把4万个月饼看作一个整体，平均分成4份，1万个就是这样的一份，就是这些月饼的$\frac{1}{4}$。

师：想一想，为什么2个、3个、4个以至更多的月饼都可以用同一个分数来表示？

生1：因为它们都是从一个整体中分出来的1份。

生2：只要把一个整体平均分成4份，其中的一份都可以用$\frac{1}{4}$来表示。

师：看来，这个整体包含多少东西不重要，重要的是分成了几份。这里的4个月饼还可以用另外一个分数表示吗？

生：（出现两种意见：可以，不可以）

师：有的同学认为可以，也有的同学认为不可以，认为"可以"的同学，能举一个例子吗？

生：把这些月饼平均分成16份，4个月饼就可以表示为$\frac{4}{16}$。

师：是这样吗？这时，4个月饼可以表示为几分之几？（课件依次显示）

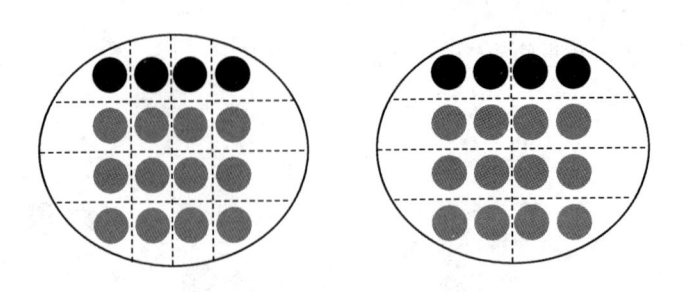

生：$\frac{2}{8}$。

师：从这些图形中你能分出$\frac{1}{4}$吗？

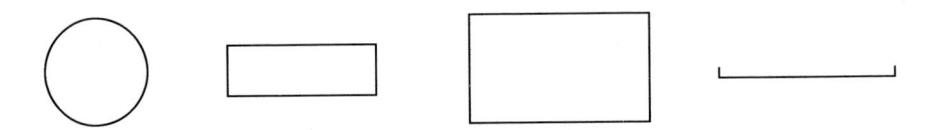

(学生在作业纸上完成)

师：不管是一个物体，还是多个物体，还是一个图形，都可以看成是一个整体，这个整体我们用自然数1表示，通常把它叫作单位"1"。单位"1"是对两个量进行比较的尺度标准。

【评析】由绝对量到相对量，抽丝剥茧，凸显单位"1"的抽象过程。

2. 认识分数单位

师：从这里我们知道单位"1"可以等分。那么，为什么要等分单位"1"呢？

生：是为了公平分物。

师：其实，不光是分物，对物体测量时也需要等分。比如，(课件出示)古埃及人在建造金字塔的时候，用一根打了结的绳子测量石头的边长，以两个结之间的长度为1个单位长度。石头的边长包含几个这样的单位长度就用几来表示。可是，他们在测量某块石头长度时，发现石头长度是2段多一点，于是就有了疑问，剩下的不足一个单位长度，该怎么记呢？你们有办法吗？

生：把单位长度变短一点。

师：怎样变短？

生：平均分成几份，用更小的一段来测量。

师：不错，他们就是这么做的。想一想，两个结之间的长度能看作单位"1"吗？（课件显示）

如果将它等分为3份，每份是它的几分之一？

生：$\frac{1}{3}$。

师：把单位"1"平均分成3份，这样的一份是它的$\frac{1}{3}$，用它来量剩余部分，如果正好两次量完，剩余部分的长度就可以用$\frac{2}{3}$来表示。在这个过程中，你有什么发现？

生1：分数是数出来的。

生2：分出了新的度量单位。

师：你们说得不错，我们再一起回顾这个过程（课件演示）。

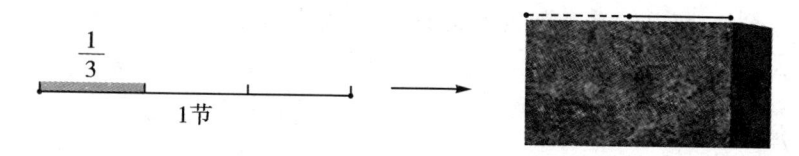

当不能用单位"1"刚好量完，首先我们把一节的长度看作单位"1"，把它平均分成3份。接着，用这样的一份去量剩余部分，两次正好量完，剩余部分包含了2个$\frac{1}{3}$，就是$\frac{2}{3}$。其中，表示一份的数$\frac{1}{3}$，叫作分数单位。现在你能感受到分数也是数出来的吗？

师：可能有的同学还心存疑虑，我们继续看（课件显示）。

我们可以把数线上0到1之间线段的长度看作单位"1"吗？

生:可以。

师:如果将它平均分成5段,每段的长度是它的几分之几?

生:$\frac{1}{5}$。

师:(课件依次出示)$\frac{1}{5}$ 表示的是0到第1个分点线段的长度,第2、第3、第4个分点线段的长度怎样表示?

```
0    1/5   2/5   3/5   4/5   1
|-----|-----|-----|-----|-----|
```

生:分别用 $\frac{2}{5}$、$\frac{3}{5}$、$\frac{4}{5}$ 表示。

师:这里的1能用分数表示吗?

生:1可以表示为 $\frac{5}{5}$。

师:看来分数也是数出来的,几个 $\frac{1}{5}$ 就是五分之几。

【评析】从度量的角度让学生再次感受分数的产生是人类现实生活的需要,体会等分单位"1"是为寻找新的度量标准,进而引出分数单位,使学生充分感知分数单位的意义。

3. 构建分数概念

(1)自主创作。

师:请大家拿出作业单,以小组为单位把下列物品用涂色的方法表示出 $\frac{3}{4}$。

(2)小组汇报(略)。

(3)对比中反思。

师:同学们做得不错,虽然表示的方法不同,但都能正确地在图中表示出 $\frac{3}{4}$。

我想知道,为什么分的物品不一样,分的方法不一样,都可以用 $\frac{3}{4}$ 来表示呢?(板书如下)

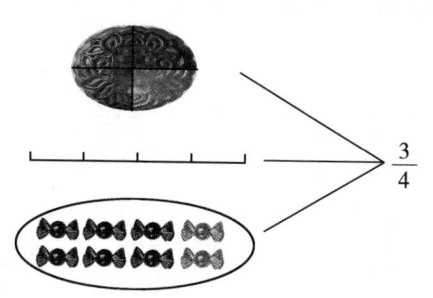

生:因为都是把单位"1"平均分成4份,表示这样的3份。

(4)概括分数的意义。

师:一个月饼,一条线段,8块糖果,都可以被看作单位"1"。看来单位"1"是什么并不重要,那什么是重要的?

生:平均分的份数重要。

师:我们把单位1平均分成4份,表示这样3份的数,就是 $\frac{3}{4}$。分数单位指的是这样的几份? $\frac{3}{4}$ 里包含有几个分数单位?

生:这样的一份 $\frac{1}{4}$ 是分数单位, $\frac{3}{4}$ 包含了3个 $\frac{1}{4}$。

(根据学生的反馈,依次完成如下板书)

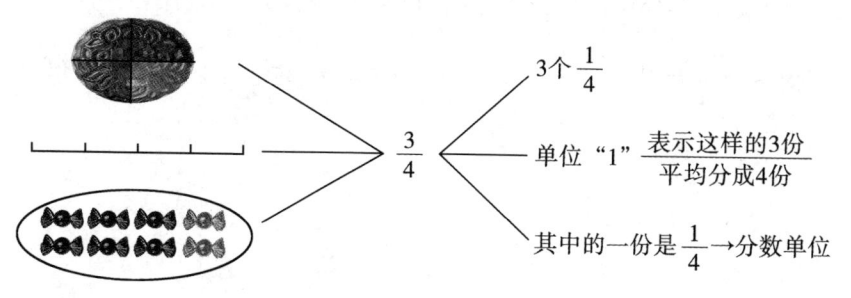

师:现在,你们对分数是不是有了新的认识?能说说什么叫分数单位吗?同桌互相说一说。然后再翻开课本第46页,看看书上是怎样说的。

(学生交流,自学教材)

师:有问题吗?

生:没有。

师:那我问你们,这样的一份叫什么?

生:分数单位。

师:这样的几份,可以任意多吗?比如,在这条数线上这样的6段能用分数表示吗?

```
———|————|————|————|————|————|————————→
   0    1/5   2/5   3/5   4/5   1
```

生1:不可以,最多是5份。

生2:我认为可以,这样的6份可以用 $\dfrac{6}{5}$ 表示。

师:第二位同学说得不错,如果对"表示的份数"没有限制,我们就认为可以,他举的例子也说明这样的分数是存在的,这样的6段可以用 $\dfrac{6}{5}$ 表示,这是它在数线上的位置。我们在后面的学习中会进一步认识它。

```
———|————|————|————|————|————|————|————→
   0    1/5   2/5   3/5   4/5   1    6/5
```

现在我们是不是可以说"分数也是数出来的"?

$$\text{分数} \xleftarrow{\text{等分}} \text{单位"1"} \xrightarrow{\text{叠加}} \text{整数}$$

【评析】提供充足的时间和空间让学生在圈一圈、分一分、涂一涂的操作活动中,加深对分数 $\dfrac{3}{4}$ 的认识。学生在画图、语言表述、辨析中对分数的理解层层深入,最终能自主尝试概括出分数的意义。

三、巩固提升

1. 出示分数墙

师：大家看，这幅画面像不像一堵墙，我们就叫它"分数墙"好吗？如果把这堵分数墙最上面一层看作单位"1"，每层分别将单位"1"平均分成了几份？分数单位是几？1里面有几个这样的分数单位？

生1：分别分成了2份、3份、4份、5份，分数单位分别是$\frac{1}{2}$、$\frac{1}{3}$、$\frac{1}{4}$、$\frac{1}{5}$。

生2：1里面有2个$\frac{1}{2}$，3个$\frac{1}{3}$，4个$\frac{1}{4}$，5个$\frac{1}{5}$。

师：从这面分数墙上你们还有什么发现？

生1：分的份数越多，分数单位越小。

生2：继续分下去，会产生很多不同的分数单位。

师：还真是你们说的，根据需要，单位"1"可以分成任意份数，分的份数越多，分数单位越小。

2. 感受分数的本质

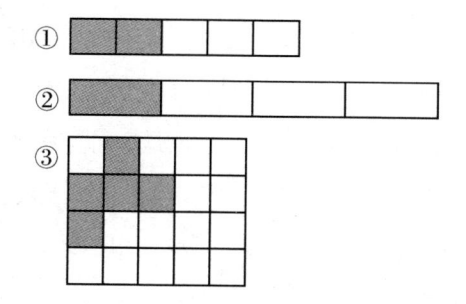

1. 用分数表示图中的涂色部分。
2. 小组讨论。

问题1：图②和图③中的涂色部分不同，表示的分数为什么相同？

问题2：图①和图②涂色部分一样，表示的分数却不一样，为什么？

【评析】借助分数墙,让学生进一步感悟分数单位的特点,并让学生再次体会分数就是分数单位叠加的过程;引导学生在具体问题中感受分数的本质。

四、课堂小结

师:同学们,在数的历史上,分数几乎与自然数同样古老,在各个民族最古老的文献里都能找到有关分数的记载。其实,分数的世界还藏着很多的奥秘,等着我们去发现、去探索!

【评析】让学生感受分数古老的数学文化,激发学生继续探究的欲望。

板书设计

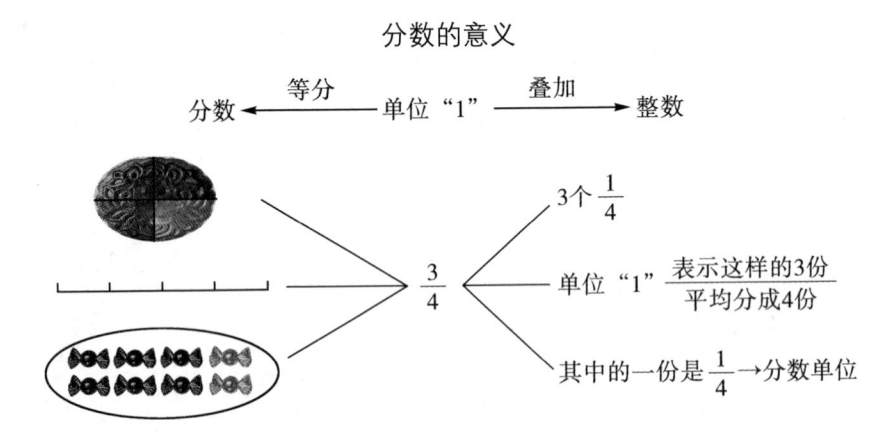

分数的意义

分数 ←—等分— 单位"1" —叠加→ 整数

$\dfrac{3}{4}$

- 3个$\dfrac{1}{4}$
- 单位"1" 表示这样的3份 / 平均分成4份
- 其中的一份是$\dfrac{1}{4}$ → 分数单位

回顾反思

教学是教师的教和学生的学所组成的一种人类特有的人才培养活动。通过这种活动,教师有目的、有计划、有组织地引导学生积极自觉地学习和加速掌握文化科学基础知识。在这个过程中,教师的作用在于"将目标转化为愿望;将知识转化为对象"。其中的对象指的是学习材料和数学活动,使学生能够在教师的指导下,将学习材料、数学活动转化为知识,进而完善已有认知结构。师生之间如何完成各自的转化,选取学习材料和设计数学活动是至关重要的,这也是教师在教学过程中主导作用的体现。在设计这节课时,我以华罗庚教授的名言"数起源于数,量起源于量"为线索,使教学目标成为学生的需要,并围绕教学目标来组织学习材料,展开数学活动,主要体现在以下几个方面:

1. 强化单位"1"的认识

分数的再认识,其中一个重点,是从对"一个物体"的平均分认识过渡到对"一个整体"的平均分认识。为了实现这一过渡,就有必要引入单位"1"这个概念。从这个角度来看,单位"1"这一概念是"二次抽象"的结果(不是现实生活原型的直接抽象),涵盖了一个物体、一个整体、一个计量单位等多种类型的情况,这也是学生理解困难的主要原因。为了突破这一难点,教学中设计了3次数学活动:首先是对自然数1的再认识,使学生明确自然数1不仅表示一个物体,还是整数的计数单位;进而认识到"1"可以表示一个整体;在此基础上,通过2个月饼、3个月饼、4个月饼的不同表示,使学生体会到这时的"1"是比较的标准,$\frac{1}{4}$是相对于"1"的,以此抽象出单位"1"的概念,使学生从本质上认识单位"1",并感受单位"1"的形态及其包含多少个物体不重要,重要的是对单位"1"平均分的份数(从建构分数意义上看)。

2. **重视分数单位的成因**

特级教师华应龙曾精彩演绎过不教单位"1",突出分数单位的课例,尽管还有进一步探究的空间,但分数单位的重要性是不言而喻的,不能简单地从"表示其中一份的数叫分数单位"这一字面上认识。为此,教材中通过"古埃及人测量石块边长"所遇到的问题展开思考,引导学生感受分数单位产生的原因,并通过数线图进一步感受分数单位是数数的基础,体会分数单位的价值。

3. **全方位理解分数的意义**

通过多层次的举例认识,分数的意义呼之欲出,但从字面上进一步理解高度抽象出来的概念,学生还是会存在一定的困难。如果不能全方位理解,将会影响到后续的学习。为提高学生阅读数学文本的能力,全面理解分数的意义,在学生自学的基础上提出"这样的几份,可以任意多吗"的问题,使学生通过讨论明确,如果对"表示的份数"没有限制,我们就认为可以,这也为学习真分数和假分数打下了基础。

知识链接

从分数意义的不同解释看数学的思想方法

从整数到分数是"数系"的一次重要扩充,也是数学发展史上一个重要的事件。在整数到分数的扩展过程中,并没有完全遵循自然数的十进位值制记数法则,而是以自然数 1 为参照,借助与自然数 1 有关的等分关系——"平均分",创造出分数的计数单位 $\frac{1}{a}$,使小于 1 的量得以表示。

现代数学上,分数的定义(公理化定义)是:所有形如 $\frac{a}{b}(b \neq 0)$ 的数集。

该定义只是说明了分数概念的符号形式——形如 $\frac{a}{b}$ 的数集,并未说明符号 $\frac{a}{b}$ 表示的含义。这一形式化定义是对自然数再次抽象的结果。

数学抽象是抽取同类数学对象的共同的、本质的属性或特征,舍弃其不同的、非本质的属性或特征的思维过程。通过抽象,把现实生活中与数学有关的事物纳入到数学内部,使之成为数学研究的对象,形成一个具有一般性的概念。$\frac{a}{b}$ 作为分数概念的符号形式,理所当然地包含着不同情境中两个量之间的等分、包含、对应、变换、相除等多种关系。对分数的意义,目前学界的主流观点认为有五种解释。

(1)分数是部分与整体的关系。

(2)分数是除法运算的商。

(3)分数是整数之比。

(4)分数是测量的结果。

(5)分数是算子。

数学是一个统一体,在各种问题情境中的不同含义原本也是相通的。对分数含义的不同解释,都脱离不开数学的本质——度量。

分数的起源之一是测量,确切地说,分数事实上就是被测量与测量单位的"比"。以长度的测量为例,就是用一个单位长度与被测物的长度相比。现在量

(比)了两次,还剩不到一个单位长度,就把单位长度(整体)平均分成3份,若剩余(部分)正好是2份,得到$\frac{2}{3}$,即"单位长度÷3×2",也就是剩余长度÷单位长度的"商"是$\frac{2}{3}$。它们只不过是同一情境下同一问题的不同解释。

(摘自张奠宙:《分数的定义》;曹培英:《分数意义及相关教学之我见》,有删改)

作者简介

李丽文,中小学高级教师,曾获河南省优质课一等奖。

掷一掷

毛香利

教学内容

人教版《义务教育教科书 数学》五年级上册。

我思我想

"综合与实践"领域反映了数学课程与教学改革的要求,为学生提供了进行实践性、探索性和研究性学习的渠道。2001年版《数学课程标准(实验稿)》正式把数学实践活动落实到具体规定中,并提出各学段的具体目标;《义务教育数学课程标准2011年版》(以下简称《标准》)将三个学段的名称统一为"综合与实践",进一步明确了其目的和内涵,让学生具有问题意识、应用意识和创新意识,提高学生分析问题、解决问题的能力。这既是适应教育改革的需要,也是数学教育的必然。

《标准》中给出的第二学段的综合与实践标准为:

(1)经历有目的、有设计、有步骤、有合作的实践活动。

(2)结合实际情境,体验发现和提出问题、分析和解决问题的过程。

(3)在给定目标下,感受针对具体问题提出设计思路、制定简单的方案解决问题的过程。

(4)通过应用和反思,进一步理解所用的知识和方法,了解所学知识之间的联系,获得数学活动经验。

由此看来,"综合与实践"课是一类以问题为载体、以学生自主参与为主的学习活动。目的在于培养学生的动手实践能力和综合运用能力。教学中既要突出"综合",又要突出"实践"。"综合"除了表现在知识的综合,还表现在问题解决的方法、工具的综合;"实践"是指在活动中注重学生的自主参与和动手、动口、动脑。

"掷一掷"所涉及的内容包括统计、概率、计数等知识,渗透了比较、归纳等数学思想方法,其中关联性最大的是"统计与概率"方面的知识。

基于以上认识,本节课力求突出两个方面:一是"明""暗"交融,即以问题解决为明线,以发展数据分析观念为隐线,明暗交融,有序展开;二是"做"与"思"相结合,通过操作活动获得数据,依据数据合理推理,使思维更清晰、更深入、更全面。

课堂回放

教学目标

(1)通过本次活动,使学生经历观察、猜想、试验、验证的学习过程,综合运用已有知识探讨事件发生的可能性。

(2)结合实际情境,培养学生提出问题、分析问题和解决问题的能力。

(3)让学生经历搜集数据、分析数据的全过程,通过数据分析,探究现象背后的秘密,提高其学习数学的兴趣。

教学重点

(1)使学生综合运用已有知识探讨事件发生的可能性。

(2)培养学生提出问题、分析问题、解决问题的能力。

教学难点

通过数据分析,探究现象背后的秘密,获得数学活动经验,形成数据分析意识。

教学过程

一、复习掷一个骰子的可能性

师:人们常常通过掷骰子来决定次序或者直接定胜负。今天这节课我们继续来玩骰子,研究"掷一掷"中的数学问题。(板书课题)

师:当我们把骰子掷出去,出现的点数会有几种可能?

生:6种。

师:没有掷之前你能确定掷到哪个点数吗?有可能掷到几?

生：不能确定，1 到 6 都可能掷到。

师：像掷骰子这样，每次操作都有多种可能存在，事前我们无法确定它的结果，数学上就把它称为随机事件。如果把这 6 种可能分成这样两组，A 组包括 1、2、3、4，B 组包括 5、6，掷到的数在哪一组就算哪一组赢，那么你对这个规则有什么想法？

生 1：这个规则不公平，A 组赢的可能性大于 B 组，因为每掷一次，有 6 种可能，A 组占了 4 种，B 组才占了 2 种。

生 2：从 A 组匀一个数给 B 组就公平了。

师：看来同学们对随机事件已经有了一定的认识，知道随机事件的可能性是有大小的，掷一个骰子，每个点数被掷的可能性是一样的，占有的种数越多，赢的可能性就越大。

【评析】唤醒学生掷一个骰子的经验，明确随机事件的特点。

二、研究掷两个骰子的可能性

1. 列举"和"的可能

师：如果同时掷两个骰子，把两个骰子朝上一面点数相加，掷出的点数和可能会是几？

生：2 到 12 都有可能。

师：会是 13 吗？会是 1 吗？

生：最小的点数是 1，即使两个骰子都掷到最小，和也是 2，不能更小。即使都掷到最大的 6，和最大也是 12，不能更大。

师：是的，掷两个骰子出现的和，的确是 2 到 12 这些数。

2. 引出问题

师：两个骰子一起掷，得到的和数有 11 种可能，如果分成两组，比如，点数和是 2、3、4、10、11、12 为 A 组，点数和是 5、6、7、8、9 为 B 组，你会选择哪一组呢？为什么呢？

生 1：我选择 A 组，因为 11 种可能中 A 组占 6 种，赢的可能性大。

生 2：我选择 B 组，我觉得 B 组虽然只有 5 个和数，但在 A 组中，2 和 12 只有当两个骰子朝上一面都是 1 和 6 时才能得到。

3. 小组实验，探究结果

师：究竟选择哪一组更容易赢呢？大家都有想法，我们不妨动手试一试，通过实验让数据来说话。先来看活动方案：

（课件出示活动方案）

> **活动方案**
> 1. 合理分工：9人一个小组，组长负责组织活动，两名记录员分别负责记录每次实验的结果，其他同学做好裁判。
> 2. 实验过程：小组成员轮流操作，每人掷5次。
> 3. 数据整理：统计出本组的45次实验中，每个点数和出现的次数。
> 4. 分析数据：完成数据分析单上的问题。

（学生分组活动，教师巡视）

师：请各组推选一名代表到展台上展示自己组的实验记录单，结合你们通过实验数据得出的结论向大家进行汇报，然后把小组实验数据填写到汇总表上。

A组掷出对应点数和的次数

小组	和是2的次数	和是3的次数	和是4的次数	和是10的次数	和是11的次数	和是12的次数	合计
一组	2	3	2	3	2	1	13
二组	1	2	3	2	1	2	11
三组	3	3	5	2	5	3	21
四组	1	4	1	4	2	1	13

B组掷出对应点数和的次数

小组	和是5的次数	和是6的次数	和是7的次数	和是8的次数	和是9的次数	合计
一组	6	6	9	5	6	32
二组	7	9	6	8	4	34
三组	6	3	4	4	7	24
四组	5	5	10	6	6	32

（小组汇报略）

师:大家就自己的实验数据作出了各自的初步判断。一些小组认为B组赢的可能性大,也有的小组认为两组赢的可能性相差不大。结合全班的数据,大家有什么想说的?

生:从全班的数据来看,B组赢的可能性远远大于A组。

师:不错,全班共掷了180次,其中掷出点数和是2、3、4、10、11、12的一共有58次,掷出点数和是5、6、7、8、9的一共有122次。显然B组赢的可能性大于A组。这是为什么呢?大家能从全班的数据中找到原因吗?

【评析】通过简单的数据分析,大家清楚地看到都是B组胜得多,但为什么B组只有5种可能反而获胜呢?引发学生继续探究的欲望。

4. 分析全班汇总数据

生1:和是7出现的次数最多,共有29次,和是2与12出现的次数最少,共7次。

生2:2和12不容易被掷到。

生3:7容易被掷到是因为1+6,2+5,3+4都等于7,2和12不容易被掷到是因为只有1+1等于2,6+6等于12。

师:大家现在都把目光聚焦在了和的组成上,发现和的组成种数有多有少,也就是说同时掷出两个骰子,可能出现的结果并不是11种,应该从掷出后两个骰子呈现出的点数上考虑。

师:和是2,只有当两个骰子都是1才行,只有这样一种可能。和是3有几种可能呢?

生:1种。

师:真的就只有一种吗?请往这里看。(出示课件:甲、乙二人共掷两次骰子,甲第一次掷出1,乙掷出2;甲第二次掷出2,乙掷出1。)

师:和是3一共有几种可能?

生1:我觉得这两种是同一种情况。

生2:这不是同一种情况:一个是甲掷到1,乙掷到2;另一个是甲掷到2,乙掷到1。

师:究竟是两种还是一种呢?往这里看,我有一元钱,他有两元钱,换一下,我有两元钱,他有一元钱,这是一回事儿吗?和是 3 有几种可能呀?其他的和呢?以 4 人小组为单位完成下表。

和	2	3	4	5	6	7	8	9	10	11	12
几种可能											

(小组共同完成上表)

师:哪个组愿意在展台展示你们的结果?

和	2	3	4	5	6	7	8	9	10	11	12
几种可能	1	2	3	4	5	6	5	4	3	2	1

(黑板上出示上表)

师:能说说这个结果是怎样得出的吗?

生:我们是分别列出算式得到的。

师:是这样吗?

(完成如下板书)

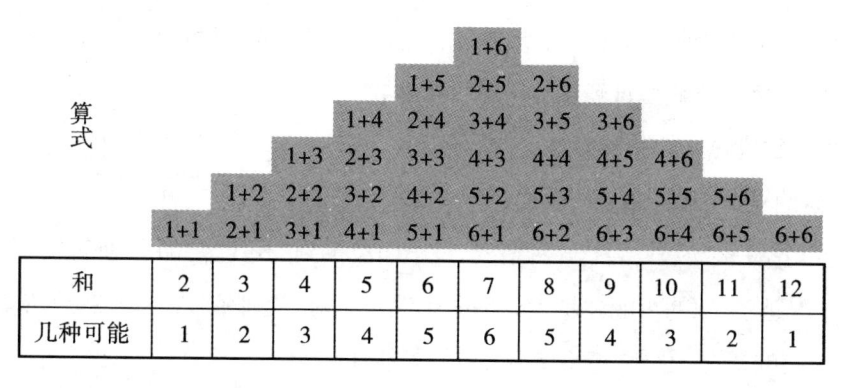

算式

```
                              1+6
                         1+5  2+5  2+6
                    1+4  2+4  3+4  3+5  3+6
               1+3  2+3  3+3  4+3  4+4  4+5  4+6
          1+2  2+2  3+2  4+2  5+2  5+3  5+4  5+5  5+6
     1+1  2+1  3+1  4+1  5+1  6+1  6+2  6+3  6+4  6+5  6+6
```

和	2	3	4	5	6	7	8	9	10	11	12
几种可能	1	2	3	4	5	6	5	4	3	2	1

师:现在,你们认为同时掷出两个骰子,有多少种可能结果?

生:共有 36 种。

(板书:掷出两个骰子,有 36 种可能)

师:想一想,为什么 B 组赢的可能性大?

生:在 36 种可能结果中,每种结果出现的可能性是一样的,A 组的和共占 12 种,B 组占 24 种,所以 B 组赢的可能性大于 A 组。

(板书:6 种、24 种、6 种)

师:那么怎样分组才公平呢?先独立想一想,分一分,同桌之间相互说一说。

【评析】首先通过和是 3 的情况,认识到 1+2 和 2+1 是两种不同的情况,扫除认知障碍;进而找出同时掷出两个骰子会有多少种可能结果,找到 B 组取胜的真正原因。在这一过程中,进一步理解相关知识,使思维更清晰、更深入、更全面。

三、反思与应用

师:本节课学习的这些现象和规律在生活中有着广泛的应用。这是某超市的一项抽奖活动(课件展示)。

购物满 100 元,可以奖一次。抽奖规则:转盘上有 1~6,6 个数字,转两次转盘,将每次指针指向的数相加,和是 2 或 12 得一等奖,获 10 元购物券,3 或 11 获二等奖,获 5 元购物券,4 或 9 获三等奖,获 1 元购物券。

(1)你认为获得一等奖的可能性大吗?
(2)如果你是组织方,想进一步提高中奖难度,该怎样设计抽奖规则?
(3)如果你是消费者,想提高中奖率,该怎样设计抽奖规则?

【评析】这样的练习结合生活实际,充分体现数学学习的价值。从不同角度看问题,感悟同样的知识可以有不同的运用。

四、课堂总结,拓展延伸

师:回顾这节课,你有什么收获?

生1:掷一个骰子,共有 6 种情况,每个面被掷到的可能性都是均等的,所以占有的情况越多,赢的可能性越大。掷两个骰子求和,看似有 11 种结果,其实却有 36 种不同的情况,占有的情况越多,赢的可能性越大。

师:我们这节课研究了掷两个骰子,生活中还会见到同时掷三个骰子的情况,掷三个骰子会怎样呢?布置一个作业,请大家课后拿三个骰子来掷一掷,看看掷三个骰子时又藏着怎样的数学知识。

【评析】在课的结尾布置掷三个骰子的作业。课已经结束,但思考和探究仍在继续。

板书设计

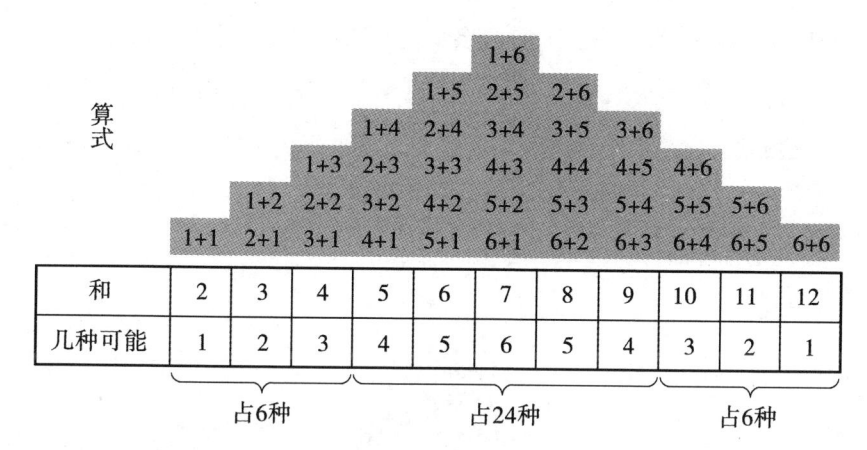

掷一掷

算式

						1+6				
					1+5	2+5	2+6			
				1+4	2+4	3+4	3+5	3+6		
			1+3	2+3	3+3	4+3	4+4	4+5	4+6	
		1+2	2+2	3+2	4+2	5+2	5+3	5+4	5+5	5+6
	1+1	2+1	3+1	4+1	5+1	6+1	6+2	6+3	6+4	6+5	6+6

和	2	3	4	5	6	7	8	9	10	11	12
几种可能	1	2	3	4	5	6	5	4	3	2	1

占6种　　　占24种　　　占6种

回顾反思

小学数学实验教学,实验工具开发与实验设计是关键,尤其在"综合与实践"活动中,让数学实验与动脑分析贯穿整个活动,实验过程必须体现思维内涵,只有如此,才能提升实验对探寻规律、解决问题的有效价值。本节课巧妙地安排了实验活动,通过"掷一掷"这一活动,让学生经历发现问题、提出问题、解决问题的过程。

在实验操作过程中,尤其重视"数学化"的组织,以期帮助学生经历数学研究的过程,积累活动经验。从点数和可能是多少,到同时掷出两个骰子共有多少种可能,再到为什么B组赢的可能性大,使学生的发现逐步从模糊走向清晰。在操作中有思考、有发现、有探究、有结论,形成一种数学化的认知提升。

知识链接

有趣的正态分布

正态分布是最常见的一种随机变量的概率分布,自然界很多现象都服从这种分布。比如考试成绩分布图,多年的气温和降雨量统计图等,都是正态分布。

对于正态分布,还有一种有趣的看法。

如图,在一块倾斜的木板上钉上一些六角形小木块,在它们中间留下一些通道,从上部的漏斗直通到下部的长方框。把一个直径略小于通道宽度的小球放入漏斗,小球在自由下落的过程中,首先会落到第二层中间一个六角板上面,然后进入左边或右边的竖直通道,接下来,会落入下一层的 3 个竖直通道之一。这时,如果落入左边通道,它必定是从上一层左边通道落下(1 种可能);同样,如果它落入右边通道,必定是从上一层右边通道落下(1 种可能);至于落入中间通道,无论从上一层左边或右边都可以(2 种可能)。

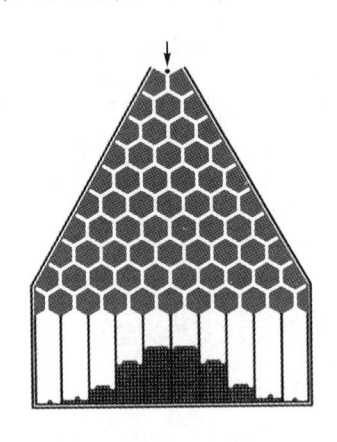

这样一来,小球落入第三层通道,按左、中、右的次序分别有 1、2、1 种可能。不难看出,到第四层,左、右两个通道都只有 1 种可能,而中间的两个通道,由于它们可接受小球从上一层中间和一边落下,所以它们的所有可能应该分别是第三层中间和一边的可能情形相加,即有 3 种可能。因此第四层通道按从左到右的顺序,分别有 1、3、3、1 种可能。

用同样的理由类推下去,可知小球落入中间格子的概率很高,落入两侧格子的概率较低。

(摘自华罗庚:《大哉数学之为用》,有删改)

作者简介　　毛香利,中小学高级教师,洛阳市骨干教师,洛阳市优秀教师,曾获洛阳市数学优质课一等奖。

用字母表示数

郭遇巧

教学内容

人教版《义务教育教科书　数学》五年级上册。

我思我想

用字母表示数是数学表达和进行数学思考的重要形式。本节课的教学,旨在培养学生的抽象概括能力,发展学生的数学语言和符号意识。

用字母表示数具有不确定性,有时可以是任意数,有时又有一定的范围,在特定的情境中又表示特定的意义和具体的数值。这种不确定性对于学生来说是学习中的难点,但就是这个难点的突破能发展学生的数学语言和符号意识,同时能使学生摆脱算术思维的局限性,为进一步学习代数知识做好准备。人类从用符号表示"特定的数",发展到有意识地、系统地用字母表示数,经历了1200多年。如果说个体的成长往往会以某种形式重复人类发展的历程,那么学生对字母表示数的理解或多或少也要经历类似的跌跌撞撞的过程,才能在比较抽象的水平上构成对新的数学对象"一般的数"与它的符号表示的认识。基于学生的认知特点,结合《义务教育数学课程标准(2011年版)》指出的让学生在现实情境中体验和理解数学,本课在教学中突出让学生在不同的情境中反复体验,把用字母表示数的产生、意义和作用作为教学核心,重在体验、感悟,并用三个情境贯穿教学始终。

情境一:了解可以用字母表示数

本环节引导学生从特定量(特殊)过渡到变量(一般),也是从算术思维过渡到代数思维质的飞跃。另外,由文字表达到字母表达的发展演变过程,促使学生对字母表示数意义的理解由低水平层次向高水平层次转变,充分地感受到字母表示数产生的必要性。

情境二：用字母表示数

本环节让学生经历了从确定(用"数"表示数)到不确定(用"字母"表示数)的过程，并通过对"数"和"字母"的对比，让学生思辨其内在原理，突破含有字母的式子既表示过程又表示结果的二重性，也进一步体会到字母表示数的优越性。

情境三：应用深化

学生认识字母表示"一类量"的意义绝非一次就够，需要一个反复的过程。因此，通过生活中的抢红包游戏，让学生再次经历用字母表示一类量的过程，在举一反三的对比交流中理解用字母表示数和关系的简洁性。同时，在字母的不断运用中突破了字母式既能表示关系(过程)又能表示对象(结果)的难点。

课堂回放

教学目标

(1)借助生活中的实例，让学生在具体情境中理解用字母表示数的作用和意义，能用含有字母的式子来表示数量关系和一个量；初步理解字母的取值范围是由实际情况决定的；能够按照一定的规则书写含有字母的式子。

(2)使学生经历把实际问题用含有字母的式子进行表达的抽象过程，会进行"代入求值"，培养数学抽象概括能力。

(3)引导学生体会用含有字母的式子表示数量关系具有简洁性和一般性，发展符号意识。

教学重点

用含有字母的式子表示数量关系。

教学难点

用含有字母的式子表示一个量。

教学过程

一、了解可以用字母表示数

1. 生活实例，提出问题

(1)链接生活。

师：每年的11月都是学校的数学文化月，老师知道里面有一项大家特别喜的活动,没错,就是贸易日。据学校统计,在去年的贸易日上,平均每名同学制作了2件小作品。如果一个小组有6名同学,他们一共制作了多少件小作品?

生:12件。

师:嗯,12件,说说你是怎样算的。

生:2×6或6×2。

师:表示什么意思?

生:小组人数×2。

师:那如果我们班有50名同学,一共有多少件作品呢?它表示什么呢?

生:50×2,就是全班人数×2。

师:那如果老师现在想统计我们全年级326名同学一共制作多少件作品呢?

生:326×2,也就是全年级人数×2。

师:如果范围继续扩大,你还想到了什么?

生:求全校同学制作的作品数。

师:该怎么求呢?

生:全校同学人数×2。

师:真厉害,虽然没有告诉我们全校的具体人数,但我们可以用全校人数乘2来表示。

(2)尝试概括。

师:现在我们的活动深受同学们的喜爱,全区的同学们都要来参加,一共有多少件作品?全市的同学也来参加呢?

(3)由文字表达到字母表达的发展演变过程。

师:像这种用文字来表达数量和数量之间的关系,是人类最初的想法。大约在公元400年前,古希腊的数学家丢番图就想到了一个更好的办法,想知道吗?他用音节的首字母缩写来表示数。比如:"小组人数"中就用"组"的汉语拼音的第一个字母 Z 来表示。小组的作品数就可以记为 $Z×2$,那全班的作品数也就是 $B×2$。那全年级的呢?嗯,$J×2$。

(4)比较两种表示方法,谈感受。

师:现在比较一下这两种表示方法,你有什么感受?

生:用字母表示简洁明了。

师:的确,可数学家并没有就此停住探索的脚步。到了 16 世纪,法国数学家韦达认为这种表示方法仍然不利于数学的发展,于是他就把小组、全班、年级、全校等这些特定的情境全部去掉,不再用 Z、B、J、X 等字母,而是统一用一个字母来表示,比如用 a 来表示。

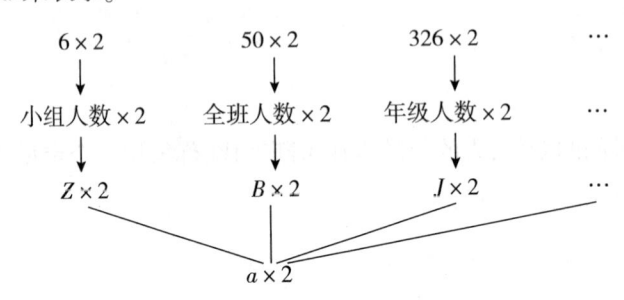

```
  6×2         50×2         326×2        …
   ↓            ↓             ↓
小组人数×2   全班人数×2    年级人数×2      …
   ↓            ↓             ↓
  Z×2          B×2           J×2        …
              a×2
```

师:大家觉得这个 $a×2$,能不能表示上面所有的关系?

生:可以。

师:如果 $a×2$ 用来表示全区的作品数,这个 a 表示什么?

生:全区学生人数。

师:那它可以表示全省人数吗?全国呢?

生:可以。

师:哇,看来这个小小的 a 可真厉害。

2. 引出课题,确定范围

师:千百年来,像丢番图、韦达等这样的数学家大胆地用字母表示数,使数学得到了极大的发展。(板书课题)

师:在这里表示人数的字母 a 可以是任意数吗?

生 1:不可以,人数不能是半个的,它不能表示分数。

生 2:也不能表示小数,只能是自然数。

师:看来,在具体情境中,用字母表示的数是有一定范围的。

【评析】借助生活中的实例,让学生在具体情境中理解字母表示数的产生过程,初步理解字母的取值范围是由实际情况决定的。

二、用字母表示数

1. 生活实例，唤醒经验

(1) 说年龄。

师：老师看到这位同学听得特别认真，能告诉大家你现在的年龄吗？

生：我11岁。

师：回忆一下你上一年级的时候是几岁？明年小学毕业的时候又是几岁？

(2) 引发思考。

师：随着时间的变化，人的年龄也在不断变化，你能用一个字母表示出来吗？

生：可以，用 a、b、c 等来表示都行。

师：真好。那如果用 a 来表示这个同学的年龄，它还是像刚才这样，表示的是一个具体的数吗？

生：不是具体的数了。

师：那在这里，它可以表示什么呢？

生1：任意数。

生2：一个人的生命是有限的，不能是任意数。

师：也就是说，在这里 a 所表示的数也是有一定范围的。

(3) 归纳总结。

师：看来，用字母来表示一个人的年龄时，代表的就不仅仅是某一年的年龄，它可以是任何一年的年龄，更具一般性，这样就大大地方便了生活的表达。

2. 用含有字母的式子表示数量及数量关系

师：如果这名同学 a 岁，老师比这名同学大32岁，我们两个年龄之间的数量关系，你能用一个式子来表达吗？先独立思考，然后在四人小组间进行交流。

(1) 在说一说、算一算中感受用含有字母的式子表示数量关系。

师：从同学们的交流中，老师看到了这样几种表示方法，你最喜欢哪一种？为什么？

① 同学的年龄加32

② 同学的年龄+32

③ $a+32$

生：喜欢第3个，用字母 a 表示出了这名同学的年龄，比①和②简洁。

师：嗯，有道理。

师：看来我们已经达成了共识，第3个式子最合适。（板书：$a+32$）

师：根据这个数量关系来算一算老师的年龄吧。当同学6岁时，老师多大？当同学11岁时呢？50岁时呢？（板书算式）

师：用a表示老师的年龄，师生之间的年龄差还是32岁，能表示出同学的年龄吗？

生：$a-32$。

(2)在比一比、想一想中理解用含有字母的式子表示数量。

师：仔细观察，今天所学的式子和之前的有什么不同？

生：之前学过的式子里都是具体的数，能计算出结果，而今天学习的式子里含有字母。

师：的确，在我们以前的学习中，总是用一个"数"来表示量的大小，含有字母的式子同样可以表示量的大小。当这个字母表示的数确定，就可以得到一个准确的数字结果。所以$a+32$这个式子也可以用来表示老师的年龄，也就是表示一个数量。

(3)归纳总结。

师：刚才我们已经讨论了，从这个式子里可以清晰地看出老师比学生大32岁，也就是说它可以表示一个数量，还可以表示两人年龄之间的数量关系。

【评析】通过用字母表示一个人的年龄，让学生体会用字母表示数可以是一个具体的事物，还可以是一类事物，既简洁又有一般性。再通过一个人年龄的变化引导学生体会含有字母的式子既可以表示一个结果，又可以表示两者之间的数量关系。

三、应用深化

1. **生活实例，深化理解**

(1)生活实例。

师：我们再来看一个例子，过年时小明在家庭微信群抢到了一个红包，我们先用x表示红包的钱数。

(2)问题驱动。

师：想一想，这里的x可以是一个任意数吗？为什么？

生：不可以，一般情况下单个红包是有限额的，不能超过200元。

师：小明又抢到了第二个红包，如果这个红包的钱数是第一个的4倍，那么第二个红包钱数最多还是 200 元吗？最多是多少？为什么？

生1：不是 200 元。

生2：最多 50 元，因为超过 50 元，第二个红包就超过 200 元了。

师：你能用一个式子来表示第二个红包的钱数吗？

生：$x×4$。

2. 交流碰撞，深化理解

师："第二个红包的钱数是第一个红包钱数的 4 倍"这个关系不变，第二个红包的钱数用 y 来表示，能不能用一个含有字母的式子来表示第一个红包的钱数？

生：$y÷4$。

师：现在感受到用字母表示数的优越性了吗？像刚才两人之间的年龄，两个红包的钱数，我们都可以将其中一个量用字母表示，另一个量利用它们之间的数量关系用含有字母的式子来表示，这样既简洁，又具有一般意义。

【评析】通过生活中的抢红包游戏，让学生再次理解用字母表示数是有取值范围的，同时学会用含有字母的式子表示数量关系，体会其简洁性和一般性。

四、在问题中学习字母表示数的书写规则

1. 提出问题

师：人们在用字母表示数的过程中，发现乘号与字母 x 长得太像了，一不小心就混淆了，该怎样来避免呢？

2. 引导阅读

师：数学家也注意到这个问题了，所以关于"数和字母相乘""字母和字母相乘"也制定了相关的书写规则，请阅读学习单上的书写规则。

3. 实践运用

师：现在知道该怎样来避免混淆吗？$x×4$ 可以写成 $4·x$ 或者 $4x$。a 乘 b 可以简写为＿＿＿＿，y 乘 y 可以简写为＿＿＿＿，同学们自学能力可真强。

【评析】引导学生通过发现问题，提出解决问题的办法，并学以致用。

五、在数学活动中感受字母表示数的价值

师：今天的课将要结束了，最后，老师和大家一起玩一个数学魔术。请你们在心里想一个数，我来猜你所想的那个数是几。请将你心中想的那个数加 8，再乘

4,然后加30。谁来告诉我你计算的结果,我就能猜出你想的数。

(生踊跃参加)

师:神奇吗？如果你们想揭开其中的奥秘,就请你们先将心中想的那个数,用字母来表示,然后按运算顺序,写出一个含有字母的式子进行研究,奥秘就藏在其中。好,下课。

【评析】通过数学魔术让学生感受用字母表示数的价值。

板书设计

用字母表示数

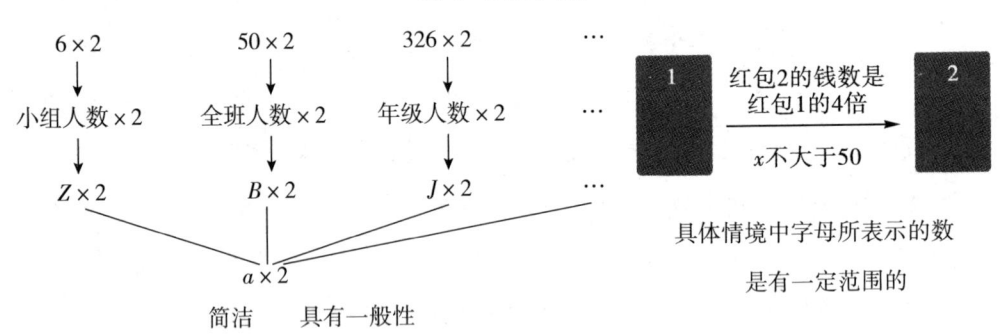

6×2 　　50×2 　　326×2 　　…
↓　　　　↓　　　　↓
小组人数×2　全班人数×2　年级人数×2　…
↓　　　　↓　　　　↓
$Z \times 2$ 　　$B \times 2$ 　　$J \times 2$ 　　…

$a \times 2$

简洁　　具有一般性

| 1 | 红包2的钱数是红包1的4倍 | 2 |

x不大于50

具体情境中字母所表示的数
是有一定范围的

回顾反思

1. 情境创设的有趣有效

第一个环节选取的生活实例是学生在校园生活中都经历过的事件,同时和数学历史文化相结合,学生很感兴趣,自然渗透由文字表达到字母表达的发展演变过程,学生能够较为深刻地理解了字母表示数的产生过程。第二个环节从年龄导入唤醒原有经验,引思考,作归纳,让学生体会字母表示数的一般性和简洁性。第三个环节用"抢红包"一下子抓住学生的注意力,以问题驱动来试一试、说一说、算一算、想一想,交流碰撞深化理解,让其感受字母表示数的优越性。原本比较枯燥的教学资料因为这样的情境创设变得十分生动,学生的学习兴趣充分被调动,让教学情境直接为教学目标服务。

2. 思想方法的无声渗透

数学思想是数学的灵魂,在情境与问题中无声渗透是必不可少的。导入环节从数学发展史的角度切入,让学生体会数学的发展变化,初步渗透符号意识;在具体情境中让学生感悟"同一个数量能够用不同的字母表示,同一字母在不同的环境中能够表示不同的数,在同一题中不同的数要用不同的字母表示"的辩证思想;在用字母表示师生年龄中渗透"变与不变"的函数思想,让学生在不知不觉中受到思想方法的影响。

知识链接

数学符号的特殊性

符号是指具有某种代表意义的记号或标识,是人类长期形成的一种规定或约定俗成。比如,文字是声音的符号,交通标志是某种规则的符号。毫不夸张地说,我们生活的空间是一个符号的世界,人的一生都在感知符号的现实意义,离开符号,人与人之间将难以进行交流和表达。

人类不断用符号去创造文化,任何一种符号借代的意义都是抽象的、简洁的,具有表述和理解功能,数学符号除了具备一般符号的功能外,还具有自身的特殊性。其特殊性表现为精确性、严谨性和可运算性。

其他符号可以追求新颖、独到而刻意变化,如影随形地含糊其辞,以此来彰显生命力。而对数学来说是不允许的。

数学符号可以像数一样进行运算,运用符号推演出更具一般性的结论。

数学符号的精确性、严谨性和可运算性,使其不仅内涵深刻,而且更具备思维功能。

(摘自曹培英:《跨越断层,走出误区:"数学课程标准"核心词的解读与实践研究》,有删改)

作者简介 郭遇巧,中小学高级教师,现任洛龙区第二实验小学校长。河南省优秀教师、河南省学术技术带头人、洛阳市名师、师德标兵、业务标兵,其数学优质课多次获洛阳市一等奖,所写多篇论文获省一等奖。

圆的认识

马晓莹

教学内容

人教版《义务教育教科书 数学》六年级上册。

我思我想

1. 缘起

"圆的认识"是众多研究者普遍关注的一课,很多名师也都在相关学术期刊呈现了各自的经典之作,或以核心问题引领,或以故事情境导入,或运用预习单自学交流,独到的探究活动设计、问题导向下层层递进的深入解析,各美其美,让人耳目一新。但细细品味,总是感到似乎缺少点什么。

在2016年发布的《中国学生发展核心素养》研究成果中,"理性思维"被纳入学生必备的核心素养。培育和发展学生的理性思维,数学教育有着不可取代的作用。人类对圆的认识过程清晰地展现了感性思维到理性思维的转变过程。或许是基于学生的认知特点,"圆的认识"在现行的众多教材中大多停留在直观操作层面。可能受教材的影响,这一极具理性的教学内容,在培育学生的理性精神方面没有得到应有的重视。基于以上认识,我们的团队对"圆的认识"一课进行了深入研究,试图寻找出一条适合学生理解的思维通道,让学生经历理性思维的过程并感悟理性精神的力量,从而上出一节"理性、深刻、互融"的数学课。

2. "圆"思

(1) 如何实现思维方式上的突破。

六年级学生在认识几何图形特征方面已经积累了一定的经验,然而这些经验对于圆的认识不但帮助不大,还有可能成为负担。从现实世界中抽象出来的圆,仅仅是一条封闭的曲线,而所有构成这条曲线的点,小学生往往视而不见。因此,认识圆首先要对"线是点的集合"有清晰的认识,进而寻找无限个点的共同特征。要实现这两个方面的突破,无疑需要理性思维作支撑。如何选择合适的教学资源激发学生的探究能力,将学生引领到探究之路上,是首先要思考的问题。

(2)是否要让学生经历运用概念进行推理的过程。

郑毓信教授曾经在"动手与动脑"的关系上有过论述,并忠告数学教师要懂得"动脑比动手更重要"。在学生理解圆的本质(或定义)和圆心、半径、直径等相关概念之后,认识诸如在同一圆内半径有无数条并相等,直径有无数条并相等,直径的长度等于半径的2倍等相关特征时,相较于通过操作获得,显然通过推理获得对培育学生的理性精神更具价值。

(3)将圆规的功能、原理融入教学的不同环节中,让"圆规"这一工具在理性分析中发挥出更大的作用。

说到圆规,学生能想到的可能就是画圆,可圆规不仅有绘制圆形或者圆弧的作用,同时也具备诸如量取尺寸、截取线段、等分线段等更多的功能。是否可以借助圆规"截取相等线段"的功能来验证"从中心点(圆心)到边上(圆上)各点的距离处处相等"?如果这样,不仅使学生在不知不觉中画出了一个圆,并对圆规画圆的原理有了初步的感知,达到"互融"的效果。

课堂回放

教学目标

(1)认识圆的各部分名称,引导学生通过推理理解圆的特性,会用圆规画圆。

(2)让学生经历对比、观察、思考等探索活动,提升实践操作能力,发展空间观念。

(3)通过有效的数学活动,使学生经历概念的形成过程,理解并掌握圆的基本特征,感受我国古代数学文化的博大精深。

教学重点

通过认识圆各部分的名称、特征及关系,探索出圆的本质特点。

教学难点

探究并理解圆的特征。

教学过程

一、情境引入，激活经验

1. 在情境中感受圆

(出示平面图形)

师：在认识的平面图形中，你认为最美的图形是哪个？请说说你的理由。

(生争先恐后发言略)

(课件出示古希腊数学家毕达哥拉斯的名言：一切平面图形中最美的是圆形)

师：要想知道圆为何美，美在哪里，就需要深入地了解圆、认识圆，今天我们就一起走进圆的世界，去认识圆。(板书：圆的认识)

【评析】通过让学生说心中喜欢的图形，帮助学生回顾平面图形的特点，借助数学家的话，引发学生认识圆的欲望，并引出课题。

2. 在对比中初识圆是曲线型图形

(回顾学习经验，寻求探索路径)

师：同学们，除了圆，这些平面图形我们都有所研究，让我们先来回顾在学习这些平面图形时，都是从哪些方面入手研究的。

生：我们是从边和角来研究这些平面图形的。

师：是的，这些图形都是由若干条线段围成的，都有角，边和角是这些图形的构成要素。之前我们都是从图形的构成要素上概括它们的特征的，现在我们所看到的圆和这些平面图形相比，不同的地方在哪里？

生1：圆的边是弯曲的，没有角。

生2:圆只有一条边。

…………

师:有相同的地方吗?(都是封闭图形)

师:我们要认识一个事物,首先是拿它来和同类事物进行比较,从我们的比较结果来看,不同的是"圆是由一条曲线围成的",共同的是圆也是一个"封闭图形"。如果我们把圆的特征概括为圆是一条曲线围成的封闭图形,可以吗?(出现两种不同意见:可以,不可以)

师:(追问)为什么不可以?说说你的理由,最好能举出例子。

师:这些图形也是由一条曲线围成的封闭图形。认为"可以"的同学还坚持你的观点吗?

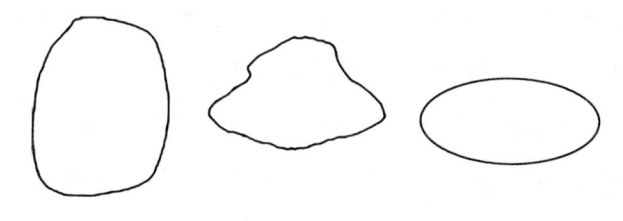

3. **研究圆**

师:同学们,我们以前研究过的长方形、正方形、平行四边形、梯形、三角形都是直线型图形,而这些图形都是曲线型图形。

【评析】引导学生通过直观对比圆和其他平面图形,从"形"上得出圆的表层特征,并把探究引向深入,由感性向理性发展。

二、实践操作探究圆

1. **在探究中认识圆**

师:同学们,曲线围成的圆有什么特点呢?让我们一起继续研究。

(1)对比两种米字格,探寻圆的秘密。

师:(出示方形米字格)这是我们大家熟悉的"习字格",它叫什么?(米字格),不错,由于这种米字格外形为正方形,中间有"米"字形的格线,所以也叫方形米字格。除了这种方形米字格,书法家还创造了这样的"习字格"(出示圆形米字格),它叫什么?

生:圆形米字格。

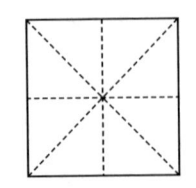

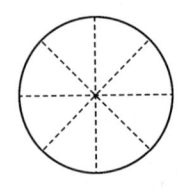

师:观察两种米字格,它们都有一个中心点,能找到吗?

(生指出中心点,并作出标记)

师:不管是方形米字格还是圆形米字格都有一个中心点,让我们进一步观察,从中心点到边线都有几条格线呢?

生:从中心点到边线都有8条格线。

师:这些米字格中,从中心点到边线都有8条格线,它们的长度有什么不同?

生:方形米字格8条格线中,其中4条格线长度相等,另外4条格线长度相等。

生:我发现,在圆形米字格中8条格线的长度都相等。

师:方形米字格的8条格线不完全相等,通过观察法和正方形边的特点可以得出,要想知道圆形米字格中的8条格线的长度是否相等,我们需要做什么?

生:可以通过量一量、折一折来验证。

师:量一量、折一折都是我们之前常用的方法,想不想知道一种新方法?

师:(出示圆规)认识吗?不错,它是画圆的工具,但它还有一个功能,就是比较线段的长度,(播放微视频)看了圆规的自我介绍,想到怎样做了吗?那就动手验证一下圆形米字格格线的长度是否相同吧。

(学生动手操作)

师:你们的结论是?

生:圆形米字格中8条格线的长度都相等。

(2)猜想、验证。

师:大家通过验证,证实了我们的结论——圆形米字格中8条格线都相等。如果我们随意从圆形米字格的中心点向边上再画一条线段,还会完全相等吗?请你画一画、量一量。

生:通过用圆规测量,我的结论是又画的线段长度跟8条格线长度相等。

师:再任意从中心点到边上画一条呢?

生:也相等。

师:围成圆的这条曲线上有多少个点呢?(无数个点)由此,你会想到什么?

生:从中心点到边上各点间的线段长度都相等。

师:不错,这是我们的猜想,需要进一步验证。你有什么办法?

生:还用圆规!

(课件出示验证方法)

①把圆规两脚分开,固定带有针尖的一脚;

②调整两脚距离,针尖的脚对准中心点,笔尖的脚对准曲线上的点,确定半径的长度;

③握着旋轴,慢慢转动带有笔尖的一脚,旋转一周。

师:让我们借助圆规来验证。开始!

(生借助圆规动手验证)

师:谁来说说验证的结果?

生:圆形米字格从中心点到边上各点的距离完全相等。

(师板书:从中心点到边上各点的距离都相等)

师:从我们验证的过程来看,圆规两脚的距离保持不变,针尖始终在中心点上,另一只脚转动时,始终没有偏离曲线。看来,我们真的从圆形米字格中找到了圆的秘密。一起来读读我们的发现!圆,是一条曲线围成的封闭图形,从中心点到边上各点的距离都相等。

(3)通过数学史概括圆的特征。

师:同学们,其实早在2400多年前,我国古代思想家墨子就概括出了圆的特征——圆,一中同长也。这个伟大的发现,比古希腊数学家欧几里得早了100多年呢!

【评析】以学生已有的认知经验和圆形米字格作为切入点,让学生通过动手画出多条线段,引发猜想,再到用圆规验证,真正经历概念的形成过程。同时渗透了圆规的基本原理,并在验证的过程中画出了一个圆,使圆的轮廓清晰地印在学生心中。其中,注重渗透数学本身所蕴含的文化背景,介绍在数学发展演变过程中人类不断探索、不断发现的数学精神,真正体现数学本质上是一种文化的思想。

2. 在推理中认识圆

(1)认识圆心、半径、直径。

师:同学们,你们知道墨子所说的"一中同长"中的"一中"是指什么吗?"同长"呢?

生1:一中指的就是中心点。

生2:同长是指从中心点到边上各点的距离都相等。

师:不错,看来我们刚才的探究得出的结论和伟大思想家是相通的。在数学上,这个中心点被数学家定义为圆心,通常用字母 O 表示。连接圆心和圆上任一点的线段称为圆的半径,用字母 r 表示,把通过圆心并且两端都在圆上的线段叫作直径,一般用字母 d 表示。

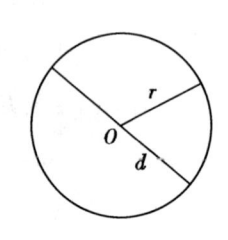

(2)探究半径、直径之间的关系。

师:根据你对圆的认识和半径、直径的意义,想一想,一个圆中,半径、直径有什么特征?它们之间存在着怎样的关系?

生1:圆有无数条半径,所有半径都相等。

生2:圆有无数条直径,所有直径都相等。

生3:我发现,直径是半径的2倍。

【评析】在引领学生经历了一次"研究与发现"的过程之后,学生对圆的本质特征有了相对清晰的认识,在此基础上,进一步引导学生发现、概括,通过推理得出圆的有关性质,经历运用概念进行推理的过程。

3. 在画圆中深化对圆的认识

(1)用圆规画圆。

师:通过刚才的学习,我们对圆已经有了进一步的认识,想不想动手画一个圆?

(学生动手在作业纸上画圆)

(2)交流、讨论。

(展示学生作品)

师:请大家认真观察,为什么同样的作业纸,同学们画出的圆位置却各不相同呢?

生:因为圆心的位置不同。

师:请大家进一步观察这两名同学画的圆,(展示学生的作品)它们一个大,一个小。如果想画一个比小圆再小一点的圆,你们有办法吗?

生:可以把圆规两脚间的距离变小。

师:如果想画一个比大圆再大一些的圆,你们有办法吗?

生:把半径变大就可以了。

师:由此,你觉得圆的大小是由什么决定的?

生:半径决定圆的大小。

三、应用拓展

1. 解决实际问题

师:在学校广场上摆一个半径为3米的圆形花圃,你们有办法吗?

生:可以找一根3米长的绳子,固定一端,拉另一端转一圈,就能得到一个半径为3米的圆。

师:真了不起! 能说说其中的道理吗?

生:固定的一端就是圆心,绳子的长就是半径,旋转一周就得到圆。

2. 画圆工具的历史演变

师:能用一根绳子画圆说明大家已经深刻地认识了圆,你们知道最早的画圆工具是什么样子的吗? 在大屏幕上的这幅《伏羲女娲图》中(课件显示),女娲手中的物品就是最早的画圆工具——规。下面这幅图是明代的画圆工具,猜猜看,上边的小孔有什么作用?

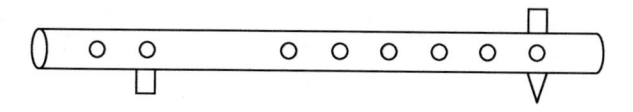

生:我认为上边的小孔是用来调节半径的。

师:是的,上边的小孔是用来调节半径的,让我们为古人的智慧点赞!

【评析】在对比学生作品的过程中,让学生理解半径决定圆的大小,而真正认识了圆后,画圆的方法也是多种多样的。引导学生了解我国古代的画圆工具,进一步理解圆规的原理,渗透圆的相关文化。

四、总结、拓展

1. 拓展延伸

师:同学们,其实人类对圆的探寻是由来已久的,人类最早对圆的喜爱源自于对日月的崇拜。旧石器时代,山顶洞人就开始用圆来美化自己的生活,再到春秋战国时期人们使用环形货币,如今,象征着公平、和谐的圆桌屡见不鲜,人们已经把圆融入了自己的生活。你们知道圆对人类最大的贡献是什么吗?

生:轮子。

师:是的,圆对人类最大的贡献就是让世界动了起来!(出示数学绘本)

美索不达米亚人从圆木滚动比较省力中受到启发,做出了世界上第一个轮子——圆的木盘。后来,人们将圆形木盘固定在木架下,这就成了最初的车子。从此,世界就动起来了!现在,圆在你心中是不是更美了?!

2. 交流收获

师:同学们,现在能说说通过今天的学习你有哪些收获吗?

生1:我知道了圆是一条曲线围成的封闭图形,从中心点到边上各点的距离都相等。

生2:我明白了圆心确定圆的位置,半径决定圆的大小。

……

师:为什么车轮、井盖都采用圆形?让我们将探究延续到课下,继续探索圆的秘密吧!下课!

【评析】下课,并不意味着学习的结束,让孩子们带着思考、带着问题下课,将进一步的探究延续到课下,让学习更深入,对圆的认识更深刻。

板书设计

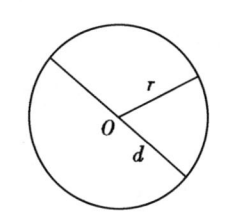

圆的认识

圆,是一条曲线围成的封闭图形,从圆心到圆上各点的距离都相等。

圆心:O

半径:r

直径:d　　　$d=2r$　　　　圆,一中同长也!

回顾反思

"圆的认识"是在学生认识了长方形、正方形、三角形等多种平面图形的基础上展开的,也是学生小学阶段认识的最后一种常见的平面图形,也是教学中出现的唯一一个曲线图形。本节课,通过在情境中感受圆、在比较中初识圆、在探究中认识圆、在画圆中深化认识圆、在应用中感受圆等环节,基本达到了预期的教学目标。其中,通过对比方形米字格和圆形米字格的不同之处,让学生主动经历圆概念本质属性的探索过程,使学生经历概念的形成过程,理解并掌握圆的基本特征,并在此基础上帮助学生认识了圆的各部分名称,引导学生通过推理理解圆的特性,会用圆规画圆。

课上呈现的数学文化学生比较感兴趣,如果课前让学生了解并让学生来讲解,可能会取得更好的教学效果。这是本节课的不足之处。

知识链接

车轮与摆线

【车轮】

大约在6000年前,美索不达米亚人做出了世界上第一个轮子——圆的木盘。轮子第一次用在双轮运货马车上来运输笨重货物,成为人们所偏爱的运输工具。

起先,制作一个轮子的通常方法是用些横板把几段木料连接起来,再将这样做成的方形物切割为圆形。在一些缺乏好木料的地方,人们甚至试图用石料来制造轮子。这些早期的木轮或石轮虽然牢固,但是相当笨重,需要很大的拉力。

经过不断的尝试,如通过在木板上开洞来制造较轻的轮子,最终形成如今装上辐条的轮子。

【摆线】

一个圆沿一直线缓慢地滚动,则圆上一固定点所经过的轨迹称为旋轮线,又称摆线。它是数学中众多的迷人曲线之一。

当半径为 r 的圆在直线上完成一圈的转动之后,圆上的 A 点会移动到 Z 点,形成的这条旋轮线的高度等于转动圆的直径。

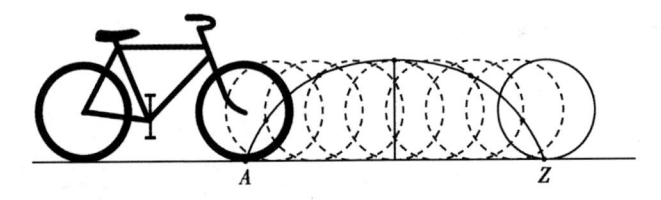

有趣的是,伽利略用"绳测法"推算出当圆在直线上完成一圈转运之后,这条旋轮线的长度等于转动圆直径的 4 倍,用"称重法"推算出旋轮线下方形成的拱形面积是转动圆面积的 3 倍。几十年后,伽利略关于旋轮线的两个推断,数学家给出了证明。

(摘自[英]伊凡·莫斯科维奇:《迷人的数学》,余卓桓 译,有删改)

作者简介

马晓莹,中小学高级教师,河南省名师,河南省骨干教师,洛阳市优秀教师,洛阳市首届名师,曾获河南省数学优质课一等奖。

第二篇
"惑"而生"新",探索智慧教学

这里的"惑",不是迷惑不清,不是守而不定,而是基于对教学实践的深层反思,以研究的心态审视教学实践中的不足和困惑。在知不足之后所激发出的求知欲和行动力作用下,夯实基础、秉承传统,提炼科研"课题"。在科研中磨炼自己,在不断学习、思考和调整、领悟的过程中,将理论内化为自身的智慧,指导教学实践,由"惑"而创"新",探索优质教学设计。

8和9的认识

郭丹辉

教学内容

人教版《义务教育教科书　数学》一年级上册。

课前思考

自然数是人们在对事物大小、多少的比较中抽象出来的数学概念。如果细化事物的大小关系，其本质上是一个加一个大起来的。数学家从这种关系中抽象出"后继"的概念，先有1,1的后继为2,2比1大1,2的后继为3,3比2大1……8的后继为9,9比8大1,9的后继为10,10比9大1……自然数就是这样一个接一个源源不断产生出来的。

源源不断产生出来的自然数该如何表达呢？怎样才能用较少的符号表示很多数呢？聪明的人类建立了十进位值制计数系统，表达所需要的、任意大小的自然数。所谓的"十进位值制"包含了进位制和位值制两种方法。进位制就是选取某一数作为计数的基(数基)，不同进位制的区别在于数基的不同。十进制是以10为数基,0、1、2、3、4、5、6、7、8、9十个符号为基本数目，十、百、千、万等为十进符号。仅有进位制虽然理论上可以表示所有的自然数，但系统不完备，原则上还需要确定无穷多个十进符号，同时也不利于计算。十进位值制计数系统是从10的0次方(个)开始，然后是10的1次方(十)、2次方(百)、3次方(千)、4次方(万)……按从右到左的顺序排列出来形成数位顺序。每个数位上最大是9,满十向高位进一，基于十个符号和数位，可以表示所有自然数。

站在自然数的产生与表达的高度来看,8和9之后的学习，无论是计数方法，还是加减运算的算理、算法上都将有较大变化。因此,8和9的学习处于承前启后的位置。在0~9的学习过程中，运用点数的方法，在数数活动中学习"识数"。

对此,华罗庚先生有过一段生动的论述:小孩子识数,先学会数一个、两个、三个,过些时候,能够数到十了;又过些时候,会数二十、三十……一百了。到了某一个时候,他领悟了,他会说,"我什么数都会数了"。这一飞跃,竟从有限跃到无穷!怎么会呢?首先知道从头数;其次,知道一个一个按次序地数,而且不愁数了一个以后,下一个不会数,也就是他领悟到下一个数的表达方式可以由上一个数来决定,于是,他就会数任何一个数了。华教授精辟地道出了数数的要旨:自然数是一个加一个大起来的,每个数都是在前一个数的基础上添1得到的。有了这一认识,才易于理解自然数的基数、序数意义和大小关系,进而对十进位值制记数法有本质上的理解。因此,8和9的教学,仍然需要紧紧扣住"数是一个一个数出来的"这一计数的本质,运用点数的方法,通过"不同物体可以具有相同数量"来实现对数量的抽象表达。在教学中需从不同侧面展示数概念的丰富内涵,让学生理解数的意义并初步建立数的概念,深化学生对计数的理解。通过有序地整理0~9各数间的大小关系,让学生初步感受数的大小关系的传递性。

教学设计

教学目标

(1)通过数数活动,让学生经历从各种事物中抽象出数的过程,能够正确认、读、写8和9;初步培养学生的抽象思想,引导学生进一步理解数是一个一个数出来的。

(2)引导学生会用9以内各数表示物体的个数或事物的顺序和位置,并能区分几个和第几个的含义。

(3)让学生进一步认识数学符号">""<"的含义,并会用">""<"来表示9以内各数的大小关系,初步培养学生的符号意识。

教学重点

正确认、读、写8和9,区分几个和第几个的含义。

教学难点

区分几个和第几个的含义。

教学过程

一、温故知新，感知自然数的产生过程

导入语：同学们，通过这一段时间的学习，我们都学过了哪些数？不错，我们学习了0、1、2、3、4、5、6、7。

师：在这组数中，1比0多1，2比1多1，还有谁比谁多1？

生：3比2多1，4比3多1……

师：这组数中最大的一个数是几？（7）

师：那么比7多1的数是几呢？比8多1的数又是几呢？

【设计意图】通过复习旧知，初步感知数是一个加一个"长"出来的。

二、异中求同，经历8和9的抽象过程

1. 创设情境

过渡语：大家真棒，知道了7，很快想到了下一个数是8。有了8，又想到了9。数就是这样一个加一个"长"出来的。在我们的生活中，有事物就有数量，（出示课件）从这幅图中，你们都看到了什么？

师：你们观察得真仔细，这幅图中有树木、羊群、标语、踢球的小朋友，还有蝴蝶。你能数出他们的数量吗？在你们的学习袋中，也装有这幅美丽的图片！数一数他们的数量各是多少。

2. 设计数学活动

(1) 学生独立数图片中人和各种事物的数量；

(2) 汇报结果。

师：谁来说一说数的结果？（指定学生汇报）

师：你们数的和他数的一样吗？有不同的结果吗？

预设：如果有数错的，可让他先到讲台上来数。

师：我们一起再数一次好吗？（依次点数，并出示集合图）

小结：要想知道某种事物的数量，我们可以从1开始，一个一个地数下去，数到了几，事物的数量就是几。

3. 抽象概括

导入语：现在我们就把图片中的人和物都请到黑板上。

提出问题:这里有人物,有快乐的小鸟,有树木,有汉字,还有足球,他们有相同的数量吗?分别是几?

师:哪位同学上来移动一下他们的位置,把数量相同的放在一起。

师:如果我们只关心他们的数量,这里的人和物可以用小圆片来代替吗?哪位同学愿意上来摆一摆?

小结:8个小圆片在这里既表示蝴蝶的数量,又表示汉字的数量,还表示树木的数量,还能表示数量是8的其他事物吗?9个小圆片在这里表示了什么?还能表示什么?互相说一说。

【设计意图】在具体情境中引导学生巩固数数的具体方法,在摆一摆、比一比的过程中增强学生的符号意识,渗透分类思想。

三、关联旧知,融会贯通

过渡语:现在我们又认识了两个新数——8和9。再回头想一想,8是怎样得到的,9又是怎样得到的?

预设:8是7添1得到的,9是8添1得到的。

1. 排排坐

师:你们看,这个计数器上一个珠子也没有,用哪个数来表示?

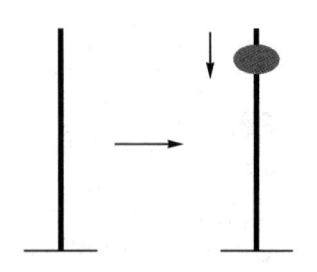

拨入一个珠子,用几来表示?

生:(随着老师的依次拨珠回应)(　　)添上1是(　　)。

(课件显示)

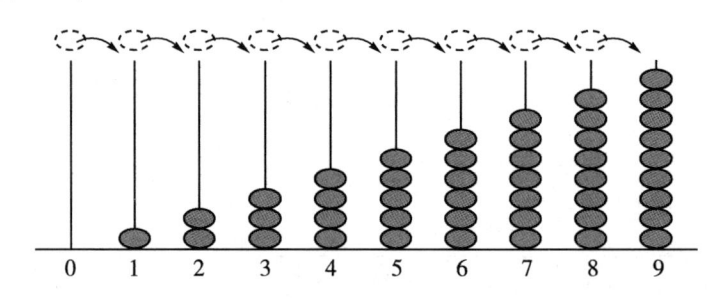

2. 比一比

过渡语:通过刚才的拨珠,我们看到除了0,每一个数都是前一个数添1得到的,7添1是8,8添1是9,这样下去,就会有越来越大的数等着我们去认识。你能从这里看出比5小的数有哪些吗?最大的一个是几?下面的问题能解决吗?(课件出示)

下面的□里最小可以填几?

$$4<\square \quad 6<\square \quad \square>7 \quad \square>8$$

【设计意图】借助计数器演示,加深学生对数的产生过程的理解,并把学生对数的认识从有限引向无限。

四、掌握笔顺,形成书写技能

1. 观察字形,熟悉笔顺

过渡语:现在我们已经认识了8和9,那么,你会写8和9吗?

预设:很多小学生在学前已经会写,但不一定规范。

师:谁愿意到前面来给大家示范一下8和9的写法?

预设1:(1)能够规范地书写;(2)书写不规范。

预设2:肯定学生写法并进一步强调8字是一笔写成的。从田字格的左半格右上方起笔,向左成一个半圆,拐向右下,碰右线、下线、左线,回上去,在虚线上方与原线握握手,再回到起笔处。关门或开个小门都可以,但不能敞开着大门。

9字也是一笔写成的,从田字格左半部分上半格起笔,在上半格绕圈,到起笔处折向下,在底线中间偏左处收笔。由该生领着学生书空练习。

师:这位同学是怎样写8和9的?对这种写法你有不同的看法吗?现在让我们一起来看看我们的老朋友小精灵是怎么写的,好吗?(播放视频,教师领着学生书空练习)

2. 书写练习,形成技能

【设计意图】借助学生已有的知识经验,引导学生规范数字8和9的书写。

五、解决问题,加深理解

问题一:

过渡语:学习数学是为了解决问题的,我们要解决的第一个问题与一个成语典故有关,这个成语典故是比喻各自有一套办法,或各自施展本领,互相竞赛。谁知道这个成语?(课件出示"八仙图")大家猜到了吗?对,就是八仙过海。看,八仙来到了我们面前。那下面的问题大家能解决吗?

从右数起,张果老排在第(　　)位,汉钟离排在第(　　)位;从左数起,何仙姑排在第(　　)位。

(学生看课件图示作答)

问题二:

引入:八仙满意地走了,孙悟空又来了。能看出下面排列的形状吗?

不错,他们排出了一个三角形,(出示课件)认真观察一下,看看谁有发现。

设置如下问题:

(1)从下往上数,第1层有(　　)个🐵,第2层、第3层……第9层呢?

(2)从上往下数,第7层有(　　)个🐵,第9层呢?

追问:第7层有7个孙悟空,第9层有9个孙悟空。这里的两个7和两个9表达的意思一样吗?

【设计意图】通过我国古代传统故事中的人物激发学生学习兴趣,在形象的情境中引导学生突破对基数、序数的理解这一难点。

六、课堂总结

(结合板书)今天,我们又认识了两个新数8和9,进一步明确了数是一个加一个大起来的。什么也没有记为0,0添加1得到1,1添加1得到2,2添加1得到3……7添加1得到8,8添加1得到9……数就是这样源源不断地产生出来的。用这些数可以表示事物的数量,也可以表示事物的次序或位置。这时,同学们可能在想,数会不会越来越多?产生出来的新数该怎样写呢?这都是我们今后要学习的知识。我相信,同学们在这一段学习的基础上一定会学得很好,有信心吗?

下课!

板书设计

8和9的认识

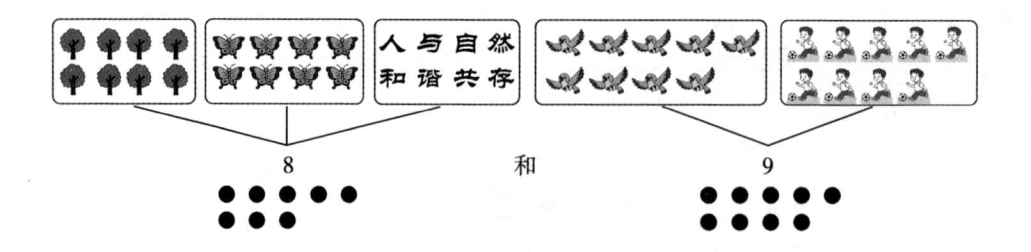

8　　　和　　　9

知识链接

数字系统的诞生

原始时代的人类在生活中随时会遇到"量"的变化,使他们逐渐产生了"数"

的意识,开始了解有与无、多与少的差别,逐渐形成一、二、三等单个数目的概念。随着人们掌握的自然数越来越多,就产生了如何书写这些数目的问题。因此,人们想到创造一些新的符号来表示特定的数。比如,罗马人用"V"表示一只手的手指数目;用"X",表示两只手的手指数目,之后为了表示较大的数,用C表示一百,用字母D表示五百,M表示一千。若在数的上面画一横线,这个数就扩大一千倍。但这同样面临一个天大的难题,因为自然数是无穷的,所需要的符号也无穷多。于是,聪明的人类就发明了位值制记数法,使得有限的符号可以被重复使用。

十进位值制记数法是中华民族的伟大创造。它包括十进制和位值制两条原则,"十进"即满十进一,"位值"则是同一个数字在不同的位置上所表示的数值不同。这样,那些极为困难的整数的表示和演算变得简便易行。

(摘自王圆圆:《人类是如何开始计数的》,有删改)

作者简介　郭丹辉,中小学二级教师,洛龙区优秀教师、优秀班主任,洛龙区学术技术带头人,洛龙区"师德标兵""道德模范""教坛新秀"。

11~20各数的认识

白 寓

教学内容

人教版《义务教育教科书 数学》一年级上册。

课前思考

儿童对数的感悟是通过对实物对象的数数并抽象出数开始建构的，是一个逐步展开和形成的过程。"11~20各数的认识"是学生在学习了1~10的知识，以及相应的加、减法的基础上进行学习的。它既是对读数、数数等知识的进一步延伸，也是为后续认识数位、理解位值制的意义等知识奠定基础的一课，在知识内容和学习方法上起到了承上启下的作用。

讲解"11~20各数的认识"这节课，我们总是简单地认为，只需设计各种数数、写数活动，让学生在活动中进一步提高数数熟练程度。殊不知，它是学生认知上的一次飞跃。在此之前，无论是让学生把10根小棒捆在一起，还是把10个圆片圈成一堆，对他们来说那仍然是独立的个体。学生并没有认识到数量越来越多时，一一对应的计数方式无法满足计数的需要，因此，更大的计数单位十、百、千、万……便应运而生。如何让学生既理解一一对应地用数表示物体的数量，又认识到将"10个一"视为一个整体——"1个十"，形成一个新的计数单位。有了这个新的计数单位，就可以用现有的10个数学符号表示更多的自然数。但真正感受到十进制产生的必要性，却并非易事。

首先，突出计数单位"十"。在认识11到19时，再一次认识10，目的是突出它的单位意义，强调10个一是1个十，这里的"十"是数位的名称，也是计数单位，这样才能为后面认识11到20奠定基础。11到19的认识是以10为基准，突出"十几"就是比十多几的数，1个"十"和几个"一"可以用十几来表示，突出计数单位"十"的目的是为后续计算加法奠定基础,"凑十"计算时也需要用到"十加几"等于十几。

其次,强调"十进"关系。表示自然数的核心在于"0~9"10个数学符号和数位,每个符号在不同的数位上有着不同的数值。因此,我们试图结合古人计数"一颗小石头来代表十只羊",来帮助学生进一步理解计数单位"十",逐步认识到十几是由"1个十和几个一"组成的。十九所表示的是"1个十和9个一",在此基础上,增加1个一,这个一和个位上的9个一合起来是1个十,进而"以一当十"向十位进一,就是20。在这个过程中,让学生感受"十进"关系,并初步感知每个数位上最大的数字是9,"满十"就要"进位"。

再次,引导学生初步感受"位值制"。位值是比较抽象的概念,如何让"位值制"走进学生的内心?我们从学生喜欢的故事入手,沿着历史发展的路径,借助学生熟悉的计数器,组织一系列数学活动。让学生在充分理解"以一当十"的基础上,引出个位、十位这两个数位,进而让他们感受同一个数在不同的位置所表示的意义也是不同的。

教学设计

教学目标

(1)使学生能正确点数11~20各数,能正确地读、写出11~20各数,了解它们的顺序,掌握它们的组成,会比较它们的大小。

(2)使学生进一步了解数位的概念,知道同一个数在不同的数位上表示不同的大小,初步感知十进制的道理,知道个位满十要向十位进一。

(3)让学生初步体会数学与生活、数与数之间的联系,激发学生探索数学的兴趣,培养积极、良好的数学学习情感。

教学重点

正确认识计数单位"个""十"。

教学难点

理解10个一是1个十。

教学过程

一、设置情境，激活计数单位"一"

师:同学们,通过前面的学习,我们已经认识了10以内各数,还记得这些数是怎么来的吗? 我们一起来回忆一下吧。大家请看,这个计数器上一个珠子也没有,用哪个数来表示?(接下来,依次拨入"0到9")

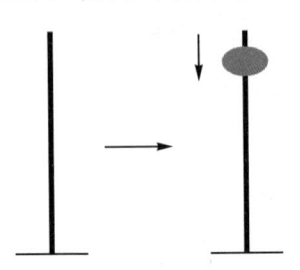

从这里我们看到,数就是这样一个加一个"长"出来的。从0开始,每一个数都是前一个数添1得到的,1添1是2,2添1是3……8添1是9……这样下去,就会不断"生长"出越来越大的数。

师:比9大1的数是多少?

生:10。

师:把1和0放在一起就是"10",这个10就是比9大1的数。

师:10的后面是谁呢? 你们知道吗?

生:11、12、13、14……20。

师:那今天我们就来认识它们吧。(板书课题:11~20各数的认识)

【设计意图】通过找特殊数、拨计数器,唤醒学生已有的知识经验,引导学生再次感受数是一个加一个"长大"的,为后面的学习做好铺垫。

二、探究新知,建立计数单位"十"的概念

提出问题:那你们认为0~10各数,哪个数比较特殊呢? 能说说理由吗?

预设:

(1)我认为0最特殊,因为它表示一个物体也没有。

(2)1最特殊,因为它后面的数都是前一个数加上1得到的。

(3)我认为10最特殊,因为这些数中只有它用了两个数字符号。

师:你们说得不错,这三个数各有特点。0是最小的一个,表示一个物体也没有,1后面的数都是前一个数加上1得到的,0~9用的都是1个数字符号,而10用了1和0两个数字符号,这是为什么呢？这要从很久很久以前说起,请听!

播放录音:很久很久以前,牧羊人在把羊群赶回羊圈时,要数一数羊少了没有。如果羊很少,总共不到10只,他就可以一边把羊赶进羊圈,一边用手指计算羊的数目,使入圈羊的数量和自己的手指一一对应。可是,当羊多于10只时,10根手指马上就用完了。他想了想,就拿起一颗小石头,放在一边,打算用这一颗小石头来代表10只羊。聪明的牧羊人用"以一当十"的办法解决了手指不够用的难题。

师:"以一当十"是古人给我们留下来的计数方法,到现在我们还在使用它。你们看:(课件动画演示)

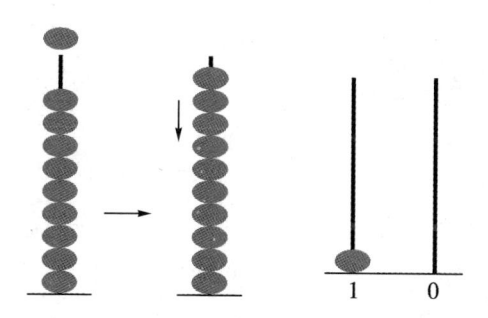

当计数器上满10个珠子,就在它的左边立上一根新柱子,放上1个珠子,"以一当十"代替原来立柱上的10个珠子;原来的立柱上一个珠子也没有,用0来表示。这时计数器上的右边立柱的珠子数仍然表示几个一,左边柱子上的1个珠子表示1个十。

想一想,右边立柱上最多会有几个珠子?

【设计意图】让学生沿着祖先智慧的足迹,带着"以一当十"这个计数方法回到现实生活,了解古人计数的方法,借助计数器感受"十"的存在,初步理解"十"是计数单位。

三、数一数、摆一摆,为11~20各数的组成建立表象

师:每个同学的桌子上都有一些小棒,快数数你有多少根小棒。(11根)

师:老师发现有的同学是1根1根数的,有的同学是2根2根数的,还有的同学是5根5根这样数的。

你能不能像古人那样,用"以一当十"的办法,让别人很快就看出是11根小棒呀?快动手摆摆吧。

预设:10根放在一堆儿,旁边放1根,表示11。

师:大家觉得他这样摆好吗?为什么?

预设:好。因为一下子就能看出是11根。

师:嗯,有道理,不仅清楚还很快。10根小棒我们就把它捆成一捆(边说边往黑板上贴图),就这么一捆,它们就变成一家人了,这样的1捆小棒就表示1个十,那这1个十里面有几个一呀?

预设:10个一。

师:不错。(课件显示)

10个一变成了1个十,1个十里有10个一。(板书:10个一是1个十)

1个十和1个一它们合起来就是——十一。大家真是善于学习的孩子。接下来呢?(课件动画演示,学生依次回答出十几)

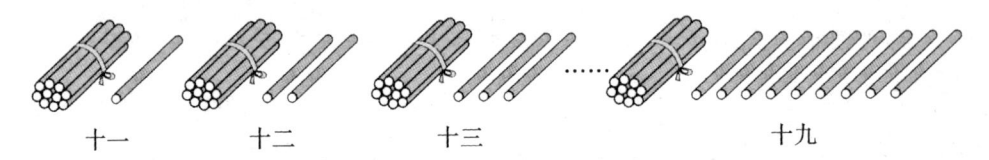

十一　　　十二　　　十三　　　……　　　十九

师:有十一根小棒,又添上了一根,现在是多少根呢?

师:在这个过程中你知道了什么?

预设:我知道1捆小棒和几根小棒合起来是十几根小棒。

小结:通过摆小棒,我们知道1个十和几个一合起来就是十几。十九添一是几呢?(二十)

(课件出示)

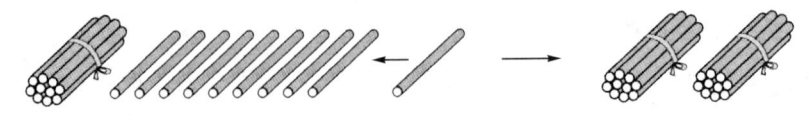

1个十和9个一合起来是十九,添上1是1个十和10个一,10个一又可以变成

1个十,现在就有了2个十,也就是二十。二十是由有几个十组成的?(2个十)

师:不错,二十是由2个十组成的。

师:看来大家都同意他的想法,2个十是二十。那么3个十、4个十呢?

预设:三十、四十。

小结:其实我们前面所数的一到九实际上指的1个一、2个一、3个一……9个一;十一到十九指的是一十一、一十二、一十三……一十九。只是为了简便,省去前面的"一",就成了现在的读法。

【设计意图】在理解计数单位"十"的基础上,引导学生通过观察、操作和思考,认识11~20各数的组成,让学生初步感知这些数是由1个十和几个一组成的。

四、通过数学符号表示,感知"数位"与"位值"

1. 认识个位和十位

过渡语:现在你们明白计数器上哪个位置上的数表示几个一,哪个位置上的数表示几个十吗?

预设:左边珠子数表示几个十,右边珠子数表示几个一。

师:有不同看法吗?(没有)

师:大家说得不错,请看大屏幕。(课件出示)我们以十一为例。右边立柱上的珠子数表示几个一,我们就把它叫作"个位",左边立柱上的珠子数表示几个十,我们可以把它叫作——(十位)

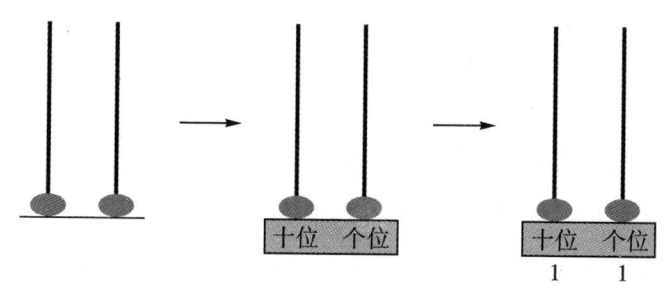

同一个数在不同的数位上表示的大小一样吗?

2. 十一到二十各数写法

引导语:有了数位,我们就可以用0~9这十个数学符号来表"十一到二十"了。大家看大屏幕(课件动画出示)。

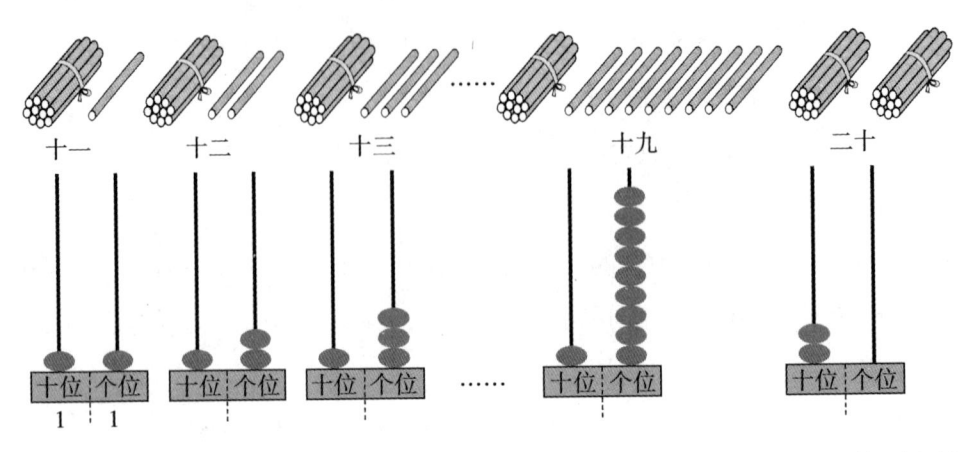

"十一"可以记作11,"十二"记作(   ),"十三"记作(   ),接下来请你们在作业纸上完成。

3. 感知数序

(1) 在线上为11~20各数找家。

师:认识了新朋友,我们一起来帮它们找家吧,大家请看大屏幕。(课件显示)这里有一条直直的线,在这条线上住着我们的老朋友0、1、2、3、4、5、6、7、8、9、10。你们能把我们今天认识的新朋友放到这条数线上吗?每个同学都有一张卡片,请拿到11~20的同学到前边来,告诉大家你拿的卡片上的数是几。

师:我们一起来做小指挥官,请它们入位。(在大家的指挥下,随机使各数在线上入位)

(2) 感知数序。

导入语:大家可真能干呀!我们为新认识的11~20各数找到了家。轻轻地从左往右再从右往左读一读,看看有没有什么发现?

预设1:我发现从左往右数,越来越大;从右往左数,越来越小。

预设2:在这条线上,从左往右,后一个比前一个数多1;从右往左,后一个比前一个数少1。

预设3:15前面的一个数是14,后面的一个数是16。

【设计意图】让学生认识个位和十位,在教学过程中初步渗透位值的概念。

从摆小棒到计数器再到数字符号表示,这是学生必须经历的从动作认知到图形认知再到符号认知的过程。给数找家,让学生亲历数线模型的抽象过程,引导学生对数序有进一步的深刻体验。

五、解决问题,发展数感

1. 议一议

10~20和前面有什么相同和不同之处吗?

预设:0~9只占个位一个数位,10~20是两位数,占两个数位。

2. 比一比

在下面的括号里填上"<"或">"。

11( )13   20( )19   14( )16( )18

预设:11(<)13   20(>)19   14(<)16(<)18

3. 想一想,写一写

在计数器上,用2颗珠子能表示怎样的数?请把你想到的数写上来。

预设:学生分别写出2、11、20等数。

【设计意图】开拓学生的思维,培养学生的创新意识,并让学生进一步体会到不同数位上的数表示的意义是不同的,通过多种形式对学生进行数感的培养。

六、课堂总结

师:课已经接近尾声了,你这节课有哪些收获?和大家分享一下吧。

预设1:我知道了10个一是1个十,1个十是10个一。

预设2:我知道个位的左边是十位。

预设3:我知道个位上满十要向十位进一,"以一当十"。

课堂总结:大家的收获可真不少。同学们,我们已经认识了11~20各数。其实,它们和0~9各数一样,都是一个加一个"生长"起来的,区别在于有了更多的数位,正因为有了更多的数位才能够产生更多的数,以后我们再一一学习。今天的课我们就上到这里,下课!

【设计意图】回顾梳理本课学习内容,为后面的学习做好铺垫。

板书设计

11~20 各数的认识

10 个一是 1 个十   满十进一，"以一当十"

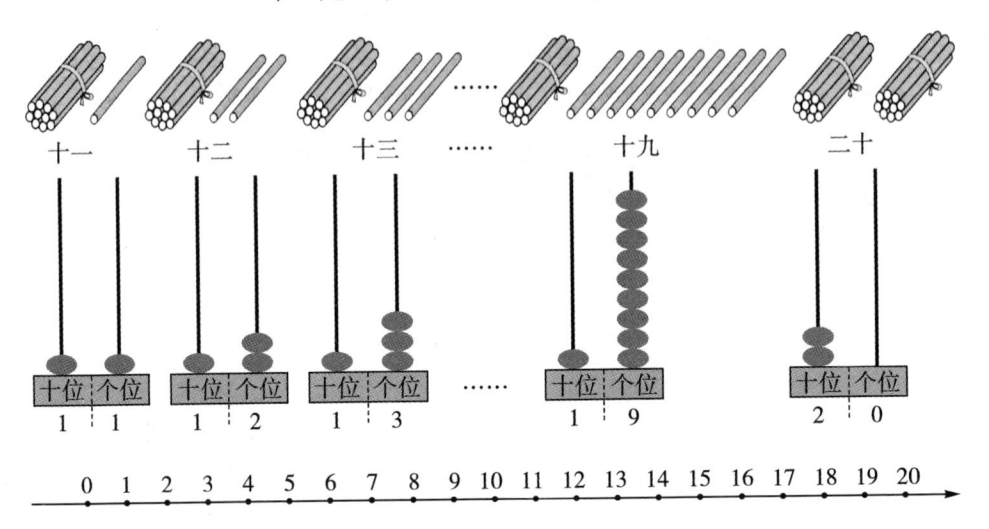

十一　　十二　　十三　……　十九　　二十

| 十位 | 个位 |　| 十位 | 个位 |　| 十位 | 个位 |　……　| 十位 | 个位 |　| 十位 | 个位 |
| 1 | 1 |　| 1 | 2 |　| 1 | 3 |　　| 1 | 9 |　| 2 | 0 |

0　1　2　3　4　5　6　7　8　9　10　11　12　13　14　15　16　17　18　19　20

知识链接

位值制的一种解释

美籍华人伍鸿熙教授对"位值制"作出如下解释：

假设只有一位数，我们就以给定 0、1、2、3、4、5、6、7、8、9 这样的顺序写下最开始的十个数，这个数位通常被称为个位，仅仅使用个位而得到的数字称为一位数。1 是从 0 开始数起的第一个数，9 是从 0 开始数起的第九个数。

如果仅限于使用一个位置并且不允许使用更多的符号，记到 9 以后，我们就无法再计下去了，只能反复使用 0、1、2、3、4、5、6、7、8、9 来继续计数，并把它们按一行接一行的方式放置。

0　1　2　3　4　5　6　7　8　9
0　1　2　3　4　5　6　7　8　9
0　1　2　3　4　5　6　7　8　9
⋮　⋮　⋮　⋮　⋮　⋮　⋮　⋮　⋮　⋮

这种方式虽然可以无限制地数下去,但却无法区别不同的行。

如果允许使用两个数位而不是一个数位,那么我们就可将 0、1、2 等十个符号陆续放在前十行中每一个数字的左边来对这十行数字进行区分。这个新的数位就被称为十位。

因此,通过使用两个数位,就能清楚地从 0 数到 99。

0	1	2	3	4	5	6	7	8	9 ←一位数
10	11	12	13	14	15	16	17	18	19
20	21	22	23	24	25	26	27	28	29
⋮	⋮	⋮	⋮	⋮	⋮	⋮	⋮	⋮	⋮
90	91	92	93	94	95	96	97	98	99

←二位数

依此类推,便有三位数、四位数……

(摘自[美]伍鸿熙:《数学家讲解小学数学》,赵洁、林开亮 译,有删改)

作者简介

白寓,中小学一级教师,曾获河南省洛阳市优质课一等奖。

有余数的除法

郭丹辉

📢 教学内容

人教版《义务教育教科书 数学》二年级下册。

📢 课前思考

"有余数的除法"是在学生学习过"表内除法"的基础上进行的。"表内除法"是人教版教材二年级下册的重点内容,学生经过概念理解、巩固深化等过程,已经能够把平均分的事情数学化,并会用除法算式表示分法及其结果。与此同时,也形成了一个定式:凡是能用除法表示的都是平均分的,并且能够刚好分完。

在现实生活中,虽然学生对平均分东西时会剩下一些不能继续分这种情况有一些感性认识和经验,比如,将剩余部分看作最大限度平均分后的零头,但是如何把学生生活中积累的"按组平均分成几份之后还有剩余"的经验激活,让他们更好地理解余数及有余数除法的含义,深刻理解余数与除数的关系,并会用数学的方法表示分的结果,是教学的重点,也是难点。

依据教学内容及学情,我在教学方法上通过故事情境,引导学生充分联系已有的知识和经验,通过观察、操作、对比、猜想、总结等方式,揭示概念的发生和形成过程,形成清晰的概念,充分理解余数与除法之间的内在联系,让学生在轻松、愉悦的氛围中,探究新知,学会数学思维,培育和发展数学能力。

📢 教学设计

教学目标

(1)通过故事情境,激活已有经验,在具体情境中理解"余数"和"有余数除法"的含义。

(2)理解并学会带有余数除法的表达方法。

(3)探索并发现除数和余数之间的关系,初步感知数学推理。

教学重点

理解余数及有余数的除法的含义,探索并发现余数和除数的关系。

教学难点

理解余数与除数的关系。

教学过程

一、创设情境,引发问题

1. *算式中的故事*

谈话:同学们爱听故事吗?会讲故事吗?生活中有故事,加减乘除中也有故事,你会讲一个"20÷4=5"背后的故事吗?

预设1:把20个苹果平均分给4个小朋友,每个小朋友分得5个苹果。

预设2:把20个苹果每4个分一份,可以分给5个小朋友。

2. *故事中的数学*

过渡语:算式中有故事,故事中有数学,你们谁看过绘本故事——《百足虫的一百只鞋》?能讲给大家听听吗?

预设:百足虫因为一只脚受伤去商店买了100只系鞋带的鞋子,每天穿鞋、脱鞋要花费好长时间,而且它根本穿不完这么多鞋子。后来因为鞋子硌脚,它又穿上了阿姨们为它织的袜子,这下穿鞋、脱鞋就更麻烦了。

(1)故事引申:这件事让百足虫明白了一个道理,适合自己的才是最好的。它打算将这些鞋子送给需要的小伙伴。

第一次它拿出20只鞋子分送给4只脚的甲壳虫;第二次它又拿出20只鞋子分送给6只脚的小蚱蜢。

(2)引出问题:你们能用算式来表示每次分送的结果吗?

(3)问题聚焦:百足虫将20只鞋分送给了甲壳虫,每4只鞋一份,可以正好分成5份,我们可以用一个除法算式"20÷4=5"表示。分送给6只脚的小蚱蜢,每6只鞋一份,分成3份,还剩余2只鞋。像这样的情况,在我们的生活中是不是会经常遇到?能举一个例子吗?

想一想,在平均分物时,不能正好分完,还有剩余时,该怎样表示呢?

【设计意图】让学生在故事中感悟人生的道理。在小蚱蜢分鞋子的环节,学生在动手圈一圈的过程中,认识到平均分时还会出现有剩余的情况,初步感知有余数的除法。

二、图式转换,个性表征

1. 预设算式

引导学生用一个算式表示:20只鞋子,每6只分一份,分成了3份,还剩余2只鞋。

预设1:忽略剩余的2只鞋。

20÷6=3(只)

预设2:用文字表示剩下的2只鞋。

20÷6=3(只),还剩2只。

预设3:用符号表示分给了3只小蚱蜢还剩2只鞋。

20÷6=3(只)……2(只)

2. 对比优化

你认为哪种方法既准确又具有数学味?

【设计意图】让学生在选择的过程中体会优化思想。

3. 有余数的除法表示方法

$$20÷6=\boxed{3……2} \longrightarrow 有余数的除法$$

$$\vdots$$

$$余数$$

在这个式子里,20是被除数,6是除数,3是商(不完全),2是余数。

读作:20除以6,商3余2。

【设计意图】通过图式转换,让每个学生根据自己的想法写出算式,在个性表征的基础上比较、优化,进一步理解"有余数的除法"的意义。

三、深入研究,探索关系

1. 看图写算式

课件出示下图:

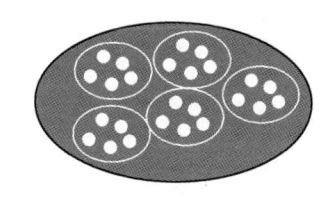

预设:25÷5=5。

2. 课件动态演示

随着圆片个数的增多(25→29),式子中的被除数和余数将如何改变?

追问:下一个算式会是什么呢?被除数再增加1,余数是几呢?

预设1:30÷5=5……5。

预设2:30÷5=6。

根据出现的两种结果,引导学生讲出自己的道理。

小结:(结合情境)当小圆片增加到26、27、28、29个时,式子中对应的余数为1、2、3、4,都小于5,不能圈出一份来。小圆片总数增加到30时,对应的余数表示的是5个小圆片,就可以再圈出一份了。这时就正好分完,就没有剩余了。算式就是30÷5=6。

引出余数的定义:余数指的就是分到不能再分出一份时,剩下的数。

3. 引导学生继续根据图形写出算式

在写出算式的同时,探索余数和除数的关系,余数一定小于除数。

4. 通过观察、对比两组算式,发现两组算式中的变和不变

预设:余数随着被除数的改变而改变,但是余数最小是1,最大是4,不会超过4。

【设计意图】通过观察、操作、对比、猜想、概括等一系列数学活动,揭示余数形成的过程,让学生对余数形成清晰的概念,充分理解"余数小于除数"的规定,让学生在轻松、愉悦的氛围中,探究新知,学会数学思维,体会"变中有不变"的数学思想。

四、巩固练习,拓展提高

1. 基础练习

百足虫准备了30只鞋,想要送给8只脚的蜘蛛,能送给几只蜘蛛呢?还剩几只鞋呢?你能用一个式子来表示吗?

2. 挑战练习

① 如果 ★÷6＝□……○，那么○最大是几？

② 如果 ★÷○＝□……6，那么○最小是几呢？

3. 拓展练习

① 26个桃子，平均分给4只猴子，每只猴子分得几个桃子？还剩几个桃子？

② 4只猴子分桃子，每只猴子分6个桃子，还剩2个桃子，一共有多少个桃子？

【设计意图】分层次设计课后练习，让学生对知识进行巩固；锻炼学生用有余数的除法解决问题的能力；巩固应用"余数一定小于除数"；在具体情境中，通过正反对比，探索被除数、除数、商和余数之间的关系。

五、课堂总结（略）

板书设计

有余数的除法

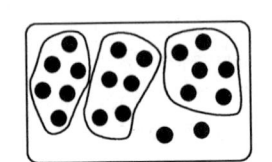

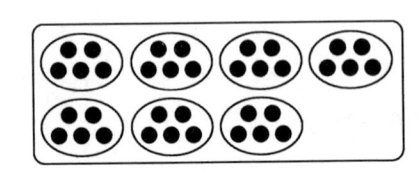

$20÷6 = \boxed{3……2}$ →运算结果
　　　　　　　⋮
　　　　　　　余数

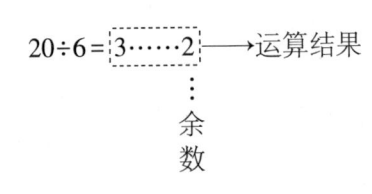

$26÷5 = 5……1$
$27÷5 = 5……2$
$28÷5 = 5……3$
$29÷5 = 5……4$
$30÷5 = 6$

$31÷5 = 6……1$
$32÷5 = 6……2$
$33÷5 = 6……3$
$34÷5 = 6……4$
$35÷5 = 7$

练习

余数一定小于除数

知识链接

有余数的除法

除法是数学中的基本运算之一，关于除法，一般是这样定义的：

已知两个数 $a, b(b \neq 0)$，要求一个数 q，使 q 与 b 的积等于 a，记为 $a \div b = q$。a 称为被除数，b 称为除数，q 称为它们的商。

在加减乘除四则运算中，任意两个自然数经过加和乘之后仍然是自然数，即自然数对于加法和乘法运算是封闭的。但自然数对于减法和除法运算却不封闭。

《小学数学教师手册》这本书中对有余数的除法的意义是这样表述的：如果正整数 a 除以正整数 b，不能得到整数商，设 a 最多包含 q 个 b。也就是说 $bq < a < b(q+1)$。

那么，整数 q 叫作不完全商，a 与 bq 的差叫作余数。

由此，我们可以对有余数的除法与除法进行如下比较：

（1）"有余数的除法"是定义在整数集上的一种运算，而"除法"是定义在任何一种数集上的运算。

（2）两种除法的定义都与乘法有关，所以它们都被称为"除法"，都要求除数不等于 0，但具体条件不同：

$$\left. \begin{array}{l} a = bq \\ b \neq 0 \end{array} \right\} \Leftrightarrow a \div b = q, \qquad \left. \begin{array}{l} a = bq + r \\ b \neq 0 \end{array} \right\} \Leftrightarrow a \div b = q \cdots\cdots r$$

有余数的除法为任意两个自然数 a 和 $b(b \neq 0)$ 规定了两个而不是一个自然数与之对应，这对自然数就是 a 与 b 做有余数的除法所得的商和余数。这一事实使得它有别于算术运算中的除法。因此，不能说"有余数的除法是除法的特例"，也不能说"除法是有余数的除法当 $r = 0$ 时的特例"。"商……余数"是有余数的除法计算结果的一种表示方法，不能看作是两个数相除的结果。

（摘自张静庵：《算术大全》，有删改）

作者简介

郭丹辉，中小学二级教师，河南省洛阳市洛龙区优秀教师，优秀班主任，洛龙区学术技术带头人，洛龙区"师德标兵""道德模范""教坛新秀"，所执教的数学课多次获市区级一等奖。

分数的初步认识

龚婷婷

教学内容

人教版《义务教育教科书 数学》三年级上册。

课前思考

在人类历史上,自然数的产生源于计量物体个数(离散量)的需要。后来,在等分或测量一个连续量时,因经常不能得到整数的结果,便产生了分数。所以,分数早先是用来表示度量和分物的结果。随着数学的发展,分数的意义得以不断拓展,便有了商的定义和比的定义。无论怎样来定义分数,分数本质上是数。作为一个数,分数和自然数具有共性,既可以用来表示量的多少(大小),也可以用来对两个量进行比较。分数具有量与率双重意义,作为量的一面,重在部分量本身的大小;作为率的一面,重在部分量在整体中所占的比率。

就 $\frac{1}{2}$ 来说,如何看待一个月饼质量的 $\frac{1}{2}$ 与一个足球场面积的 $\frac{1}{2}$?站在量的角度看,两者的实际意义存在差异,但从整体与部分的关系上看,它们却是等价的。

对于小学数学中的分数,教学的重心在哪里?人教社小数室王永春主任认为,分数本质上是数。自然数可以表示大于等于1的物体数量的多少,分数可以表示小于1的物体数量的多少;自然数可以进行大小比较,以及四则运算,分数也同样可以进行大小比较。分数的难点在于深度抽象和意义多元,同时写法特殊——用两个自然数加横线表达。

从现行教材来看,不同版本的教材在引导学生初次认识分数时,都是从分物引入的,差别在于量与率的侧重有所不同。

从人教版和苏教版教材来看,分数不是用来表示量,而是用来表示率的。而沪教版教材则是同时出现量与率的。

也正因为如此,分数的初步认识是从量开始,还是从率开始? 还是量、率兼顾? 专家各执己见,一线老师也摇摆不定。我的思考是:从整数到分数是数概念的第一次扩充,无论在意义、读写方法及计算方法上,分数与整数都有很大的差别。如果把自然数理解为"数(shǔ)"出来的数,对分数的理解则是多角度的。需要认真思考的是:首次认识分数,认识什么? 量与率之间是否存在联结点? 如果有,这个联结点在哪里? 将这些问题想明白了,脑海里自然会呈现出一条清晰的教学路径。

第一,在分数概念的多重含义中,"部分—整体"处于基础地位。把分数理解为表示部分与整体之间相对关系时,确定整体、判断等分、表达关系是关键。因此,初识分数的三年级学生需要借助已有的生活经验和学习经验,通过对一个物体的分割建立起"几份中的一份"的表象。进而明确,等分了几份,其中的一份就是它(分割的物体)的几分之一。突出分数概念的基本要素——"等分"和"它的",从而体会率的含义。

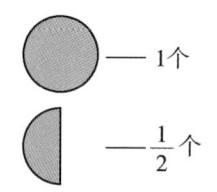

—— 1个

—— $\frac{1}{2}$ 个

第二,初识分数,一般将分割的对象局限于一个物体、一条线段或一个图形。学生自然地将分割的对象与"1个"联系在一起。半个是一个的 $\frac{1}{2}$,也就是 $\frac{1}{2}$ 个。事实上,分数单位的本身包含着量的意义。沪教版教材给出了范例。在此基础上,可以让学生在具体情境中进一步感受量、率的区分。

第三,通过把 $\frac{1}{2}$、$\frac{1}{4}$、$\frac{1}{8}$ 这几个典型分数放到数轴上,让学生感受到分数也是一个数,它们之间也可以比大小。

基于以上思考,我将本节课的课堂框架划定为:

(1)加强分数概念的抽象概括。在分物的情境中,引导学生经历分数的产生过程,体会引入分数的必要性。

(2)会用几分之一表达分物的结果,并通过数线将分数与整数整合,形成体系。

(3)量、率兼顾,初步区分。

教学设计

教学目标

(1)在具体情境中,引导学生经历分数产生的过程,体会部分与整体的关系,从而感知"几分之一"的含义,会读、写简单的几分之一。

(2)结合观察、操作、比较等数学活动,让学生初步理解分数是一个数,并且有大小之分。培养学生独立思考、合作交流等能力,积累数学活动经验。

(3)引导学生在数学活动中感悟数形结合的数学思想,进一步发展数感。

教学重点

经历分数的形成过程,初步认识分数的含义。

教学难点

认识"几分之一"的内涵,会比较两个分子是1的分数的大小。

教学过程

一、从生活中再识自然数

导入语:"唯有牡丹真国色,花开时节动京城"。洛阳是中国牡丹的原生地,洛阳牡丹距今已有2500多年的栽培史。如今,有养花、赏花、赛花传统的洛阳人让"始于隋,盛于唐,甲天下于宋"的这张"城市名片"更为亮丽。(课件出示牡丹)

师:漂亮吗?(漂亮)是啊,无论是色彩还是形状,尽显了牡丹花特有的雍容华贵。如果你用数学的眼光,能从这幅画面上看到什么?

预设1:我看到了1、2和3。

预设2:我看到了9。

师:不错,当你拥有数学的眼光,就会发现处处有数的存在。现在,从这个画面中所看到的都是我们熟悉的自然数。在你们的心目中,最小的数是几? 有没有最大的数?

预设:最小的数是0,没有最大的数。

二、在操作活动中建构分数

1. 二分之一的含义

过渡语:有了自然数,我们可以方便地表达数量的多少、大小。但有时还会遇上这样的问题。(课件出示牡丹饼)牡丹饼是我们家乡的特产,从这里我们不仅看到了完整的牡丹饼,还看到了什么?

预设:半块牡丹饼。

师:这半块牡丹饼是怎样得到的?

预设1:把一个牡丹饼从中间掰开,就得到半个。

预设2:半个牡丹饼是把一个牡丹饼从中间切开得到的。

师:是的,它从一个完整的牡丹饼中分出来,是整体的一部分。现在,你们的手上都有一张圆形纸片,我们就用它来代替牡丹饼,你能分出它的一半吗?

预设:学生操作,组织交流。

师:谁来说一说,你是如何分出一半的?

预设:对折—涂色。

师:将圆片对折,也就是把它平均分成了——

生:平均分成了2份。

师:就是把一个牡丹饼用平均分的方法一分为二,我们所说的半个,就是这二份中的一份,数学上把这样的半个饼称为"这个饼的二分之一"。下面以简图代饼给大家作示范。

(完成如下板书)

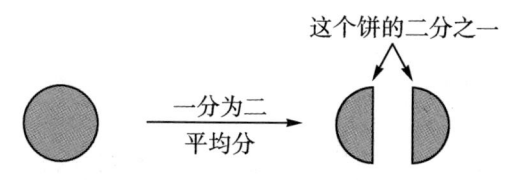

2. "二分之一"的表示

引导语:我们再想想,把一个牡丹饼平均分成两份,半个饼是两份中的一份,如果用一个数来表示,这个数会不会比1大?(不会)而我们以前认识的数中,除了 0,1 是最小的。该怎么办？

预设：发明新的数。

师：很久很久以前，人类在分配物品时就遇到这样的麻烦事——用来表示物体个数的自然数不够用了。为了寻找一种合适的表示方法，不同国家、不同民族的数学家都作出了贡献。(课件出示)大约 2000 多年前，我们的祖先是这样表示的：。

古印度的表示方法和我国类似，不过，他们用的是阿拉伯数字 $\frac{1}{2}$。后来，阿拉伯人又在它们中间加上了一条横线，变成了这个样子 $\frac{1}{2}$。这种写法逐渐被大家接受，一直延续至今。$\frac{1}{2}$ 就是人类发明的新数，把一个东西平均分成 2 份，其中的一份就可以用 $\frac{1}{2}$ 来表示。

现在，看黑板，有了这个新数，这个牡丹饼的二分之一可以写作 $\frac{1}{2}$。分出来半个牡丹饼就可以说成 $\frac{1}{2}$ 个牡丹饼。(完成板书)

师：我们日常所说的半个饼，是一个饼的二分之一，也就是 $\frac{1}{2}$ 个饼。

3. 加深认识

(1)回答问题。

师：(课件出示)像这样，将一个苹果平均分成两份，那半个苹果是一个苹果的……是几个苹果？

(2)操作活动。

师：课前，老师为每个 4 人小组准备了一个学习材料袋，请小组长打开。每个材料袋中都装有正方形、三角形、长方形和一条绳子。小组成员从中各选一种，用你们自己的方式，找出它们的 $\frac{1}{2}$。

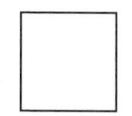

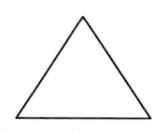

（学生操作，教师巡视）

预设：①将其对折，沿折痕分开；②正方形、长方形折的方法不同。

学生展示后，教师提出两个问题。

问题一：从同学们的操作方法上看，大多是对折，为什么要用对折的方法呢？

预设：①对折后两部分完全一样，就是平均分。②它们是对称图形。

师：不错，在这里用到了对称的知识。它们都是对称图形，折痕就是这个图形的对称轴，对称轴两边完全一样，这就相当于平均分，因此分出的每一份都是所分图形的二分之一。

问题二：我们还看到，对折的方法不同，每个部分的形状也不相同，为什么都是所分图形的二分之一呢？

预设：都是平均分成了两份，表示其中的一份。

小结：不错。（课件出示）尽管我们所分的物品不同，分出的每份形状也可能不同，但只要是平均分，每一份就是所分物品的二分之一，可以用 $\frac{1}{2}$ 表示。

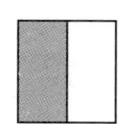

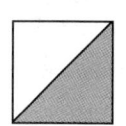

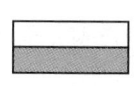

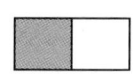

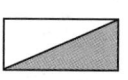

4. 认识几分之一

在对比中发现问题。

师：下面 7 幅图中，你认为阴影部分能用二分之一表示的，有哪几个？

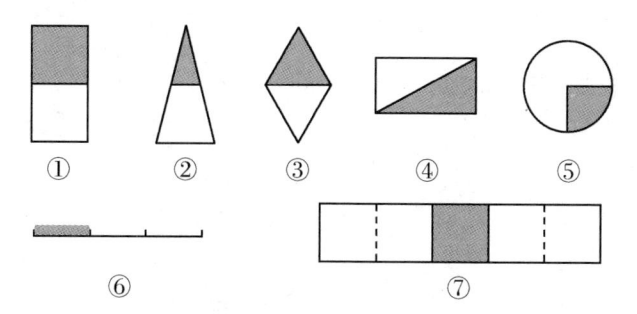

预设:图①、图③、图④的阴影部分都可以用$\frac{1}{2}$来表示。

师:大家同意吗?(同意)那你们说说图②为什么不可以用$\frac{1}{2}$来表示?

预设:一是因为不是平均分;二是分出的两份大小不一样。

追问:不错,虽然分成了二份,但不是平均分,因此,不能用$\frac{1}{2}$来表示其中的一份。但图⑤、图⑥、图⑦也是均分,为什么不能用$\frac{1}{2}$来表示?

预设:$\frac{1}{2}$表示的是二份中的一份。图⑤是把一个圆形平均分成了四份,阴影部分是四份中的一份;图⑥是把这条线段平均分成了三份,阴影部分是三份中的一份;图⑦是把长方形平均分成了五份,阴影部分是五份中的一份。

师:你们也是这么认为的吗?(是)三份中的一份、四份中的一份、五份中的一份,该怎样表示呢?

预设:分别可以用$\frac{1}{3}$、$\frac{1}{4}$、$\frac{1}{5}$来表示。

师:像$\frac{1}{2}$、$\frac{1}{3}$、$\frac{1}{4}$、$\frac{1}{5}$……这样的数,我们把它叫作分数。

追问:如果将一个物体平均分成8份、20份、100份,其中的一份是它的几分之一?能写出来吗?请你在作业纸上写一写。

师:现在我们来看这些分数:(出示课件)$\frac{1}{2}$、$\frac{1}{3}$、$\frac{1}{4}$、$\frac{1}{5}$、$\frac{1}{8}$、$\frac{1}{20}$、$\frac{1}{100}$……一个分数由几部分组成?哪几部分?

预设:不少同学能说出分子、分母、分数线。

师:对,那谁来指出$\frac{1}{2}$的分母、分子和分数线?

(学生指认,老师完成如下板书)

$$\frac{1}{2} \begin{matrix} \cdots\cdots 分子 \\ \cdots\cdots 分数线 \\ \cdots\cdots 分母 \end{matrix}$$

师:数学家们给它们取的名字也很有意思,为什么要把它们取名叫分母、分子呢?

预设:它是分母也是妈妈,分子是儿子。

师:有这个意思,分母是平均分的份数,然后才有了"儿子"也就是分子。这里的1,就表示其中的一份。平均分成几份,其中的一份就可以用几分之一来表示。

师:我们在写分数的时候,首先写分数线,可以把它想象为平均分,接着呢?

预设:①先写分母后写分子;②先写分子后写分母。

师:想一想,先有妈妈还是先有儿子?(妈妈)是啊,所以我们要先写平均分成了几份,然后再写生出的儿子——分子。(课件出示)

$$\frac{(\quad)}{(\quad)}$$

能写出这个分数吗?请你们在作业纸上写一写。

师:这个分数是几分之几?能说说它的含义是什么吗?该怎样读?

预设:是$\frac{1}{9}$,把一条线段平均分成9段,表示其中的一段读作九分之一。

【设计意图】通过比较,将$\frac{1}{2}$拓展到$\frac{1}{3}$、$\frac{1}{4}$、$\frac{1}{5}$……使学生对分数的含义有一个清晰的认识,明确把一个物体平均分成几份,其中的一份就是几分之一。进而通过对分母、分子的形象化解读,加深学生的认识。

三、数线上的分数

导入语:通过前面的学习,我们对分数有了初步的了解。今天我们所认识的这些分数,都是从一个物体中分出来的,是比0大,又比1小的数,你能在0和1之间为$\frac{1}{2}$安个家吗?想一想,应该怎么办?

预设:把0到1之间的线段平均分成两段。

师:现在,我们把0到1这条线段平均分成2段,$\frac{1}{2}$在哪里?谁来指一指?

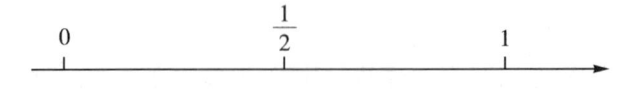

```
0          1/2          1
|-----------|-----------|
```

师:是在这个分点上吗?(是)现在你们能找到$\frac{1}{4}$、$\frac{1}{8}$的家吗?

(沿着学生的思路逐步完成)

```
0  1/8  1/4       1/2              1
|---|---|---------|----------------|
```

师:我们仔细观察,把0到1的这条线段分的份数越多,表示其中一份的分数就越接近0。这说明了什么?

预设:分的份数越多表示其中一份的分数就越小。

师:不错,分数和整数一样,有大有小。

【设计意图】通过为$\frac{1}{2}$、$\frac{1}{4}$、$\frac{1}{8}$找家,引导学生把握分数与整数的关系,使学生认识到分数也是一个数,是一个比0大又比1小的数。

四、巩固拓展,加深认识

(1)下面是三个完全一样的正方形,分别被平均分成了2份、4份和8份。你能分别用一个合适的分数来表示图中的阴影部分吗?并将分数填入下面的括号。

(   )>(   )>(   )

(2)将一个图形平均分成二份,这个三角形是其中的一份。想一想所分图形的样子,试着在原图上把它画出来。

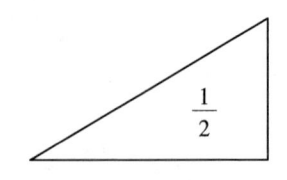

(3)每小块西瓜是这个西瓜的(   )分之一。

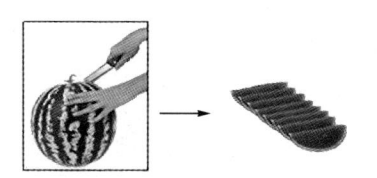

如果每小块西瓜重1千克,那么整个西瓜重( )千克。

【设计意图】让学生在问题解决的过程中加深对分数的理解。通过第1个问题,使学生进一步感知分数也是一个数,和整数一样,也有大小,并且在它们之间也可以比大小。第2个问题则是让学生由部分联想整体,从不同方面理解分数是从平均分割物体中产生的,发展学生的逆向思维。第3个问题意在让学生在具体的情境中感知量与率的区分,为今后的学习积累经验。

五、课堂总结

师:这堂课快要结束了,请你们先闭上眼睛想一想学到了什么,再和同桌相互说一说。

预设:①我们初步认识了分数;②我会写分数,知道先写什么后写什么;③我知道把一个东西平均分成几份,其中的一份就是几分之一……

师:老师也来说一说。分数是在用自然数无法表示的情况下产生的,可以用来表示比0大比1小的数。把一个整体平均分成几份,其中的一份可以用几分之一来表示。分数里还有许许多多的秘密等着我们去进一步探寻呢!今天这节课我们就学习到这里,下课!

板书设计

分数的初步认识

像 $\frac{1}{2}$、$\frac{1}{3}$、$\frac{1}{4}$、$\frac{1}{5}$ 这样的数,都是分数。

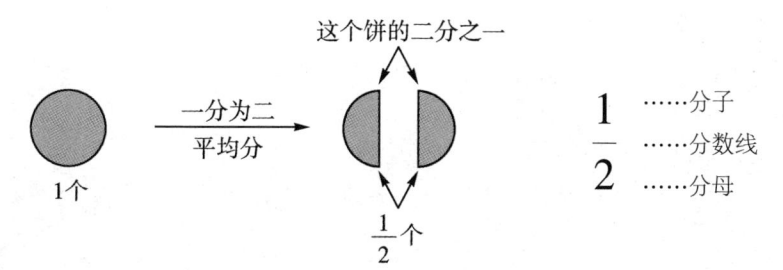

$\frac{1}{2}$ ……分子
　　……分数线
　　……分母

知识链接

分数的起源与形成

分数几乎和历史上最早产生的自然数一样古老。早在人类文化发展初期,由于在测量和均分时,往往不能得到整数的结果,便产生了分数。各民族的最古老文献中都有关于分数的记载。埃及最重要的传世数学文献《莱茵德纸草书》中就记载了世界上最早的分数。

$$\frac{1}{2} \longrightarrow$$

200多年前,瑞士数学家欧拉也在《通用算术》一书中说,要把7米长的一根绳子分成三等份是不可能的,因为找不到一个合适的数来表示它,如果把它分成三等份,每份是$\frac{7}{3}$米,是一个新的数,我们把它叫作分数。分数这个名称直观而生动地表示这种数的特征。

分数的形成过程是多元文化的融合过程,也是由多样到统一、由复杂到简单的过程。最早使用分数的国家是中国,无论是分数概念的形成,还是一套完整的算法体系,最早把它们建立起来的都是中国。

中国古代是用算筹做除法运算的。把两个整数相除的商看作分数,在这种认识下,将一个除法算式看成一个分数,与现在"商的定义"是一致的。

分数的表现形式也在不断演变。中国古代分子在上、分母在下的表示方法与现在分子分母的位置是一致的。后来,印度出现了和我国相似的分数表示法。再往后,阿拉伯人发明了分数线,分数的表示法就成为现在这样了。

(摘自徐章韬:《分数历史发展过程中认识视角的变迁及其教学意蕴》;郁亚新:《复杂到简单 多样到统一——分数的起源、形成与发展》,有删改)

作者简介

龚婷婷,洛龙区优秀班主任,洛龙区优秀教师,洛龙区教坛新秀,曾获河南省优质课二等奖、洛阳市优质课一等奖。

小数的初步认识

马晓莹

教学内容

人教版《义务教育教科书 数学》三年级下册。

课前思考

"小数的初步认识"是认识小数的起始课,对于正确认识小数有着重要的意义。在现行的小学数学教材中,小数的概念是通过十进制分数来建立的。就人教版教材来看,首先通过现实生活中的小数,让学生正确感知"小数是什么样的数",从"形"上认识小数点。进而,利用具体的量,从十进制的角度理解小数的含义:先是提出"把 1 米平均分成 10 份,每份是 1 分米",接着从部分与整体的角度揭示"1 分米是 1 米的$\frac{1}{10}$",随即从量的角度说"1 分米是$\frac{1}{10}$米,还可以写成 0.1 米"。按照这样的逻辑关系,学生能够从中感知到的只是小数是十进制分数的特殊形式。在教学实践中,此时学生对于分数的认识还是肤浅的,不足以支撑他们对小数的理解。

十进制分数可以写成小数,但它并不是小数的本质,十进制的位值原则才是小数能够产生的根本所在。从个位出发,向左有个、十、百、千……无论多大的数都可以表示;沿着另一个方向(越来越小)的延伸,便产生出新的计数单位十分之一、百分之一、千分之一……无论多小的数也可以表示。

这显然不是三年级学生所能接受和理解的。关于小数的初步认识,究竟初步在哪里,要认识什么,这是我不断思考的问题,我想可以从下面两点展开:

(1)让学生真正理解小数点的作用。借助现实的量,强调小数点是一个小数的整数部分和小数部分的分界点,小数点左边的部分是整数部分,右边的部分是小数部分,充分认识一个新符号的价值。

(2)"通过十进分数建立小数"是必需的,但不是落脚点。因为小数的计数单位与十进分数的单位是一致的,需要分数的介入,而学生对分数的认知却是浅层的。因此,需要利用具体的量,从"十进"的角度理解小数的含义。重要的不是要求学生概括出"一位小数表示十分之几",而是"小数点后面第一位上的数表示几个十分之一"。

基于以上认识,形成了如下教学设计。

教学设计

教学目标

(1)引导学生结合具体情境初步认识小数,会读、写小数,知道一位小数表示的意义。

(2)借助米制模型、币制模型、面积模型,让学生了解十进分数与小数的联系;通过具体的量,帮助学生经历合理推理,理解小数的含义。

(3)借助数线图、计数器,引导学生经历几何直观,合理推理,进而体会小数的引入是十进位值制计数系统的扩展和完善,逐步形成小数的概念,并从中感受数学的和谐与完美。

教学重点

会读、写小数,理解小数的意义。

教学难点

体会小数的是十进位值制计数系统的扩展和完善,逐步形成小数的概念。

教学过程

一、激活认知需求,引发探究欲望

1.通过故事情境,重新认识自然数

导入语:同学们,我们现在都是三年级学生了,不久就要进入四年级,在三年多的学习中,大家一定对"数"有很多的感悟。你想对数说点什么?

预设1:"数"有大有小。

预设2:"数"可以进行加减乘除运算。

预设3:"数"能用来表示身高、体重。

…………

师:同学们都感悟到了数有大小,可以进行加减乘除运算,能表示量的大小或多少,在我们的生活中非常有用。(出示课件)

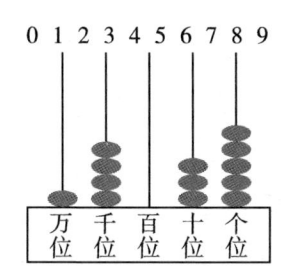

将0、1、2、3、4、5、6、7、8、9这十个数字符号,放在不同的位置上可以组成无数个大小不同的数,用它们可以表示量的大小、多少。

古希腊人认为,世界上的沙子是无穷的,即使不是无穷,也没有一个可以写出来的数超过沙子的数。可伟大的数学家阿基米德认为,即使是整个宇宙里的沙子,也不会超过这个数。(课件显示 $\underbrace{1000\cdots00}_{63个0}$)

师:这是多大一个数啊?让我们试着来感受一下,10个一是10,10个十是100,10个百是1000,10个千是10000,1的后面跟了4个0,是一万。想象一下,1的后面跟着63个0,这个数怎么样?(很大很大!)其实阿基米德是想说,只要你按照"满十进一"的方法,从个位出发,向前可以创造出无数个数位,无论多大的数都能表示出来。大家说是吗?

2. 在谈话交流中激发认知需求

师:宇宙很大,星空浩繁,我们居住的地球与星体之间相距遥远,但不管有多远,两个物体之间的距离我们都可以用一个自然数来描述,一米,十米,百米,万米,亿米,等等。聪明的人类不仅要乘坐宇宙飞船去认识遥远的星空,还要在显微镜下认识比头发还要细小,甚至肉眼无法看到的物质。例如,头发的直径比1毫米还要小,在自然数中,除了0,1是最小的,这么细小的东西就没办法用几毫米来描述,更不要说用几米来描述了。

【设计意图】带领学生回顾之前学过的较大的数和较小的数,帮学生对已学过的数和新知建立初步连接。

二、在具体情境中认、读小数

1. 小数什么样

导入语:在我们的生活中,有没有比 1 还要小的数?

预设:分数、小数。

师:(板书:分数、小数)不错,分数是比 0 大比 1 小的数,它是我们在上学期认识的,你能举个例子吗?

(学生举例,教师选择性板书)

分数

$$\frac{1}{2}、\frac{1}{4}\cdots\frac{1}{10}、\frac{1}{100}\cdots$$

师:你在哪里见过小数?也能举几个例子吗?(依学生举例完成如下板书)

小数

像 0.85、2.60、4.2、0.8、38.6 这样的数叫作小数。

小结:这些都是我们生活中的例子,说明小数就在我们身边,这节课我们就一起来认识小数。(板书课题)

2. 认识小数点

在日常生活中,我们经常看到的这些小数,它们跟我们以前所认识的整数有什么不一样?

预设 1:中间有一个小圆点。

预设 2:最前面一位可以是 0。

师:中间的这个小圆点叫什么?谁知道?

预设:小数点。

追问:那你知道小数点的作用吗?

师:小数点是小数的标志,它把小数分成了两部分,小数点左边是整数部分,右边是小数部分,是比 1 小的部分。

我国是世界上最早使用小数的国家。我国元朝数学家刘瑾提出了世界最早的小数表示法,他用低一格的方式来区分整数部分和小数部分。16 世纪,德国数

学家则用一条竖线将整数部分与小数部分隔开。如:63|12。17 世纪后期,印度数学家首先使用小圆点"·"来隔开整数部分和小数部分。

师:不管用的是什么方法,都是为了把整数部分和小数部分加以区分。现在,你们明白小数点前面的 0 表示什么了吗?

预设:这个小数的整数部分是 0。

师:不错,表示整数部分是 0。这个小数是比 1 小的数。

3. 小数的读法

问题:你会读这些数吗?我们一起来读黑板上这些小数,好吗?

预设:0.85 读作零点八十五。

师:我听到了两种声音,有人读的是零点八五,有人读的是零点八十五。小数部分的读法和整数的读法一样吗?

预设:学生无法肯定或感觉不一样,但不知道怎样读。

师:其实,正确读出一个小数,也要分两部分。首先按整数的读法读出整数部分,将小数点读作"点",接着按顺序读出小数点后面各位上的数。比如:125.83 读作一百二十五点八三。大家一起读一读。

【设计意图】借助学生已有的生活经验,从形上认识小数,正确读出小数。通过小数点的历史演变,认识到小数点的作用是为了把整数部分和小数部分加以区分。感受整数部分大于 1,小数部分小于 1。

三、沟通联系,理解小数

1. 小数与分数

(1)米制模型。

提出问题:现在我们知道了什么样的数是小数,还会读小数。现在老师想请同学们帮个忙。老师今年体检,医生说像我这样 1 米 6 分米多点的身高,体重 63.2 千克有点偏胖。老师的身高和体重,哪个不是小数?(身高)谁知道 1 米 6 分米到底是多长?能不能把它转化为小数?这是我们要研究的第一个问题。

引导:(黑板上贴出)这是长度为 1 米的彩条,我们把它看作一把直尺。怎样才能在直尺上找到 1 分米?

预设:把 1 米平均分成 10 份,1 分米是这样的 1 份。

操作:演示分的过程,并指出 3 分米、8 分米。

师:把 1 米平均分成 10 份,1 分米是其中的一份,所以我们说 1 分米是 1 米的几分之几? 3 分米就是 1 米的几分之几?

预设:1 分米是 1 米的 $\frac{1}{10}$,3 分米是 1 米的 $\frac{3}{10}$。

师:如果用米作单位,1 分米的长度可以表示为几分之几米? $\frac{1}{10}$ 米也可以写成 0.1 米。

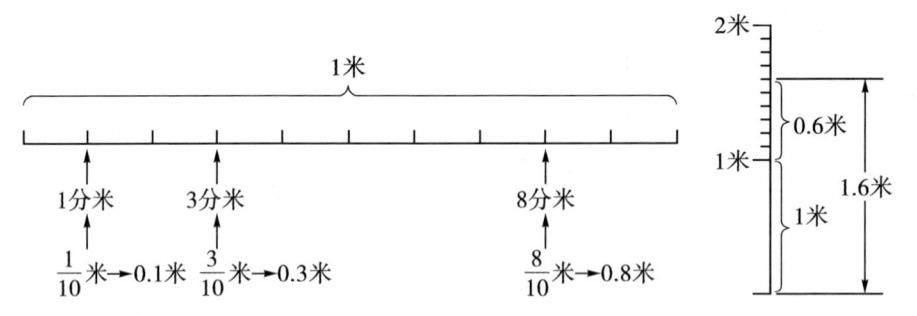

提问:3 分米里有几个 1 分米?几个 $\frac{1}{10}$ 米?几个 0.1 米?8 分米呢?

逐步完成板书:

师:现在你能把老师的身高转换成用米做单位的小数吗?(课件动画演示)

(2)币制模型。

过渡语:厉害!大家从 1 米里找到了 1 分米,从而知道十分之几还可以写成零点几。那你知道 1 角钱是 1 元钱的几分之几吗?

预设:十分之一。

追问:为什么?

预设:1 元 = 10 角,1 角是 1 元的 $\frac{1}{10}$。

师:是这样吗?(课件出示,同时动画逐步出现)

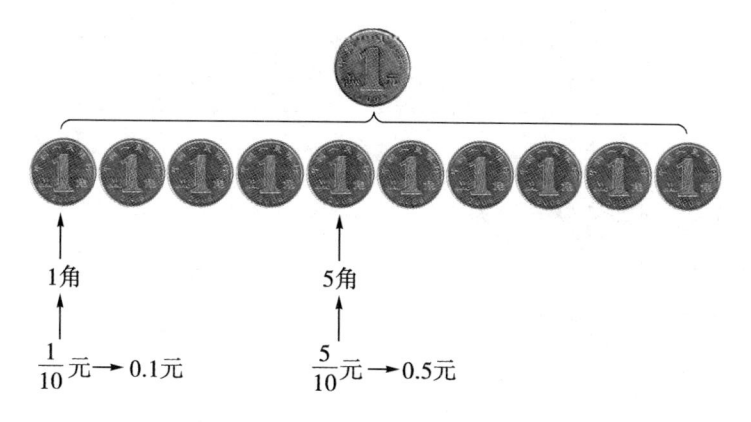

1角=(　　　)元=(　　　)元

3角里有(　　　)个0.1元,是(　　　)元。

5角里有(　　　)个0.1元,是(　　　)元。

5.6元中5表示5个(　　　)元,6表示6个(　　　)元。

(3)面积模型。

引导语:现在我想把0.8在这个长方形上表示出来,怎么办?

预设:把这个长方形的大小平均分成10份。(课件动态演示)

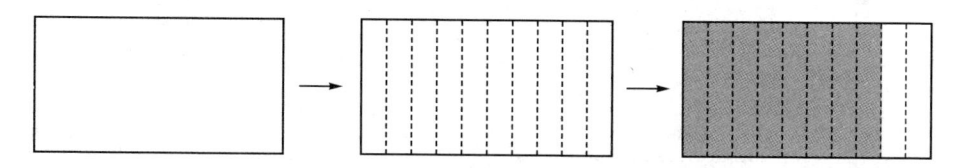

师:学到这里,你是不是感觉到十分之几和零点几像是一家人?(是)那你说说十分之四,可以写成零点几? 十分之七可以写成零点几? 五分之三可以写成零点几?

预设: $\frac{4}{10}=0.4$　　$\frac{7}{10}=0.7$　　$\frac{3}{5}=0.3$

追问:你们都认为五分之三可以表示成零点三吗?

预设:我们前面都说的是十分之几,把五分之三直接表示为零点三,我觉得不对,但我解释不清。

师:那我们就让图形帮帮忙。

(课件动画演示)

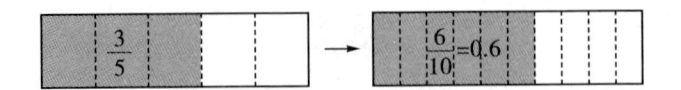

小结：由此看来，不是任意一个分数都可以直接表示成小数，只有像十分之几这样的特殊分数才能直接表示为小数。

2. 小数与整数

过渡语：现在我们知道了十分之几用小数来表示，就是零点几。你还有问题吗？（没有）但是小精灵有问题了，你们看：（课件出示）

为什么十分之几可以写成小数零点几？

师：要回答小精灵的问题，需要再次回顾我们所熟悉的自然数。（课件出示）计数器上的数是几？（146）

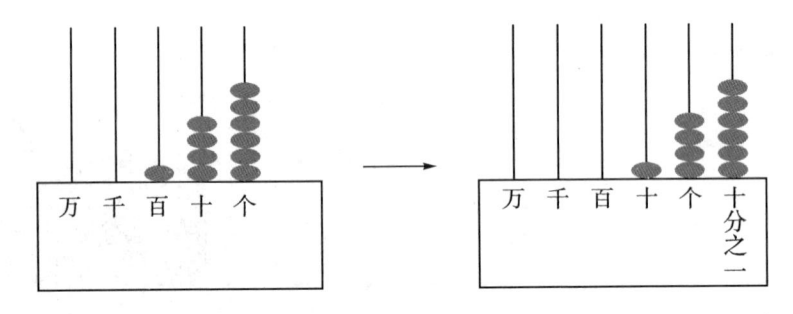

师：现在计数器上的数还是146吗？

预设1：是（不是）。

预设2：是个小数。

追问：如果是个小数，小数点在哪里？

预设：个位后面。（逐步出示）

师：是这里吗？（显示小数点）我们看，从个位出发，向左有我们熟悉的个位、十位、百位……一个珠子，在个位上表示1个一，在十位上表示1个十，在百位上表示1个百……满十进一。现在，个位的右边有了一个新的数位，这个新的数位是把个位的计数单位"1"平均分成十份，也就是"化一为十"得到的，这个数位上的1个珠子表示十分之一（显示十分之一），也就是零点一。现在这上面有6个珠子,表示几个十分之一?(6个)也可以表示6个零点一。

师:现在能读出计数器上的数吗?

小结:其实,小数就是人们为了精确表达比1小的量。你们看(出示在黑板上):

整数部分					小数点	小数部分	
…	万	千	百	十	一(个)	·	十分之一	…

←×10　十进　　　　　十分　÷10→

小数点左边是整数,从个位出发,计数单位按照"满十进一"的规则,1→10→100→1000……能够表示的数越来越大。反过来,把个位的计数单位"化一为十",创造了一个新的计数单位$\frac{1}{10}$,这一位就叫十分位,这个数位上的数就表示几个$\frac{1}{10}$或几个0.1。十分位的计数单位可不可以再分?(可以)

十分之几、满十进一、化一为十,是10把分数、小数、整数联结在一起。

【设计意图】引导学生借助可观察、可操作的"直尺""钱币"两种直观学具,沟通分数与小数之间的联系,感悟同一个量既可以用整数表示,也可以用分数表示,更可以用小数表示,进而通过半具体半抽象的"面积模型"使学生对分数与小数之间的关系有进一步的认识,明确"只有像十分之一这样的特殊分数才能直接表示为小数"。在此基础上,通过学生所熟悉的计数器将小数与整数建立联系,使学生从本质上认识小数。

四、练习巩固

1. 看图写小数

(1)

(　　　)　　　　　　　(　　　)

（2）

（　　）　　　　（　　）

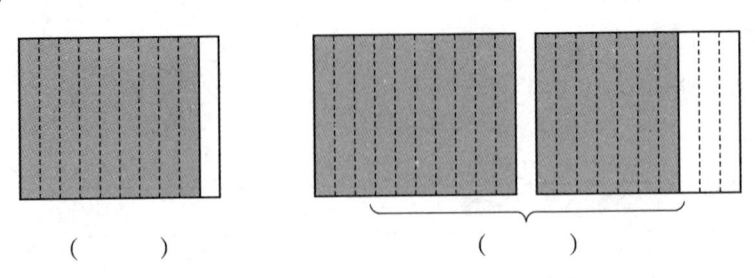

2. 在□里填小数

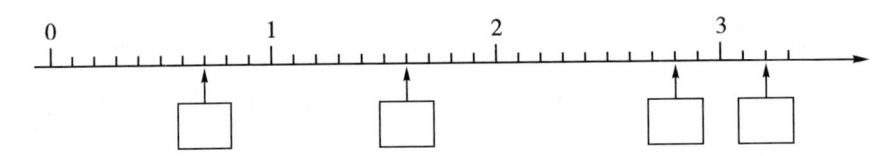

板书设计

小数的初步认识

分数

$\frac{1}{2}$、$\frac{3}{4}$、$\boxed{\frac{1}{10}、\frac{1}{100}}$……　　像0.85、2.60、4.2、0.8、38.6这样的数叫作小数。

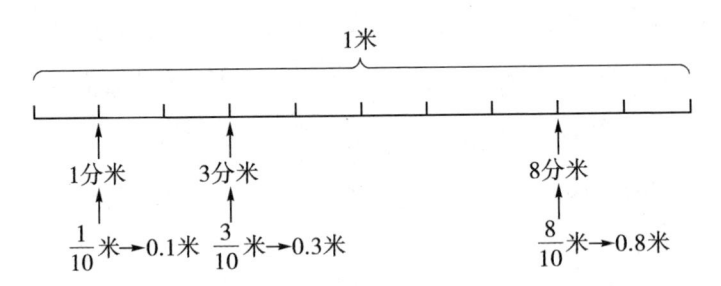

1米

1分米　　3分米　　　　　8分米

$\frac{1}{10}$米→0.1米　$\frac{3}{10}$米→0.3米　　$\frac{8}{10}$米→0.8米

整数部分					小数点	小数部分	
…	万	千	百	十	一(个)	.	十分之一	…

×10　十进　　　　　十分　÷10

> **知识链接**

小数的起源

小数既是数系的一次扩充,也是对十进位值制计数系统的完善。从数的发展历程来看,数的产生是先自然数(整数),然后分数,最后小数。中国被认为是最早发明并系统掌握小数理论的国家。在中国,小数的产生和发展与计量学、律历学、数学的发展密不可分。

人们最初用整数表示数量的多少,其度量单位是比较大的,度量的结果也很粗糙。随着社会的发展,对度量精度的要求逐渐提高。不足一个单位的量,该怎样描述?后来逐渐形成了两种表示方法:一是用分数来表示不足整数的剩余部分;二是发展度量衡系统,采用更小的度量衡单位来表示有关的量。这两种方法都是我国最早采用的。

汉代贾谊在《新书·六术》中说:"数度之始,始于微细,有形之物,莫细于毫,是故立一毫以为度始,十毫为发,十发为厘,十厘为分。"刘徽在《九章算术》的注文中,又在"毫"以下使用了"秒"和"忽"两个更小的长度单位。这主要是为了适应运算的需要。对计算结果中"忽"以下的"微数",刘徽就不再给以名称,明确指出:"微数无名者以为分子,其一退以十为母,其再退以百为母。退之弥下,其分弥细……"

小数的发展又是缓慢的。以"无名"命名"微数"是分数发展为十进小数的思想根源。而真正建立起稳定的十进制小数表达形式,却是在极限理论建立之后。

(摘自史宁中:《数学基本思想18讲》,有删改)

作者简介

马晓莹,中小学高级教师,河南省名师,河南省骨干教师,洛阳市优秀教师,洛阳市首届名师,曾获河南省数学优质课一等奖。

三角形三边关系

李 伟

教学内容

人教版《义务教育教科书 数学》四年级下册。

课前思考

三角形三边关系是许多数学教师在教学中略感有难度的教学内容之一。首先，对于"三角形任意两边的和大于第三边"的教学价值，存在着认识不足的问题；其次，在教学实践中，面对操作中出现的假象，总是难以消除学生的困惑和不解；最后，"任意两边的和大于第三边"是构成三角形的充要条件，是判定"三条线段能否围成三角形"的依据，是否需要进一步归结为"两条较短边的和大于第三边"。之所以出现以上问题，究其原因，一是对该内容缺乏深入研究。在小学阶段的后续学习中，"两边的和大于第三边"这一结论似乎仅限于判断怎样的三条线段可以构成一个三角形，而且与相关知识板块基本上没有什么关联，因此，也就认为没有深入研究的必要。二是忽视操作中的推理价值。对于落实"了解三角形两边的和大于第三边"这一教学目标，课标给出的具体措施是观察与操作。诚然，观察、操作是探索图形性质的有效手段，观察得到的猜想在小学阶段不要求学生进行严格的证明，主要是通过操作来加以验证。但这并不说明学生没有探究原因的需求和推理的意识，不具备简单推理的能力。在"理念至上"的影响下，我们往往会忽视对教学内容的深度剖析，忽视推理思考和抽象概括的价值。严谨的过程能够确保结论无可辩驳，这是数学最本质的特征与精髓。面对操作活动带来的偏差，只知眼见为实恰是科学精神、理性思维的缺失。三角形三边关系是学生在认识图形要素的基础上，从边的维度来研究要素间关系，是三角形概念的深化，思维层面上的跨越，蕴含着公理化、推理、归纳等重要的数学思想。三是对学情缺乏真实的了解。"三角形任意两边的和大于第三边",作为数学命题,"三角形"是命题中的条件,"任意两边的和大于第三边"则是结论。因为这里的条件和结论互为充要条件,所以大多数教材将"什么样的三条线段才能构建一个三角形"这样的逆命题作为问题,希望能够借助操作引导学生去发现"边"与"形"的关联。但在课堂上,往往因操作混乱而草草收场。事实上,三角形三边关系可以通过线段公理直接推出。为了强调这两个知识点之间的联系,帮助学生理解"三角形任意两边的和大于第三边"这一特性,修订后的人教版教材以例题的形式创设了"我上学走中间这条路最近"这一学生熟悉的问题情境,让学生理解两点间的所有连线中线段最短,并引出两点间距离这一数学概念。但在教学实践中,由于过分强调理念,无限放大探索空间,导致学生对数学知识之间的内在联系理解困难或直接忽视。

基于以上认识,我们提出如下教学路径:

以"两点间线段最短"这一不证自明的公理为依据,推出三角形的基本性质——任意两边的和大于第三边。在此基础上,让学生通过动手操作,体会用三条线段建立一个三角形,这三条线段必须满足任意两条线段的和大于第三条的条件,并让学生初步经历从"基本事实(公理)→数学结论"的推理过程,初步感知事实性知识与判定性知识之间的关系。至于"较短两条边的和大于第三边"是由基本特性优化出的简便判断方法,对学生的理解要求比较高,不做统一要求。

教学设计

教学目标

(1)创设情境,借助学生已有的生活经验,让其理解两点间的所有连线中线段最短,经历推理、归纳等数学活动,发现三角形的性质"任意两边的和大于第三边"。

(2)通过操作、观察体会"只有三条线段满足两条线段的和大于第三条,才能建立起一个三角形",引导学生初步感知事实性知识与判定性知识之间的关系。

(3)使学生体会数学证明的方法,培养和发展学生的推理能力。

教学重点

掌握"三角形任意两边的和大于第三边"。

教学难点

探究三角形的三边关系。

教学过程

一、创设情境，为推理寻"据"

谈话引入：同学们，生活中我们经常会看到：践踏草坪是不文明行为，但这种尽人皆知的不文明现象还是时有发生。请大家想一想这是什么原因。

师：如果我们用 A、B 两个点表示它们的位置，这两点之间可以有无数条连线（课件依次显示）。如果把这些连线分为两类，可以怎样分？

预设：直线段和曲线段。

师：不错，在这些连线中，有的是一条或几条线段组成，也有的是一条曲线。那么，哪一条可以说成是线段？

（学生指认）

追问：这些连线中，可以称为线段的有几条？

预设：只有一条。

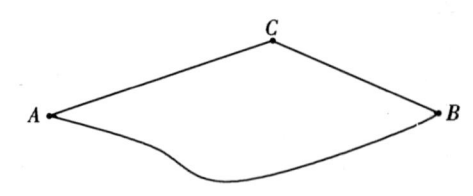

引导：你们观察得很仔细。上图中从 A 到 B 的这条连线是一条弯曲的线，我们称它为曲线，不能称为线段，因为线段是直的；从 A 经 C 再到 B，虽然从 A 到 C 是一条线段，从 C 到 B 也是一条线段，但过 C 点后不是一直朝前，而是"拐弯"了，我们把这样由两条或两条以上的线段组成的连线称为折线。生活经验告诉我们：在两点间所有连线中线段最短，这条线段的长度叫作两点间的距离。

【设计意图】依据学生已有的经验引出"两点之间线段最短"这一数学公理,为推出三角形三边关系寻求推理依据。

二、借助公理,推测三边关系

1. 抽象类比

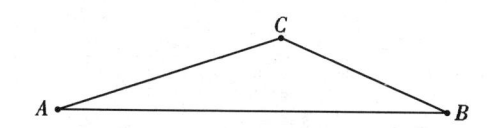

过渡语:两点间的所有连线中线段最短,是从生活经验中得出的数学事实,通过这样的数学事实,人们不断地认识数与形的数学性质。

引导语:从这个三角形上看,A、B 之间有两条连线,一条是线段,它的长度我们可以记为 AB;另一条是折线,它由 AC、CB 两条线段组成,它的长度可以是"$AC+CB$"。你能用一个式子来表示这两条连线之间的关系吗?

预设:$AC+CB>AB$。

追问:为什么这样写?你是怎样想的?

预设:因为在 A、B 两点之间的连线中,线段是最短的,由两条边组成的折线比线段要长。

师:你们真会推理。这里所说的折线的长度实际上就是三角形两条边长度的和,线段的长度就是三角形第三边的长度,那么这个不等式可以怎样说?(两边的和大于第三边)

师:在 A、C 两点之间你又能想到什么?B、C 两点之间呢?

$$AB+BC>AC \qquad BA+AC>BC$$

2. 提炼概括

过渡语:当我们将目光关注到两点之间的连线时,我们明白了两点之间线段最短的道理。再以此来观察三角形的时候,得出了一组不等式。这组不等式反映出三角形中三条边长度之间的关系。(出示课题:三角形三边关系)

提出问题:同学们,数学追求简洁的语言风格,你能用一句话来概括三角形三边关系吗?先自己想一想,再和同伴说一说,然后翻开书看一看书上是怎样说的。

师:你对"任意"一词是怎样理解的?

预设:随便、任何、不论、想怎样就怎样……

师:同学们说的都有点意思,要真正理解,还需要回头看。

小结:三角形有三个顶点,在三个点中取两个点,共有三种取法,不管哪种取法,总有两边的和大于第三边,没有例外。因此,数学家将三角形三边关系概括为"三角形任意两边的和大于第三边"。

【设计意图】引导学生运用完全归纳法概括三角形三边关系,明确"任意"的数学含义,并从中体会数学表达的精确与简练。

三、实践操作,完善认知

过渡语:数学家永远在探索的路上。发现了三角形三边关系之后,数学家就想到了另一个问题:要建立一个三角形,三条线段应具备哪些条件呢?如果任意给出三条线段,是否一定就能围成三角形?你认为呢?

预设:可以;不一定。

1. 操作实验

师:实践出真知,不如我们动手试一试。

出示:

这是一条带有刻度线的线条,请你们以小组为单位,按以下程序完成操作活动:

(1)将线条分为三段,并将它们的长度分别记为 a、b、c。

①沿任意一条刻度线将纸条一分为二;

②选择其中一条,再沿任意一条刻度线剪开。

(2)拼接一个三角形。

(3)填表:

长度			关系	是否围成
第一条 a	第二条 b	第三条 c	$a+b \bigcirc c$	
^^	^^	^^	$a+c \bigcirc b$	
^^	^^	^^	$b+c \bigcirc a$	

按照给出的方法和步骤,可能会出现以下三种情况:

预设1：首先从中点剪开，再将其中一段剪开(不能拼接成三角形)。

预设2：首先分成不等的两段，再将其中较短一段剪开(不能拼接成三角形)。

预设3：首先分成不等的两段，再将其中较长一段剪开(可能拼接成三角形)。

只有第三种剪法得到的三条纸条可以拼接成一个三角形。

（4）交流。

2.追根溯源

过渡语：通过我们的操作实验，有的小组拼出了一个三角形，有的小组用剪出的三条纸条无论如何也拼不出一个三角形。这是为什么呢？我们先来采访拼出三角形的小组，请说一说你们是如何剪出这三条纸条的。

根据学生叙述，课件演示：

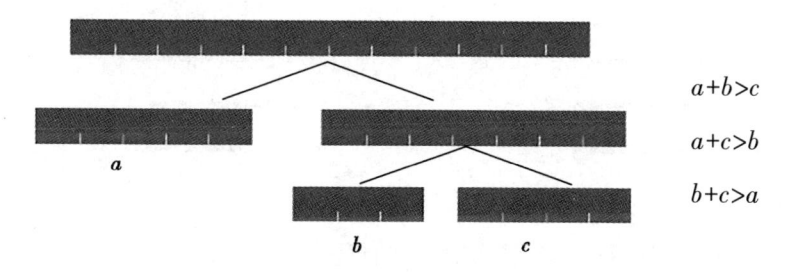

$a+b>c$

$a+c>b$

$b+c>a$

师：他们在剪这个纸条时，第一步先将纸条分成了不等的两段，然后再将较长的一段一分为二，这样分出来的两条线段的和就是较长的纸条，再将短的那条作为第三条，任意两条纸条的和大于第三条。

我们再来采访一下没拼成的同学，你们的剪法与他们的哪里不一样？

引导语：现在你们能找到以上不能拼成三角形的原因吗？说说看。

预设：如果第二次将较短的纸条一分为二，那么这两条纸条长度的和小于第三边，拼不出一个三角形；第一次等分，再将其中的一段一分为二，两条线段长度的和等于第三边，也不能拼成一个三角形；只有任意两条线段长度的和大于第三条，才能拼出一个三角形。看来当三条线段符合"任意两条线段的长度相加的和，大于第三条线段的长度"这个条件，才能拼成一个三角形，否则就拼不成。

补问：那么，按照这种剪法，得到的三条纸条就一定能拼成一个三角形吗？

比如，我们第一次从第二个刻度剪，第二次从第五个刻度剪，可以吗？看来如何剪还是有学问的，同学们先思考，再动手，相信一定能拼出一个三角形。

小结:通过今天的学习,我们依据"两点之间线段最短"这一数学事实,发现了三角形的一个重要性质——"两边的和大于第三边"。又通过操作实验,知道要构建一个三角形,任意两条线段的和必须大于第三条。

【设计意图】通过一系列操作活动,使学生充分感知拼成一个三角形的必要条件,养成深入思考问题的习惯。

四、解决问题,加深理解

(1)在能拼成三角形的各组小棒下面的括号里画"√"。(长度单位:厘米)

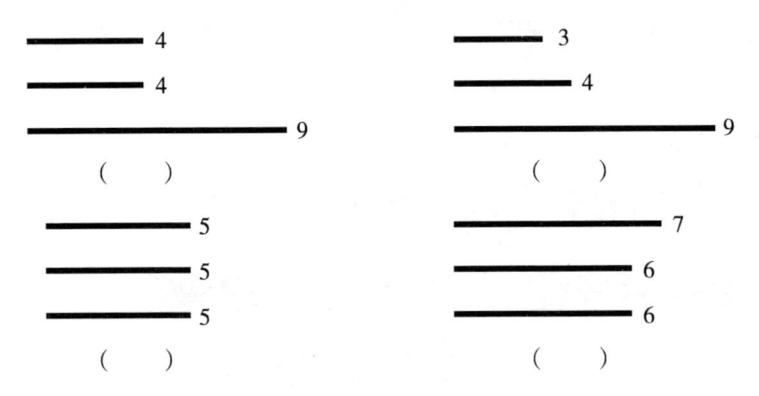

```
———— 4              ———— 3
———— 4              ———— 4
———————— 9          ———————— 9
    (   )                (   )

———— 5              ———— 7
———— 5              ———— 6
———— 5              ———— 6
    (   )                (   )
```

(2)用三根小棒拼三角形,已知其中两根的长度分别为10厘米和5厘米,那么第三根小棒的长度是几厘米?

(3)下面三个正方形的边长分别为3厘米、4厘米、5厘米,把这三个正方形各取一条边能拼出一个三角形吗?你有什么发现?

五、课堂总结

通过今天的学习,我们不仅收获了知识,知道三角形三边的关系,同时也学习了推理的方法,从已有事实出发,一步一步推出三角形的性质——"任意两边的和大于第三边",并进一步通过操作实验,明确拼成一个三角形的三条线段需要满足的条件。以后我们还会经常用这样的推理方法获得更多的数学知识。

板书设计

三角形三边关系

两点间线段最短

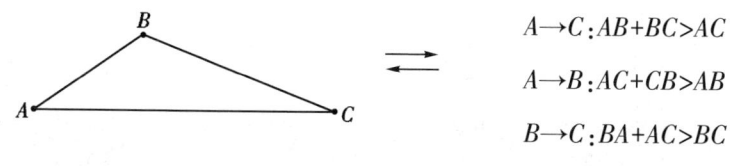

$A \to C : AB+BC>AC$

$A \to B : AC+CB>AB$

$B \to C : BA+AC>BC$

三角形任意两边的和大于第三边

知识链接

从三角形三边关系看命题的充分必要性

数学最基本的表达方式是定义和命题。数学定义述说的是研究的对象,数学命题述说了数学的研究成果。数学推理则是把表示关系的运算方法以及逻辑术语运用于数学研究对象,得到数学家命题或验证数学命题的思维过程。也就是说,通过归纳、类比等推理方法,可以得到数学命题(数学猜想),这时的数学命题是思想者思考的结果,因此是主观的,可能为真,也可能为假。判断一个命题为"真",需要证明,用逻辑的方法进行论证;判断一个命题为"伪",需要举例,用经验事实证实。

按照史宁中教授的观点,"三角形任意两边的和大于第三边"属性质命题,其中所指项"三角形"是研究对象,命题项"任意两边的和大于第三边"是性质。在这个命题中,所指项与命题项是对称的,即它们之间是充分必要的。"一个三角形"一定满足"任意两边的和大于第三边";反之,满足"任意两条线段的和大于第三条线段"的三条线段必然能够拼成一个三角形。

在小学数学课堂教学中,一些教师在进行逻辑推理时往往将命题的充分性与充要性混为一谈。

所谓充分性是指"具备该条件 A,事件 B 必然发生;不具备该条件 A,事件 B 未必不会发生"。

所谓必要条件是指"具备该条件 A,事件 B 未必会发生;不具备该条件 A,事件 B 一定不会发生(可能需要同时具备多个条件)"。

  一般来说,一个数学命题,充分性的证明要比必要性的证明容易得多。证明"三角形任意两边的和大于第三边",依据"两点间线段最短"这一不证自明的公理,运用完全归纳法即可实现。而证明怎样的三条线段才能拼成一个三角形,就困难得多。

(摘自史宁中:《数学基本思想18讲》,有删改)

> **作者简介**
>
> 李伟,洛龙区优秀教师,曾获洛阳市优质课一等奖。

3 的倍数的特征

王曼利

教学内容

人教版《义务教育教科书 数学》五年级下册。

课前思考

"3 的倍数的特征"是五年级下册第三单元的内容,教学重点是"让学生经历 3 的倍数的特征的探究过程,掌握 3 的倍数的特征"。在此之前,学生已经学习了 2 和 5 的倍数的特征,知道 2 和 5 的倍数的特征体现在个位上,而这一结论是通过不完全归纳得到的,背后的道理学生并不清楚。因此,"只看个位来判定",对于探究"3 的倍数的特征"来说,恰恰成了"陷阱"。

现行教材是在百数表中圈出 3 的倍数,让学生直观地发现 3 的倍数的特征。由于 3 的倍数的特征比较隐蔽,而且容易受 2 和 5 的倍数的特征的观察定式、思维定式影响,教材通过问题来启发学生,排除只看个位的定式,进而提示学生变换观察的角度,将观察的目光转移到各位数上。这样,避开了"3 的倍数的特征"背后的道理,探究活动就成了按照提示一步步"发现"。课堂教学固化为引导学生在表中依次圈 3 的倍数→通过提示,在直观操作和观察中通过不完全归纳得出结论→举例验证。对学生而言,这种教学模式解决了 3 的倍数的特征"是什么"的问题,而涉及数学本质的更深层次的"为什么"则无从谈起。学生的探究事实上也是一种指令下的操作,并非真正的自主探究。人教社小数室王永春主任曾就此坦言:"数学是有逻辑的,仅仅看百数表,从表面发现一些规律,看不到本质,这不是真正的数学。"其实,根据对学生的调查,我们真切地感受到学习"3 的倍数的特征"之后,许多学生都会提出疑问:"为什么判断一个数是不是 3 的倍数,需要看各位上的数?"教材中"你知道吗?"有回答。

事实上，一个数的倍数的特征涉及了位值概念，背后的数学原理和推理方法是完全一致的。

随着核心素养的提出，"问题引领"下的"深度教学"逐渐被老师们理解和接纳，因此对"3的倍数的特征"这一内容的教学产生疑问和困惑。

困惑一："特征"背后的道理是什么？3的倍数的特征与2和5的倍数的特征之间有没有联系？是回避还是直面？

困惑二：基于小学生的认知水平，涉及数学能力的原理性知识只能避而不谈吗？是否可以通过具体的、显而易见的事实让学生有所感悟？

困惑三：通过怎样的方式传递给学生，并将探究引向更为本质的东西上，让学生达成理解性学习，有效激发探究乐趣，感悟数学推理的魅力？

针对教学中的困惑，我们将研究的问题聚焦到"如何在'3的倍数的特征'的教学中培养和发展学生的推理能力"上。通过不断的学习和深入的研究，一条新的教学路径逐渐明朗：将"3的倍数的特征"的探究，与相关数学概念建立联系，在"问题引领"下，从根本处追问，从疑问处探究，步步深入，直抵本质，为学生积累依据概念和事实进行推理的经验。

教学设计

教学目标

(1) 经历探索3的倍数的特征的过程，掌握3的倍数的特征。

(2) 能判断一个数是不是3的倍数，灵活运用3的倍数的特征解决问题。

(3) 着眼推理，积累观察、分析、类比、猜想、验证等思维活动经验，并通过演绎推理的方法对结论加以合理解释，发展和培养推理意识和能力。

教学重点

探索3的倍数的特征。

教学难点

理解3的倍数的特征背后的道理。

教学过程

一、由2和5的倍数的特征引出问题

1. 谈话导入

导入语:前面我们已经认识了2和5的倍数的特征,判断一个数是不是2和5的倍数,只需看它个位上的数。

我们知道,自然数的个数是无限的,一个自然数的大小,不仅和它的位数有关,还和每个数位上的数的大小有关。为什么看一个数是不是2和5的倍数,只看个位就行了？会不会出现例外呢?

要探究这个问题,需要进一步认识自然数。我们以235为例,它是一个三位数,百位上的2表示什么？十位上的3和个位上的5呢?

预设:百位上的2表示2个百,十位上的3表示3个十,个位上的5表示5个一。

师:所以,人们把"$235 = 2×100+3×10+5$"作为235的展开式。你能写出4308的展开式吗?

预设:$4308 = 4×1000+3×100+8$

【设计意图】十进位值制记数法是研究一个数倍数的特征的依据,是一个数的倍数的特征背后的道理所在,唤醒学生在这方面所积累的知识记忆,是学习本节课的基础。

2. 引出问题

从235的展开式中,你能看到2或5的倍数吗?

预设1:$2×100$、$3×10$、5是5的倍数;$2×100$、$3×10$是2的倍数。

预设2:$2×100$、$3×10$是2的倍数也是5的倍数。

追问:为什么$2×100$、$3×10$是2的倍数也是5的倍数?

预设:因为100、10是2和5的倍数,所以$2×100$、$3×10$也是2和5的倍数。

小结:同学们说得不错！因为10、100都是2和5的倍数,所以,几个十、几个百也都是2和5的倍数。

3. 发现原理

补问:$(2×100+3×10)$是2和5的倍数吗?

几个数相加,如果其中的每一个数都是某个数的倍数,那么它们的和也一定是这个数的倍数,这是一条重要的数学原理。这样来看,你能确信只看个位上的数,就能判断这个数是不是2和5的倍数吗?

【设计意图】通过本环节教学,使学生初步感知一个数的倍数的特征与每一数位上的数都是相关的,只看个位是2和5倍数的特征的概括和简化,感知其中的内在道理。

二、无疑中生疑,探究3的倍数的特征

过渡语:看来,可以由个位上的数来判断一个数是不是2和5的倍数,是因为十、百、千……本身是2和5的倍数,所以不管这些数位上的数是几,它们一定都是2和5的倍数。因此,只要个位是2的倍数,这个数就是2的倍数;个位上是5的倍数,这个数就是5的倍数。

1. 引出问题

师:进一步来想,要判断一个数是不是3的倍数,只看个位,可以吗?请你举例说明。

预设:举例中,可能有正例也有反例,如:39,个位能被3整除,这个数也能被3整除;46,个位上是3的倍数,但这个数不是3的倍数。

师:那么,判断一个数是不是3的倍数,只看个位,可以吗?

生:不可以。

小结:是的,只要能举出一个例子,它的个位是3的倍数,但它却不是3的倍数,就可以说明只看个位是错的。

【设计意图】跳出思维"陷阱",引导学生感知反例在否定伪命题中的价值。

2. 诱发猜想

过渡语:这是我们在低年级时常用的学具——计数器,现在计数器上显示的数是几?

生:13。

师:是3的倍数吗?

生:不是。

师:请注意,我们在个位上添加珠子,当显示的数是3的倍数时,请你们大声

说出来。(课件动画演示)

14→15→16→17→18→19

预设:15 和 18 是 3 的倍数。

师:原来计数器上有 4 颗珠子,随着添加,我们得到 3 的倍数 15 和 18,现在,我们在十位上添加珠子,又会怎样呢?大家看!

23→33→43→53→63→73→83→93

预设:33、63、93 是 3 的倍数。

师:这些都是 3 的倍数(课件出示计数器,分别有 15、18、33、63、93),仔细看一看,你们有什么新的发现?(给学生留出一定的时间,观察思考)

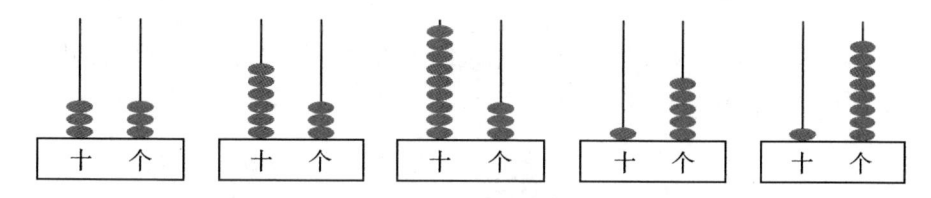

师:说一说你们的发现。

预设 1:个位上是 3 的倍数,十位上也是 3 的倍数,这样的数是 3 的倍数。

预设 2:十位上的数与个位上的数相加,和是 3 的倍数,这个数是 3 的倍数。

师:真的是这样吗?你能再举出一个这样的例子吗?

生:(略)

师:同学们能举出一个反例来否定他们的说法吗?

师:看来他们的说法可能是正确的。不过这两种说法你觉得哪种更合适?

生:十位上的数与个位上的数相加,和是 3 的倍数。

师:说说你的理由。

生:这句话中包含了"个位上是 3 的倍数,十位上也是 3 的倍数"。

师:如果是一个三位数、四位数呢?每个小组找几个数看一看,算一算。

(小组活动、汇报)

师:从各小组的研究中,我们可以作出这样的猜想:一个数各位上的数的和是 3 的倍数,这个数就是 3 的倍数。

【设计意图】数学猜想是建立在观察、归纳、类比基础上的合情推理。通过本环节教学,让学生经历形成数学猜想的全过程,积累活动经验。

3. 推理确认

过渡语:看来,各位上的数相加,和是3的倍数,这个数就是3的倍数,没有例外。这里面隐藏着什么道理呢?

(1)数形结合,初步感知。

师:在低年级的时候,小棒是我们常用的学具。今天,我们再次利用小棒,看会不会对我们有所帮助。

这里分别有13根和24根小棒,如果每3根为一份,我们可不可以这样分?(课件出示分的过程)

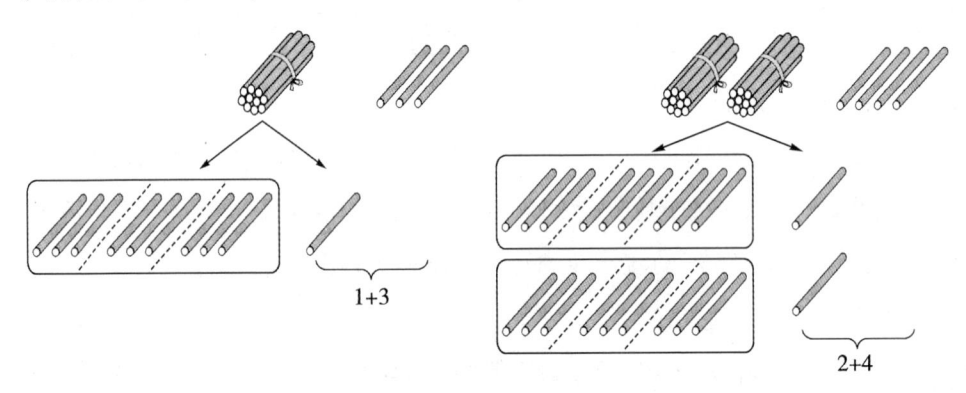

分的过程可以表示为:

13 = 10+3　　10÷3 = 3……1　　1+3 = 4　　4÷3 = 1……1

13÷3 = 4……1

10除以3,商3余1,将余下的1根和3根合起来再分,4除以3,商1余1,所以13除以3,商4余1,说明13不能被3整除,不是3的倍数。

师:你能写出分24根小棒的过程吗?

(学生活动)

24 = 2×10+4　　20÷3 = 6……2　　2+4 = 6　　6÷3 = 2

24÷3 = 8

师:你有什么想说的?

预设1:一捆小棒是10根,3根一份,能分出三份,还余1根,和另外3根合在一起是4根,不是3的倍数,所以13不是3的倍数。

预设2:两捆小棒是20根,3根一份,可分出六份,余2根,和另外4根合起来是6根,6是3的倍数,所以24是3的倍数。

(2)等值变形,显现特征。

师:现在我们换一种思路——可不可以对24＝2×10+4作这样的变化?

$$24 = 2×10+4 = 2×(9+1)+4$$

接下来,还可以进行怎样的变化?动手试一试。

预设:

$$24 = 2×10+4 = 2×(9+1)+4 = 2×9+2+4 = 2×9+(2+4)$$

师:在这个过程中,我们先是将10拆分成(9+1),然后应用乘法分配律、加法交换律和结合律进一步变化算式,3的倍数的特征就这样一步步显现出来——十位上的数和个位上的数相加,和是3的倍数,这个数就是3的倍数。现在,请你们任意写出一个三位数,看看是不是符合我们的猜想。

师:现在,我们已经相信,判断一个数是不是3的倍数,要看各位上数的和是不是3的倍数。其中的道理大家明白了吗?

师:是不是真明白,要看你们能不能用一个更大的数来说明。请你们从5502、3242这两个数中选取一个,按上面的方法展开、拆分、变换,使3的倍数的特征显现出来。

(学生独立完成后,教师选择性投影展示)

预设:

$$5502 = 5×1000+5×100+2$$
$$= 5×(999+1)+5×(99+1)+2$$
$$= 5×999+5+5×99+5+2$$
$$= 9×111×5+9×11×5+5+5+2$$
$$= 9×111×5+9×11×5+(5+5+2)$$

$$3242 = 3×1000+2×100+4×10+2$$

$=3×(999+1)+2×(99+1)+4×(9+1)+2$

$=3×999+3+2×99+2+4×9+4+2$

$=9×111×3+9×11×2+9×4+3+2+4+2$

$=9×111×3+9×11×2+9×4+(3+2+4+2)$

【设计意图】对一个数学命题的判断,离不开演绎推理。在这一教学环节中,利用小棒,到具体一个数,再到字母表示的任意三位数,用演绎的方法一步步揭示3的倍数的特征背后的道理。

三、内化新知,灵活运用

过渡语:看来,同学们不仅掌握了3的倍数的特征,还明白了它背后的道理。那么,能不能运用获得的知识解决问题呢?

1. 填一填

(1) 52、524 是 3 的倍数吗?为什么?

(2) ☐524,☐里填上几,这个数是 3 的倍数?

(3) 777、555、888 是 3 的倍数吗?你有什么发现?如果 444☐是 3 的倍数,☐中可以填写哪些数?

2. 想一想

1、2、3 三个数字,可以组成哪些三位数?它们都是 3 的倍数吗?将 2 换成 4,这些数还是 3 的倍数吗?将 2 换成 5 呢?

【设计意图】解决问题既是对知识的巩固,也是对知识内涵的拓展。这一教学环节能够使学生在问题解决的过程中有所思,有所想,从中发现一些规律,培养和发展学生的数学思维能力。

四、梳理思路,拓展延伸

师:通过今天的学习,我们发现了3的倍数的特征,能根据3的倍数的特征解决相关的问题。但更重要的是从探究3的倍数的特征的过程中,发现2、3、5的倍数的特征看上去不同,但推理过程又是相通的。谁能用自己的话说一说它们的相通之处呢?

预设:都是将一个数进行拆分、变化来显现一个数的倍数的特征。

师：说得不错，不同数位上的数，表示的大小也不相同，个位上的数表示几个一，十位上的数表示几个十，百位上的数表示几个百……10、100、1000 都是 2 和 5 的倍数，几个 10、几个 100、几个 1000 也是 2 和 5 的倍数，所以只看个位就能判断一个数是不是 2 和 5 的倍数。10、100、1000……不是 3 的倍数，于是我们依据运算定理，把 10、100、1000 拆分成 3 的倍数与 1 的和，使 3 的倍数的特征显现出来。

师：研究一个数的倍数的特征，能够让我们准确、快捷地判断一个数是不是某个数的倍数，而且它的研究过程也是很有趣的，方法都是相通的。不同的是对 10、100、1000……的拆分，感兴趣的同学可以借助这一方法，继续研究 4、8、11、25、125 等数的倍数的特征。

【设计意图】通过梳理 2、3、5 的倍数的特征及背后的道理，引导学生体会方法上的一致性，激发学生继续探究的欲望。

板书设计

3 的倍数的特征

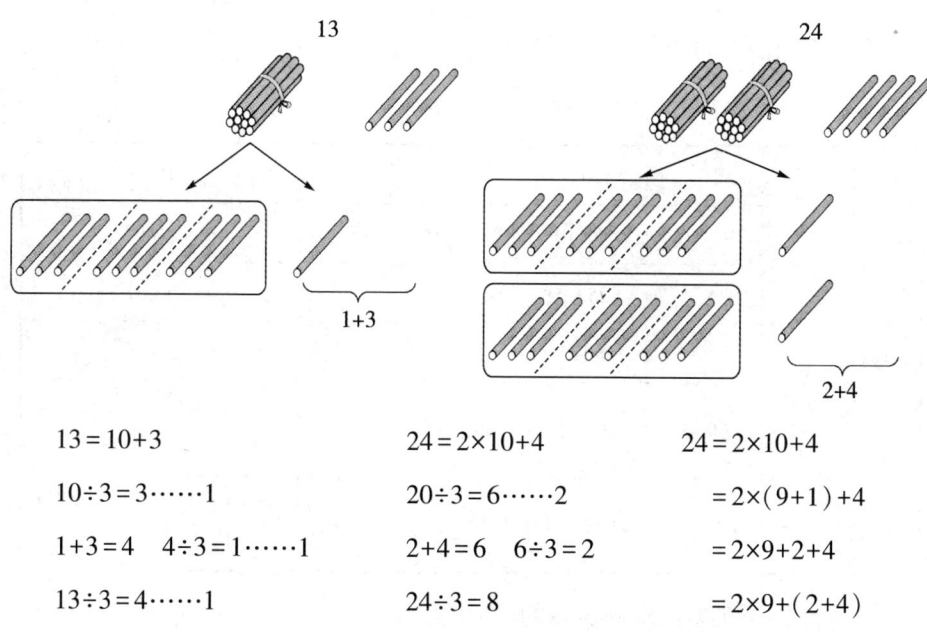

$13 = 10+3$
$10÷3 = 3……1$
$1+3 = 4 \quad 4÷3 = 1……1$
$13÷3 = 4……1$

$24 = 2×10+4$
$20÷3 = 6……2$
$2+4 = 6 \quad 6÷3 = 2$
$24÷3 = 8$

$24 = 2×10+4$
$= 2×(9+1)+4$
$= 2×9+2+4$
$= 2×9+(2+4)$

一个数各位上的数的和是 3 的倍数，这个数就是 3 的倍数。

知识链接

整除性规律

自然数所遵循的是十进位值制记数法,因此,研究某个数的倍数的特征,首先需要明确 10 的方幂除以这个数的结果。比如,$100 = 25 \times 4$,100 能被 4 整除,因此,100 的每一个倍数都能被 4 整除。所以,4 的倍数的特征表现在最后两位上。例如:372 的最后两位是 72,它是 4 的倍数,372 也是 4 的倍数;3586 的最后两位 86 不是 4 的倍数,3586 也不是 4 的倍数。而 10 的一个方幂除以 3 时,得到的余数总是 1:

$$10 = (3 \times 3) + 1$$

$$100 = (33 \times 3) + 1$$

$$1000 = (333 \times 3) + 1$$

$$\cdots\cdots$$

就有:$84 = 8 \times 10 + 4 = 8 \times (3 \times 3 + 1) + 4 = (8 \times 3 \times 3) + (8 + 4)$

所以,3 的倍数的特征表现在各位上。

下表列出的是 10 的一个方幂除以某数的结果:

	10^1	10^2	10^3	10^4	$\cdots$	10^n
2、5	2×5	$2 \times 5 \times 10^1$	$2 \times 5 \times 10^2$	$2 \times 5 \times 10^3$	$\cdots$	$2 \times 5 \times 10^{n-1}$
4、25	—	4×25	$4 \times 25 \times 10^1$	$4 \times 25 \times 10^2$	$\cdots$	$4 \times 25 \times 10^{n-2}$
8、125	—	—	8×125	$8 \times 125 \times 10^1$	$\cdots$	$8 \times 125 \times 10^{n-3}$
3、9	$9+1$	$99+1$	$999+1$	$9999+1$	$\cdots$	$\underbrace{99\cdots9}_{n\text{个}9}+1$
11	$1 \times 11 - 1$	$9 \times 11 + 1$	$91 \times 11 - 1$	$909 \times 11 + 1$	$\cdots$	$10^n = \begin{cases} r \times 11 - 1\,(n\text{ 为奇数}) \\ s \times 11 + 1\,(n\text{ 为偶数}) \end{cases}$

依据上表,不难看出所列各数的倍数的特征。

8、125 的倍数的特征:末三位是 8、125 的倍数;

9 的倍数的特征:各位上的数的和是 9 的倍数;

11 的倍数的特征:奇数数位上的数的和减去偶数数位上的数的和(偶数数位上的数的和减去奇数数位上的数的和),差是 11 的倍数。

(摘自张静庵:《算术大全》,有删改)

| 作者简介 | 王曼利,中小学高级教师,河南省骨干教师,洛阳市优秀教师,洛阳市学术技术带头人,曾获河南省数学优质课一等奖。 |

用字母表示数

白东乐

教学内容

人教版《义务教育教科书 数学》五年级上册。

课前思考

"用字母表示数"是"算术语言"向"代数语言"过渡的起始,是学生学习代数的入门知识,承载着培养学生符号意识,启蒙代数思维的重任。多年的教学实践使我越来越认识到,学生认识"用字母表示数"并不是一件容易的事,既有认知上的困难,也有思维上的障碍。

用字母表示数的过程,是具体数量符号化的过程。换个角度说,用字母表示数不是因为不知道这个数量表示多少,而是因为这个数量处在不断的变化中,所以用字母统一地表示它。

分析后的概括是代数思维的核心。首先,虽然学生会用字母表示一些明显的规律,但因缺乏代数思维的支撑,还不能将字母理解为数的推广,不能将字母理解为变量,仍然将字母看作特定的数字。其次,学生对"式的运算"在以往的学习中几乎涉及不到,更无经验可谈。因此,对运算结果中保留字母不能理解,不认为是运算的结果。

本教学设计,通过生动、有趣的情境让学生领悟字母"代"数的意义。通过问题的解决感悟"含有字母的式子(代数式)"既表示运算关系,又表示运算后的值。

教学设计

教学目标

(1)让学生经历把实际问题用含有字母的式子进行表达的抽象过程,感悟字母表示数的需要和作用,初步掌握用字母表示数的方法。

(2)使学生能够进行代入求值,知道字母表示的数有时是有范围的,渗透变量、定义域、值域等函数思想,知道含有字母的式子可以表示一个量或运算的结果。

(3)在有意义的数学活动中,使学生体会用含有字母的式子表示数量关系具有简洁性和一般性,发展符号意识。

(4)渗透数学文化,让学生感受数学学习的价值和乐趣。

教学重点

用含有字母的式子表示数。

教学难点

用含有字母的式子表示数量关系。

教学过程

一、情境引入,提出问题

1. **出示图片**(课件含 CCTV 图标,扑克牌 J、Q、K、A)

师:请看大屏幕,图中的哪些字母是用来表示数的?

预设:J、Q、K、A。

师:扑克牌中的 J、Q、K、A 表示什么数?

预设:J 表示 11,Q 表示 12,K 表示 13,A 表示 1。

师:还能表示其他数吗?(不能)也就是说,这些字母只是在扑克牌中特指某一个具体的数。

2. **引入课题**

师:从这一组图片中,我们可以看出,字母可以用来表示生活中事物的名称,还可以特指某一个数。那么,字母在数学中还有哪些作用呢?这节课我们来探究字母符号在数学中的作用——用字母表示数(板书课题)。数学意义上的"用字母表示数"有着丰富的内容。对此,你想了解什么?

预设 1:为什么用字母表示数?

预设 2:怎样用字母表示数?

师:这节课我们就带着这些问题走进课堂。(大屏幕显示这些问题)

【设计意图】通过这一环节的教学,唤醒学生的生活经验,激发学生的思考,使学生带着问题进入学习,使学习更具有目的性。

二、在情境中初识字母表示数

过渡语:我们知道,数学与现实生活有着密切的联系,我们就借助生活中的具体情境来研究"用字母表示数"。

1.唤醒经验,初识字母表示数

师:这样的式子你们见过吗?(出示课件)

$$□+△=8$$

我们在学习中经常遇到像这样的式子,这里的□和△能用一个字母代替吗?

生:可以。

师:你们想到用哪个字母来表示了吗?

预设:(1)a;(2)b;(3)26个字母任意一个都可以。

师:不错,26个字母任意一个都可以。我们不妨用a来代替□,那么△能不能也用a来代替?

生:我觉得不行,用相同的字母,感觉□和△一样了。

师:对的。在同一个式子里,不一样的东西要用不同的字母表示。(课件出示)

$$□+△=8 \rightarrow a+b=8$$

当$a=1$时,$b=?$;当$a=2$时,$b=?$ ……(出示课件)

a	1	2	3	4	5	6	7	8		
b										

师:a还可以是哪些数?请你来补充。

a	1	2	3	4	5	6	7	8	1.5	…
b	7	6	5	4	3	2	1	0	6.5	…

小结:这样来看,字母a和b在这里代表的并不是一个具体的数,而是一类数。当a等于某一个确定的数时,b就有一个与之对应的数。

【设计意图】利用学生已有的学习经验,使其了解字母表示数的意义。

2. 在具体问题中，体会字母表示数

(1)看谁"记"得好。

师口述:一个数的3倍减7。差是17。

预设1:一个数的3倍减7。差是17。

预设2:一个数×3-7=17。

预设3:?×3-7=17。

预设4:(8)×3-7=17。

预设5:x×3-7=17。

展示:从学生的记录方式中,选取不同的方法展示给学生。

师:同学们的记录方式有的是语言描述,有的是符号代替,还有的直接算出结果,你认为哪种记录方式最简练,最有数学味?

小结:这个数是多少,我们暂时不知道,但我们知道它与17之间的关系。因此,我们就可以用一个字母来替代这个数,将它与17的关系表示出来。

【设计意图】通过比较,使学生感受到符号的价值,从而自觉地用符号简化表达,同时积累符号可以代替特定的未知数的经验。

(2)看谁会表达。

师:如果老师比某同学大32岁,大家能用含有字母的式子表示出老师的年龄吗?

(先独立思考,并在小组间进行交流)

师:从同学们的交流中,老师看到了大家都能自觉地用字母来代替未知数,并且出现了这样两种方法:①$x+y$;②$x+32$。针对这两种方法,发表一下你的看法。

预设1:我认为②比较好,用字母x来表示同学的年龄,$x+32$表示老师的年龄。

预设2:我喜欢①,他用字母x来表示同学的年龄,用字母y表示老师和同学的年龄差。$x+y$表示老师的年龄。

师:还有不同看法吗?

预设:用字母y表示两人的年龄差,就不仅仅是指32了。

师:是啊,y也可以是1,也可以是50,就不仅是表示我们两个人的年龄差了,

也可能是另外两个人的年龄差。老师和这位同学之间的年龄差是确定的,还需要用一个字母来替代吗?(不需要)

师:在 $x+32$ 这个式子中,有字母,也有运算符号。现在我们明白, x 表示的是同学的年龄,32 是老师与同学的年龄差,式中 $x+32$ 表示的就是——老师的年龄。当学生的年龄变化时,老师的年龄呢?(随着变化)

师:我们就此玩一次"对口令"的游戏好吗?老师说学生年龄,你们来对老师的年龄。

同学 1 岁……6 岁,12 岁,20 岁,50 岁。

问题:大家回答得又快又对。从这个游戏中,大家对这个"含有字母的式子"有了哪些认识?

预设 1:这个式子表示了老师和同学的年龄关系。

预设 2:含有字母的式子比只有数的式子更具一般性。

预设 3:知道了学生的年龄,就知道了老师的年龄。

预设 4: $x+32$ 可以看成老师的年龄。

师:你们说得真好,特别是后面这位同学,从中看到了含有字母的式子可以表示一个结果。比如摆一个三角形要用到 3 根小棒,摆两个三角形就要用到 6 根小棒,摆出 n 个三角形要用到几根小棒?($n×3$)根就是摆出 n 个三角形需要的小棒数。

【设计意图】这一环节渗透函数思想,引发学生对代数式作为"结果"的思考,使学生深入理解代数式的含义,并真切地感受含有字母的式子既表示运算关系,也表示运算后的值。

三、在运用中深化理解

创设情境:同学们,你们玩过抢红包的游戏吗?谁能来向大家介绍一下你的抢红包经历?

(学生介绍)

师:看来,你是抢红包的高手啊。逢年过节能收到红包是一件很开心的事情。你们看,小明在家庭群抢到了两位长辈发的新年红包。(课件出示两个红色的微信红包:一个是 2 元,一个是立即领取)

第 1 个红包打开了,我们知道是 2 元;第 2 个红包还没有打开,我们暂时还不知道是多少钱,可不可以用一个字母来表示?用 x 来表示可以吗?

预设:可以。

师:这里的 x 可以是一个任意数吗?

预设:学生可能有可以和不可以两种意见。

师:为什么不可以?

预设:因为一般情况下微信红包中的钱数不能超过 200 元。

师:是的。所以这里的 x 最大是 200。看来在具体问题中,字母所表示的数是有范围的。

师:小明又抢到了第 3 个红包(课件出示),如果这个红包的钱数是第 2 个的 4 倍,表示第 2 个红包的钱数最多是多少?为什么?

生 1:200 元。

生 2:50 元,如果大于 50 元,第 3 个红包就大于 200 了,这是不可能的。

师:你说得很完整,思路很清晰,第 2 个红包最多是 50 元,如果大于 50 元,第 3 个红包就大于 200 了,这是不可能的,所以具体问题中字母所表示的数会有一定的范围。

师:那你能用一个式子来表示第 3 个红包中的钱数吗?

生:$4×x$。

追问:这里的 x 表示什么?$4×x$ 又表示什么?

【设计意图】本环节使学生在运用中内化新知,加深理解用字母表示数是变化的,有一定范围的,并在学习过程中培养和发展学生的推理能力。

四、用字母表示数的书写规则

过渡语:我们来看,"$4×x$"中的乘号和字母 x 长得有几点相似。

师:数学家们也注意到了这个问题,为了避免混淆,提出数和字母相乘时,可以用"·"来取代乘号,还可以省略不写。另外,一般要将数字写在字母前面。如:$4×x$ 可以写成 $4·x$ 或 $4x$。

当 1 和字母相乘时,1 可以省略不写:如 $1a→a$。(课件出示)

师:我们的第 3 个红包就可以写成 $4x$。

五、穿越历史，感受思想

师：用字母表示数是中西方数学家一棒接一棒完成的伟大数学成就。（课件动画显示）

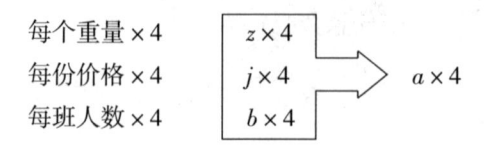

每个重量×4　　$z×4$
每份价格×4　　$j×4$　　⟹　　$a×4$
每班人数×4　　$b×4$

数学家大胆地用字母表示数，不仅可以让生活中的表达更简洁，更具有普遍性，也让数学本身有了极大的发展。伟大的科学家伽利略说过这样一句话，"世界这本神奇的书是用数学符号写成的"。

希望同学们在今后的学习中也能像这些数学家那样积极思考，勇于探索，成为知识的创造者。下课！

【设计意图】通过学习数学史，开阔学生的学习视野，渗透数学文化知识，激发学生学习数学的兴趣，鼓励学生敢于创新，成为一名积极思考、热爱数学的好学生。

板书设计

用字母表示数

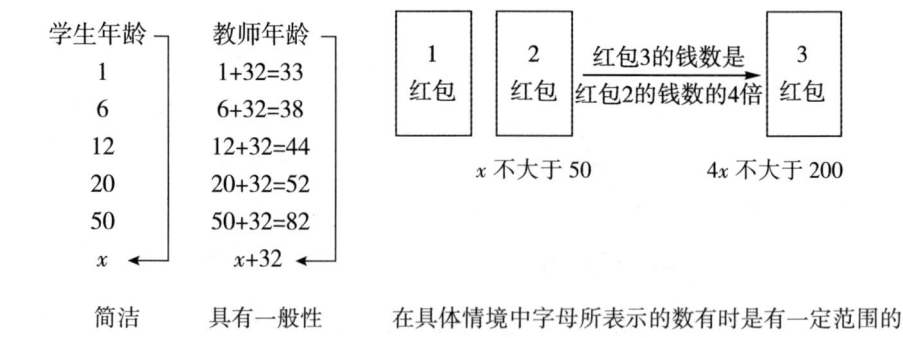

学生年龄	教师年龄
1	1+32=33
6	6+32=38
12	12+32=44
20	20+32=52
50	50+32=82
x	$x+32$
简洁	具有一般性

1红包　　2红包　　红包3的钱数是红包2的钱数的4倍　　3红包

x 不大于 50　　　　$4x$ 不大于 200

在具体情境中字母所表示的数有时是有一定范围的

知识链接

符号运算：由算术走向代数的桥梁

把数字运算抽象为符号运算，是数学表达最具创新的一步，也是现代数学得以发展的重要基础。

在数学家韦达之前,虽然人们认为形如 $x^2+5x+2=0$ 与 $3x^2+5x+1=0$ 有着同样的求解方法,但并不认同它们是一样的。韦达用符号 $ax^2+bx+c=0$ 一般性地表示一元二次方程,有意识地将数字系数抽象到字母系数来研究整个一类方程的求解,使算术走向了代数。

算术运算和代数运算的根本区别:

算术运算是过程性的,目的是求出算式的结果;代数运算具有过程和结果双重性,既表示运算过程,也表示运算结果。例如:

长方形长为 a 米,宽为 b 米,求周长。

当代入数值 $a=2, b=1$ 时,经过运算得到 $2\times(2+1)=6$,显示出过程性的一面;同时,对于 $2\times(a+b)$,不论 a 和 b 代入何值,它都代表周长,所以 $2\times(a+b)$ 表示的是一个结果。

(摘自史炳星:《从算术到代数》,有删改)

作者简介　白东乐,中小学一级教师,洛阳市骨干教师、市级优秀班主任、区级学术技术带头人。

问题解决（连续求一个数的几分之几）

张瑞涛

教学内容

人教版《义务教育教科书 数学》六年级上册。

课前思考

数学应用是联系数学与现实生活的重要桥梁。数学应用问题以事实关系为题材，用自然语言陈述，并通过数学运算来解决现实问题情境。成功解决数学应用问题的关键是厘清问题中包含的事实关系，分析其潜在的数量关系，继而将情境中特定的事实关系正确地转化为运算关系。

分数乘除法的应用问题，历来是不少学生头疼的问题。常见的错误有三：一是不理解题意，二是难以选择运算程序，三是计算错误。比如，我们会经常听到学生这样议论："我看到这种谁是谁的几分之几就头疼，一会儿用乘法，一会儿用除法，实在晕。"教师在教学这一类问题时，会为学生归纳如下解题步骤：一找关键句——含有分率的句子；二定单位"1"——"的"前"比"后的量为单位"1"；三列算式——单位"1"已知用乘法，单位"1"未知用除法。可谓用心良苦。殊不知，用分数解决问题就是对分数相关知识综合运用的过程。如果忽略分数意义与数量关系的对接，避重就轻，并非基于真正的理解，而是靠识别简单标记做题，实在难以见效。

乘法运算中的量可分为两类，一类是测度量（绳子长度、物体质量等），一类表示两个测度量的相对大小的关系量。其中关系量还可以进一步分为单位量（速度、密度）和倍数（几倍、几分之几）。事实上，在一个具体的问题情境中，当分数以测度量出现时，并不比整数应用题更难；当分数以关系量出现时，由于分数概念的多重语义，所反映的两个量的具体关系也不尽相同，因此，要显著难于整数应用题。学生在解答实际问题时的错误，大部分是对"关系量"的错误解读引起的。

本节教学内容是在学生学习了分数混合运算之后,解决稍复杂的实际问题。其复杂性表现在情境中的"两个分数三个量",两个倍数关系构成一种嵌套,连续求一个数的几分之几。如果仅就这一问题的解决,只要沿着问题的发展顺序,也许并不困难,但如果从分数乘除法这个整体考量,发现并厘清问题中潜在的数量关系就显得尤为重要。即:

甲是乙的 $\frac{a}{b}$,丙是甲的 $\frac{c}{d}$ →丙是乙的几分之几。

虽然求"丙是乙的几分之几"可以归结为求"$\frac{a}{b}$ 的 $\frac{c}{d}$",但在此之前,为学生建构这一概念时,创设的问题情境中,所说的"一个数"都是以测度量出现的分数,而不是"倍数"关系的分数。

如何简单明了地让学生弄清这里面的关系呢?怎样才能把这些问题与学生已有的知识建立联系,并纳入学生已有的认知结构中?这是我们一直思考的问题。

教学设计

教学目标

(1)使学生理解和掌握连续求一个数的几分之几是多少的问题的数量关系,掌握分数连乘法的计算方法,并能正确计算。

(2)让学生在"用数学"活动中,学会收集、选择和加工信息,在共同探讨中增强合作意识以及分析问题、解决问题的能力。

教学重点

理解掌握连续求一个数的几分之几是多少的问题的数量关系,掌握解题的基本方法。

教学难点

在用分数连乘的方法解决实际问题的过程中,理解单位"1""分率"与所对应的量的相对性,进而帮助学生深刻理解单位"1""分率"与具体数量之间的一一对应关系。

教学过程

一、复习引入，唤醒旧知

导入语：通过前一段的学习，我们初步认识了分数乘法，并能用分数乘法解决生活中简单的数学问题。爱动脑、勤思考的小明同学最近又在思考一个问题。你们看：(课件动画显示)

小明先画了一个长方形，并把它的 $\frac{1}{3}$ 涂上了阴影。接着又把阴影部分的一半画上条纹。

引出问题：小明在对这个长方形进行分割的过程中，得到了哪些分数？

预设：(1) $\frac{1}{2}$；(2) $\frac{1}{3}$；(3) $\frac{1}{6}$。

补问：这些分数在哪里？能指给大家看吗？

追问：我们知道，分数经常用来表示两个量之间的关系。你能说说这里的 $\frac{1}{2}$、$\frac{1}{3}$ 和 $\frac{1}{6}$ 的具体含义吗？

预设：(1)把整个长方形的面积看作单位"1"，阴影部分占 $\frac{1}{3}$。(2)把阴影部分看作单位"1"，条纹部分占 $\frac{1}{2}$。(3)把整个长方形的面积看作单位"1"，条纹部分占 $\frac{1}{6}$。

问题：这就奇怪了，为什么条纹部分有的说占 $\frac{1}{2}$，有的说占 $\frac{1}{6}$？你能给大家一个解释吗？

预设：条纹所占面积与阴影部分相比，条纹部分占 $\frac{1}{3}$；与整个长方形的面积相比，条纹部分占 $\frac{1}{6}$。

师：大家同意吗？(同意)不错，分数在这里表达的是整体与部分之间的关系。$\frac{1}{2}$所表达的是条纹部分与阴影部分之间的关系,是把阴影部分的面积平均分成2份,条纹部分有这样的一份,即$\frac{1}{2}$;$\frac{1}{6}$所表达的是条纹部分与整个长方形之间的关系,是把整个长方形的面积平均分成6份,条纹部分是这样的一份,即$\frac{1}{6}$。

问题:阴影部分面积占长方形面积的$\frac{1}{3}$,条纹部分面积占阴影部分面积的$\frac{1}{2}$,其中的$\frac{1}{3}$和$\frac{1}{2}$都是小明分出来的,那么,条纹部分面积占长方形面积的$\frac{1}{6}$又是怎样得到的呢?

预设:(1)看出来的。(2)可以算出来。

师:你们都能从图上看出来吗?那你们知道是怎样算出来的吗?请刚才这位同学给大家说一说是怎样算出来的。

生:因为阴影部分面积占长方形面积的$\frac{1}{3}$,条纹部分面积占阴影部分面积的$\frac{1}{2}$,所以,求条纹部分面积占长方形面积的几分之几,就是求$\frac{1}{3}$的$\frac{1}{2}$是多少,用乘法$\frac{1}{3}×\frac{1}{2}=\frac{1}{6}$。

小结:画图是我们厘清数量关系的好帮手,今天这节课我们将用分数的知识来解决生活中稍复杂的数学问题。(板书:解决问题)

【设计意图】虽然通过前期的学习,学生已初步理解一个数乘以分数的意义,但是,之前所接触到的问题情境,"一个数"是以具体量的形式出现的。相对于更为抽象的分率相乘,缺乏直接经验。本环节通过复习扩展学生的认知,为后面的学习做铺垫。

二、自主探究,解决问题

1. 出示问题

课件出示:开心农场的面积480m²,其中一半种萝卜,其中胡萝卜地的面积占整块萝卜地面积的$\frac{1}{4}$。胡萝卜地有多少平方米?

2.阅读与整理

引导语:谁来说一说我们解决问题的一般步骤?

预设:阅读与整理、分析与解答、回顾与反思。

师:很好,我们面对一个问题,首先要认真读题,整理出问题中给出的条件,以及要解决的问题。在这个基础上分析数量间的关系,并解答。现在就请同学们认真默读,对问题中提供给我们的信息加以整理。

(学生读题、整理信息并展示)

预设1:

整个农场面积480m²,萝卜地的面积占农场面积的$\frac{1}{2}$,胡萝卜地的面积占萝卜地面积的$\frac{1}{4}$。

要解决的问题是:胡萝卜地的面积。

预设2:

农场面积(480m²)→1,萝卜地面积→$\frac{1}{2}$,萝卜地面积→1,胡萝卜地面积→$\frac{1}{4}$。

要解决的问题是:胡萝卜地的面积。

(展示学生的整理结果)

3.分析与解答

(1)尝试解决问题。

过渡语:虽然同学们的整理方法不尽相同,但都清楚地将问题中提供的信息和要解决的问题有条理地呈现出来了。这些信息是我们解决问题的依据,你对收集到的这些信息有不理解的吗?(没有)如果在解决过程中有什么困难,可以通过画图的方式帮助理解,现在就请你们尝试来解决这个问题。

(学生独立解决问题)

预设1:$480\times\frac{1}{2}=240(m^2)$,$240\times\frac{1}{4}=60(m^2)$。

预设 2: $\frac{1}{2} \times \frac{1}{4} = \frac{1}{8}$, $480 \times \frac{1}{8} = 60 (m^2)$。

(2) 交流方法。

师：哪位同学先来介绍自己的方法？

预设：通过"农场面积 480m²"和"萝卜地的面积占农场面积的 $\frac{1}{2}$"这两条信息，先求出萝卜地的面积 $480 \times \frac{1}{2} = 240(m^2)$，再通过"胡萝卜地的面积占萝卜地面积的 $\frac{1}{4}$"，可以求出胡萝卜地的面积 $240 \times \frac{1}{4} = 60(m^2)$。

师：是这样吗？（出示课件）

农场面积 480m²　　萝卜地的面积占农场面积的 $\frac{1}{2}$

萝卜地的面积　　　胡萝卜地的面积占萝卜地面积的 $\frac{1}{4}$

胡萝卜地的面积

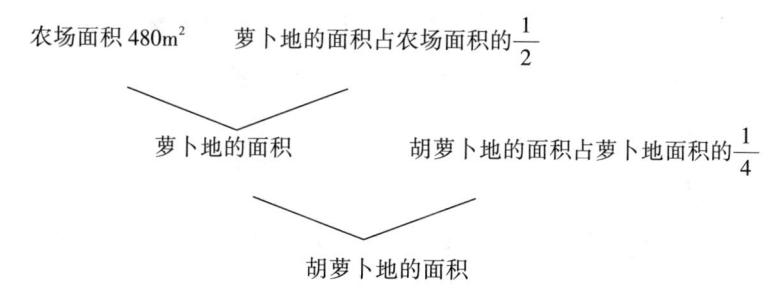

师：谁还有不同的解题思路？

预设：我是这样想的，要想知道胡萝卜地的面积，需要知道胡萝卜地的面积是农场面积的几分之几，通过折纸发现求胡萝卜地的面积是农场面积的几分之几就是求 $\frac{1}{2}$ 的 $\frac{1}{4}$，$\frac{1}{2} \times \frac{1}{4} = \frac{1}{8}$，$480 \times \frac{1}{8} = 60(m^2)$。

师：是这样吗？（出示课件）

胡萝卜地的面积

农场面积 480m²　　胡萝卜地的面积占农场面积的 $\frac{(\quad)}{(\quad)}$

萝卜地的面积占农场面积的 $\frac{1}{2}$　　胡萝卜的面积地占萝卜地面积的 $\frac{1}{4}$

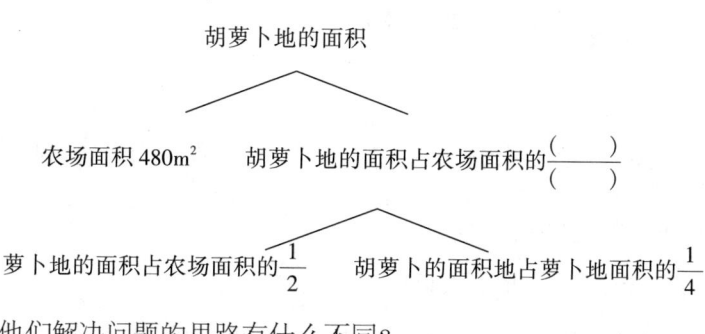

引导语：他们解决问题的思路有什么不同？

预设:一种是从条件想起,一种是从问题想起。

师:不错,他们分别采用了两种不同的思路,前者是从"已知"想"可知"逐步推算出"未知"(综合法),后者是从"未知"想"须知"逐步靠拢"已知"(分析法)。这是我们解决问题的常用方法。

4. 检验计算结果

过渡语:你们计算的结果和他们一样吗?这个结果正确吗?(正确)你们验证了吗?

师:那你来说一说你是怎样验证的。

预设:$60 \div 240 = \frac{1}{4}$。

【设计意图】现代教学观倡导数学活动教学,学生动手操作、自主探索、对话互动是重要的学习方式。本环节试图通过前面的铺垫,让学生尝试自主解决问题。

三、梳理提升

过渡语:今天我们所解决的问题,是与分数相关的问题,与我们之前解决的问题有什么不同?

预设1:出现了两个分数,并且这两个分数的单位"1"也不一样。

预设2:是连续求一个数的几分之几是多少。

师:是啊,分数有时候用来表示一个具体的量,有时候则表示两个量之间的关系,比如柳树是杨树的$\frac{2}{3}$,槐树是柳树的$\frac{1}{4}$,这里的$\frac{2}{3}$和$\frac{1}{4}$都是表示两个量之间的关系。你能说一说它们分别表示哪两个量之间的关系吗?所对应的单位"1"一样吗?

预设:$\frac{2}{3}$表示的是柳树和杨树之间的关系,$\frac{1}{4}$表示的是槐树和柳树之间的关系。所对应的单位"1"不一样。

师:想一想,它们之间有关联吗?

柳树为杨树和槐树之间架起了一座桥梁,我们要求槐树是杨树的几分之几,

就是求 $\frac{2}{3}$ 的 $\frac{1}{4}$，知道如何计算吗？我们还可以用更简洁的线段图来表示它们之间的关系。

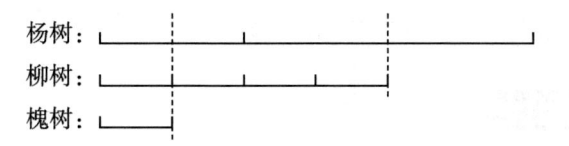

杨树：
柳树：
槐树：

【设计意图】"量率对应"是分数问题的一个明显特征。每一个具体的量都有一个分率与之对应，同样一个分率也必定有一个具体的数量与之对应。因此，在用分数解决问题的过程中，分数概念的语义理解水平无疑是影响"分数问题"数学化的重要因素。其中，单位"1"的转化是重中之重，本环节的设置意在从分数乘除法的整体考虑，为后继学习用分数除法解决问题打下坚实的基础。

四、巩固与练习

(1) 甲、乙、丙三个数，甲是乙的 $\frac{1}{2}$，乙是丙的 $\frac{2}{5}$。你能提出什么问题？

(2) 妈妈带我和妹妹到比萨店就餐，给我分了 $\frac{3}{4}$ 块比萨，结果我只吃了其中的 $\frac{2}{3}$，我吃了整块比萨的几分之几？

(3) 人体中血液约占体重的 $\frac{1}{13}$，血液里约 $\frac{2}{3}$ 是水，小亮的体重是 39 千克，他的血液里含水多少千克？

【设计意图】通过练习进一步提升学生提出问题、分析问题、解决问题的能力。

五、总结提升

师：快要下课了，本节课你有什么收获？

预设：(1) 我觉得用分数解决问题，要正确理解问题中的分数表示的是哪两个量之间的关系，"1"对应的是哪个量。(2) 画图可以帮助我们分析数量关系。

师：其实，连续求一个数的几分之几，相当于把两个"求一个数的几分之几是多少"的问题整合在一起。我们可以按事情发生的顺序依次求一个数的几分之几,也可以先寻找所求未知量对应的分率,再求这个数的几分之几。只要找准了单位"1",建立起对应关系,分数的问题就不难解决。

【设计意图】给学生足够的时间和空间,让他们在自己的头脑中梳理学习的新知、方法及收获,在交流中补充自己的见解。

板书设计

问题解决(连续求一个数的几分之几)

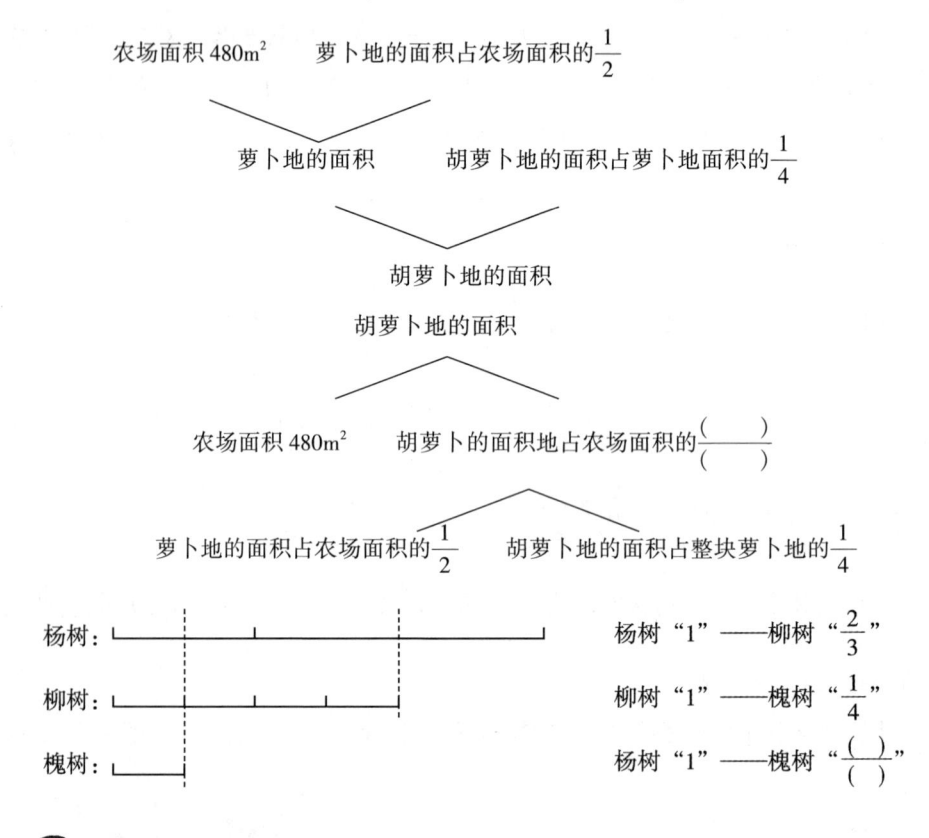

农场面积 480m²　　萝卜地的面积占农场面积的 $\frac{1}{2}$

萝卜地的面积　　胡萝卜地的面积占萝卜地面积的 $\frac{1}{4}$

胡萝卜地的面积

胡萝卜地的面积

农场面积 480m²　　胡萝卜的面积地占农场面积的 $\frac{(\quad)}{(\quad)}$

萝卜地的面积占农场面积的 $\frac{1}{2}$　　胡萝卜地的面积占整块萝卜地的 $\frac{1}{4}$

杨树:

柳树:

槐树:

杨树"1" —— 柳树" $\frac{2}{3}$ "

柳树"1" —— 槐树" $\frac{1}{4}$ "

杨树"1" —— 槐树" $\frac{(\quad)}{(\quad)}$ "

知识链接

量率之间的对应关系

从度量的角度来看,分数和整数一样,也是可以"数"出来的。

0　　　　$\frac{2}{3}$　　1

以 $\frac{2}{3}$ 为例,它是指"在数线上,表示到 0 点的距离有 2 个 $\frac{1}{3}$ 的单位的数"。区别在于"整数"针对的是离散量,离散量在乎的是它的"个数",计数单位是直观可见的"1",而分数用来"数"的计数单位是不能直观可见的,也不是唯一的。同样大小的分数可以有不同的表示方法。

"量率对应"是分数问题的一个明显特征。几分之几,是对单位"1"而言的。所谓单位"1",本质上就是 1 倍数。对于同一个单位"1"而言,每一个具体的量都有一个分率与之对应,同样一个分率也必定有一个具体的数量与之对应。因此,在用分数解决问题的过程中,分数概念的语义理解水平无疑是影响"分数问题"数学化的重要因素。其中,在单位"1"的转程中,保持量率对应关系则是重中之重。

单位"1"的转换,一般有三种形式:

(1) 甲数是乙数的 $\frac{3}{4}$,乙数是甲数的几分之几?

(2) 甲的 $\frac{2}{3}$ 等于乙的 $\frac{3}{4}$。甲是乙的几分之几?乙是甲的几分之几?

(3) 甲、乙、丙三个数,甲是乙的 $\frac{1}{2}$,乙是丙的 $\frac{2}{5}$,甲是丙的几分之几。

(摘自[美]伍鸿熙:《数学家讲解小学数学》,赵洁、林开亮 译,有删改)

作者简介　张瑞涛,河南省骨干教师,多次获得市级、区级优质课一等奖,其论文曾获省级一等奖。

第三篇
拾级而上，迈向整体教学

个人素养是在不断学习中逐步形成的。基于数学学科核心素养的教学，就是要让数学课堂教学过程真正成为有探究、有推理、可体验的主动求知过程，而不是以碎片化、低智型的提问方式来表层化地推动教学。这就需要从一节课一节课中跳出来，站在数学学科整体结构的高度，用"整体性观念"指导具体内容的教学。将眼光投向知识体系的相互承接、内在关联上，提炼核心问题，在核心问题的引领和驱动下主动获取新的认知，构建新旧知识之间的关联……

"可能性"单元整体教学的研究与实践

杨建斌　马晓莹

教学活动是一个预设与生成相结合的活动,而预设的主要形式表现为教学设计。整体教学设计是基于深度学习所提出的一种教学理念,是依据整体思维进行整体教学设计,通过把握教学内容的体系结构,突出知识的数学本质,关注知识之间的内在联系,促进学生对数学知识的真正理解、迁移和应用,提升学生的数学素养。整体教学设计有利于挖掘数学本质、把握知识结构、渗透数学价值、发展核心素养。我们以人教版五年级上册"可能性"单元为例进行了实践性研究,下面结合具体研究过程谈几点具体做法。

一、整体把握课标要求

《义务教育数学课程标准(2011年版)》将《全日制义务教育数学课程标准(实验稿)》中的核心概念"统计观念"修改为"数据分析观念",并赋予了数据分析更加丰富的内涵,增补了"体验随机性"的要求,并明确指出:"通过数据分析体验随机性,一方面对于同样的事情每次收集到的数据可能不同,另一方面只要有足够的数据就可能从中发现规律""体验随机事件和事件发生的等可能性""进一步认识到数据中蕴含着信息,发展数据分析观念;通过实例感受简单的随机现象"。

数据分析分为描述性数据分析、探索性数据分析及验证性数据分析。其中,探索性数据分析侧重于在数据之中发现新的特征,而验证性数据分析则侧重于已有假设的证实或证伪。

关于"体验随机性",《义务教育数学课程标准(2011年版)》相当具体地从两个方面给出了随机性的含义,并提出了体验的途径。

体验随机性 $\begin{cases} 含义: \begin{cases} 1.同样的事情每次收集到的数据可能不同 \\ 2.只要有足够的数据就可能从中发现规律 \end{cases} \\ 途径:通过实例感受简单的随机现象 \end{cases}$

二、深入认识教学内容

1. 数据与数的区别

数据和数的重要区别是,数据具有实际背景,而数则并不一定。"统计"中的数据不仅仅是数字型数据,只要蕴含着一定的信息,无论是什么表现形式,都可以看作数据,如文字、图像、声音、视频等。

2. 统计与概率的关系

统计和概率是从不同角度来研究怎样更好地刻画随机现象。

统计是通过数据来获取一些信息,帮助人们作出一些判断,侧重于用数据来刻画随机,研究如何合理获取、整理、分析数据,并从中去伪存真,寻找真相和规律,为制定决策提供依据。概率是对随机事件在一次随机实验中发生的可能性的大小进行量化,其本质是一种度量,侧重于建立理论模型来刻画随机,研究随机现象的数量规律。

概率论是统计学的基础,统计学是概率论的发展。

3. 概率的起源与发展

概率发展的历史源远流长,其起源于 17 世纪中叶,当时在误差、人口统计、人寿保险等范畴中,需要整理和研究大量的随机数据资料,于是孕育出一种专门研究大量随机现象的规律性的数学。

最早研究概率的前提是实验的样本空间全部可能结果是有限的,并且实验中每个结果出现的可能性是相同的,在此基础上,便产生了概率的古典定义:

如果某一随机实验的结果有限,而且各个结果在每次实验中出现的可能性相同,则事件 A 发生的概率为该事件包含的基本事件个数 m 与样本空间所包含的基本事件个数 n 的比值,记为 $P(A) = \dfrac{\text{事件 } A \text{ 所包含的基本事件个数}}{\text{样本空间所包含基本事件个数}} = \dfrac{m}{n}$。

定义中关键词的数学意义:

实验指在相同条件下,对事物或现象所进行的观察,随机实验的结果叫随机事件,简称事件。一个不可能再分的随机事件叫基本事件,一个实验中,所有的基本事件的集合叫样本空间。

现实世界里,并不是所有的随机实验出现的结果都是有限的。例如,将一根

3米长的绳子,拉直后从任意一点剪开,得到的两段都不小于1米的情况有无数种可能;再如,往一个方格里投一个石子,石子可能落在方格的任意一点。为解决样本空间包含无限个基本事件的概率问题,产生了几何概型,类似于从有限多个整数向"实数域"的推广。

同样,在现实世界里随机事件发生的可能性也并非都是相等的。人们在大量的随机实验中发现,随机事件的频率具有一定的稳定性:当实验次数充分大时,随机事件发生的频率常在一确定的数字附近摆动。频率的稳定性不断地为人类的实践活动所证实,它揭示了随机现象中的规律性,也由此产生了概率的统计定义:

设事件 A 在 n 次重复实验中发生数为 m 次,若实验次数 n 充分大时,频率 $\frac{m}{n}$ 在某一个介于 0 与 1 之间的数值 p 的附近摆动,且随实验次数 n 的增加,其摆动的幅度越来越小,则称数值 p 为随机事件 A 的概率,记为 $p(A)=p$。

随机事件的频率与已经进行的实验有关,而随机事件的概率却完全客观地存在。它给出了一个近似计算随机事件的方法:用频率作为概率的近似值。在实际生活中,这一方法被广泛地应用于估计随机事件发生的概率。其核心思想——频率近似于概率,恰恰是统计学最基础的思想。陈希孺院士在《概率论与数理统计》一书中认为,概率的统计定义的重要性在于两点:一是提供了一种估计概率的方法,二是提供了一种检验理论正确与否的准则。现在概率论已发展成为一门与实际紧密相连、理论严谨的数学科学,它内容丰富、结论深刻,有自己独特的概念和方法,成为近代数学一个有特色的分支。

三、整体认识单元教材

小学阶段对概率学习要求较少,所涉及的随机现象都基于简单随机事件:所有可能发生的结果是有限的,每个结果发生的可能性是相同的。教材根据学生的年龄特点,将"概率"描述为"随机现象发生的可能性"。

人教版教材和教师教学用书中认为所有可能发生的结果是有限的,每个结果发生的可能性相同,符合古典概型的数学假设。对几何概型的处理,是将事件可能发生的结果转化为有限区域。下面列举的本节教材内容也正说明了上述教材编排的用意。

例1:做一做。

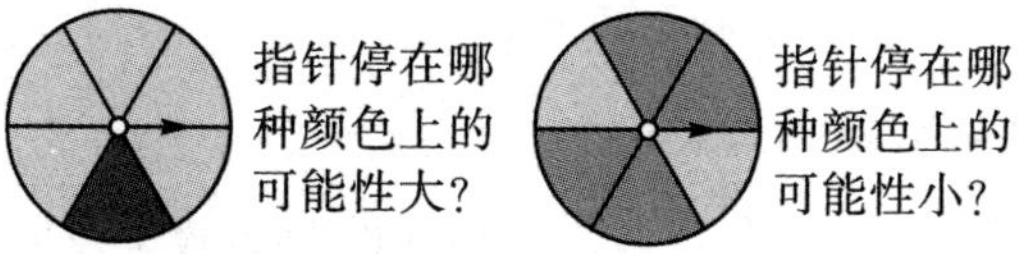

指针停在哪种颜色上的可能性大？   指针停在哪种颜色上的可能性小？

例2:说一说指针可能停在哪种颜色上。

例3:按要求涂一涂。

(1)指针可能停在红色、黄色或蓝色区域。

(2)指针可能停在红色、黄色或蓝色区域,并且停在蓝色区域的可能性最大,停在红色区域的可能性最小。

现行教材是从概率的统计定义入手编写的,这样的编排有利于培养学生的统计观念,也便于学生切身体验通过数据从纷乱的现象中发现规律,但同时也带了教学中的问题。

首先,规律的发现需要大量的重复实验,学生的操作次数与结果的真正有效性相差甚远,得出的频率并不一定越来越接近概率,也不排除小概率事件的发生。如何才能使学生真正观察到这个逐渐"趋近"的过程,避免学生误解？

其次,从教材上看,学生在操作活动中所得到的是某事件发生的次数,既不是频率,更不是概率,是否需要进行一次转换？

最后,从个体来说,操作活动使不同的人得出不同的频率。学生需要通过群体之间的比较体会事件发生是随机的,通过群体操作结果的汇总体会统计规律。但从教学实际看,一旦进入操作,学生往往将热情投向自己猜中的瞬间,兴趣指向活动的操作刺激,难以生成群体意识下的数学活动成果。因此,实验目的定位是否恰当,实验方式如何改进,也需要认真对待。

四、依据目标重构教材

基于对课标和教材的再认识,可以将本单元的整体教学目标设定如下。

1. 知识目标

(1)在具体情境中通过有关实例让学生感受随机现象,初步体验现实生活中有些事件的发生是确定的,有些是不确定的。

(2)通过观察和操作活动使学生体验有些事件发生的结果是有限的,并能列出所有可能发生的结果,体验数据的统计规律。

(3)通过实验让学生感受随机现象结果的可能性有大有小,能对一些简单的随机现象发生的可能性作出定性描述,并通过交流进行学习。

2. 能力目标

(1)通过可能性的学习发展学生的逻辑思维能力。

(2)通过学习可能性的大小培养学生的统计推断能力。

(3)通过生活中常见的可能性问题发展学生的应用意识和问题解决的能力。

为了实现上述教学目标,需要在现行教材的基础上整体进行合理的调整与重构,具体策略如下:

(1)教材素材不变,改变活动方式。

调整本节课教材中例1的做一做,变"做"为"说",避开可能出现的小概率事件,在数学表述中体验随机现象,使教学重点更加突出。

本节课教材例2中的摸棋子活动,学生基于已有经验一看便知,不可能产生做实验的需求,况且,"数量多,摸到的可能性大"并不能用实验来证明,也不需要去证明。当学生有了"等可能"的认识,根据已有的数据,完全可以通过分析推理知道"摸出黑球的可能性大"。

(2)补充相关内容,丰富学生认识。

"体验随机事件和事件发生的等可能性"是课程标准提出的要求,教材中虽有所体现,但并没有设置相应的例题,很容易在教学中被忽视。

（3）总课时数不变。

为此，基于以上策略对教材进行如下重构：

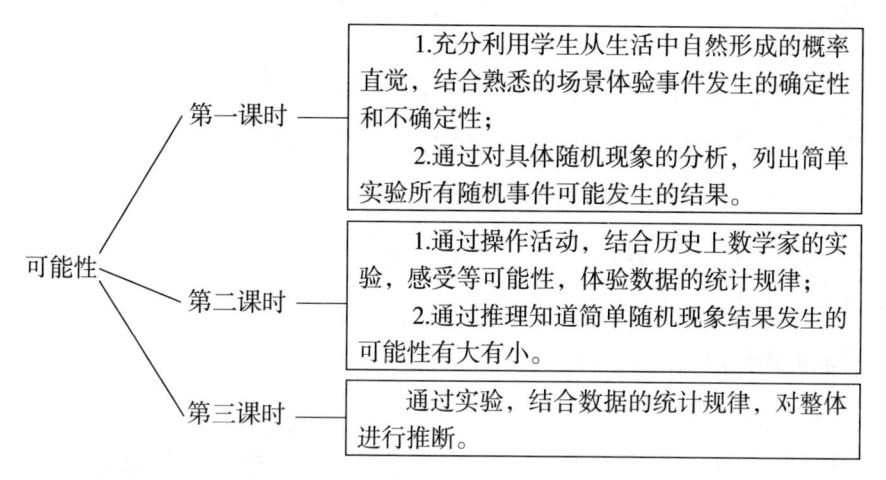

可能性
- 第一课时 —— 1.充分利用学生从生活中自然形成的概率直觉，结合熟悉的场景体验事件发生的确定性和不确定性；
  2.通过对具体随机现象的分析，列出简单实验所有随机事件可能发生的结果。
- 第二课时 —— 1.通过操作活动，结合历史上数学家的实验，感受等可能性，体验数据的统计规律；
  2.通过推理知道简单随机现象结果发生的可能性有大有小。
- 第三课时 —— 通过实验，结合数据的统计规律，对整体进行推断。

五、课时教学环节构思

在研究过程中我们了解到，本单元的教学存在着两种倾向：一种是认为内容简单，考题不教也会，将 3 课时并为 1 课时，蜻蜓点水，草草而过；另一种则严重的形式化，沿用确定性知识的方法教学不确定现象，错误认为"理论判断一定与随机结果一致"。比如，在组织学生实验时出现这样的引导语："摸球实验是个好办法，下面就请你们分小组摸球，并记录摸球结果，验证大家的猜想。"不是用"统计的思想"做实验，而是在用"统计结果"验证猜想。究其原因，一是教师缺乏相应的概率知识，没有真正走近统计思维；二是受"理念至上"影响，不恰当地操作使教学目标偏离。因此，我们在确定整体教学目标和课时教学目标的同时，对每节课主要环节进行了构思。

【第 1 课时】

环节一：情境引入，初步感知。

从学生熟悉的生活情境入手，揭示现实生活中的不确定现象。

问题1：在你到达某个交叉路口前，你是否可以确定红绿灯的颜色？

预设：不能确定。但我们可以知道，可能是红灯，也可能是绿灯或者黄灯，不可能是其他颜色。

师：在现实生活中，有些现象在它发生之前，结果是确定的，比如，每天太阳从东边升起,西边落下……

环节二:体验过程,学会表达。

环节三:引向深入,扩展认知。

通过对具体随机现象的分析,列出简单实验所有随机事件可能发生的结果。

如:我们常玩的"石头、剪刀、布"游戏,你能确定对方会怎么做吗?

一个数除以 8 不能得到一个整数,余数有哪些可能?

通过以上活动,使学生体会到现实生活中有确定和不确定两类现象。学会用"不可能""可能""一定"这样的语言来描述。

【第 2 课时】

环节一:谈话导入。

引出问题:利用不确定现象的特性能保证每个人的机会均等吗?

今天这节课我们就来研究这个问题。我们的研究就从一个简单的实验开始。

环节二:操作实验,探究规律。

(1)创设情境。

把这个黄球和一个红球放在袋子里面,大家说一说任意摸一个会是什么颜色的球,为什么?动手摸一摸,看看和你想的结果是不是一样。

(2)分组实验。

(3)结果比较。

比较中体验数据的统计规律,感受等可能性。

小结:从大量的实验数据中可以看到,重复抛掷一枚硬币,次数少了,可能会有较大的波动,当大量重复实验,就呈现出了一定的规律——正面朝上和反面朝上出现的次数始终稳定在中间值上。

环节三:运用规律,合理推断。

通过案例追问:如果在袋子里再放入 3 个白色棋子呢?如果想让摸出的黑色棋子的可能性更大,该怎么办?

环节四:巩固拓展,深化提升。

【第 3 课时】

环节一:旧知回顾,引发思考。

(1)知识回顾。

通过前一段的学习,同学们对"可能性"有了一定的认识。(课件显示)

这个盒子中装有2个黑色棋子和8个白色棋子,闭上眼睛,随意摸出一个棋子,结果会是怎样?

(2)引出问题。

师:老师这里还有一个盒子,如果想知道盒子里黑、白棋子各有多少个,你们有什么办法?

环节二:操作实验,合情推断。

导入:刚才很多同学提出摸几次看看,意思是说进行多次实验,获得一定量的数据来进行推断,是这样吗?

(1)获取数据。

根据实验要求分组实验,获取数据。

(2)数据整理。

各组学生提供数据,师生共同依据实验产生的数据制成条形统计图。

(3)分析与推断。

问题:你从这组数据中看到了什么?

验证:(打开盒子)与我们的推测吻合吗?

预设:会有一定偏差。

小结:我们推断的依据是现有的数据,这些数据还不是足够多,随着实验次数的增加,获取更多的数据,推断起来就会越接近事实。

环节三:拓展体验,充分感悟。

情境:我国是世界上河流最多的国家,有许多源远流长的大江大河。(课件出示我国60条主要河流的数据)

引导:今天我们所关注的不是这些数的大小,而是需要你们将目光聚焦到数据的最高位上。不管它是三位数,还是四位数,我们只看最高位。

问题:一个数的最高位有几种可能?你认为它们出现的可能性均等吗?

活动:根据这60个自然形成的数据完成下表。

首位	1	2	3	4	5	6	7	8	9
个数									

(1)依据数据初步推断。

(2)揭示本福特定律。

环节四:课堂总结。

问题:你们觉得数据有用吗？数据厉害吗？

总结:数据的作用在我们生活的方方面面……

总之,单元整体教学设计是在教师对教学内容基本结构整体把握的基础上,对整个单元教学进行合理、灵活整合,目的是通过创设切实有效的数学活动,唤醒学生已有的生活、学习经验,将学习中积累起来的知识和经验有机串联,从而引领学生思维向着深处、广处迈进,不断拓展和完善认知结构。

作者简介

杨建斌,曾任河南省小学数学教学专业委员会常务理事,洛阳市数学会常务理事。

马晓莹,中小学高级教师,河南省名师,河南省骨干教师,洛阳市优秀教师,洛阳市首届名师,曾获河南省数学优质课一等奖。

可能性（一）

任乔丹

课堂回放

教学目标

(1)利用学生从生活中形成的概率直觉,结合熟悉的生活情境让其体验事件发生的确定性和不确定性。

(2)使学生能用"可能""不可能"和"一定"描述简单随机事件发生的结果。

(3)通过对具体随机事件的分析,让学生能够列出简单随机事件所有可能发生的结果。

教学重点

让学生感受事件发生的确定性和不确定性。

教学难点

培养学生简单的逻辑推理能力和自我表达能力。

教学过程

一、情境引入,初步感知

1. 谈话引入,引出主题

师:同学们,为了保障出行安全,马路的十字路口处大多设置有红、绿、黄3种颜色的交通信号灯,你能说一说这三种颜色分别表示什么含义吗？

生:红灯停,绿灯行,黄灯亮了等一等。

师:是的,希望大家出行时都能遵守交通规则。那么,在到达某个十字路口之前,你可以确定这个路口红绿灯的颜色吗？

生:不能。

2. 初步认识确定和不确定现象

师:在实际生活中,有些现象在发生之前就可以确定结果。比如,今天是星期四,明天就是星期五;再比如,2025 年有 12 个月,有 4 个季节。我们把事情发生之前可以确定的现象叫作确定现象。但更多的时候,在发生之前我们是无法确定的,比如,公交车站某天上午 10 时的等车人数可能是 5 人,也可能是 10 人,甚至更多。这样的现象叫什么?

生:不确定现象。

师:你能举出几个生活中的例子吗?大千世界,不断发生着各种各样的事情,在数学家的眼中,无非两种,大家说是什么?

生:确定现象和不确定现象。

【评析】通过生活情境激活学生的生活经验,引导学生初步感知事件发生的确定性和不确定性。

二、体验过程,学会表达

1. 创设问题情境

(出示课件:联欢图)

师:每逢重大节日,我们学校都要开展一些有意义的活动来丰富校园生活。看,为了庆祝六一儿童节,五年级的学生正在举行联欢会呢!他们用现场抽卡片的方式表演节目,这里有三张卡片,分别是唱歌、跳舞和朗诵。

2. 在具体情境中,体验事件发生的确定性和不确定性

(1)模拟抽卡片活动。

①从三张卡片中抽取一张。

师:我们把节目卡片翻过来打乱顺序,由小明先来抽,他可能会抽到什么呢?

生:可能是唱歌,可能是跳舞,也可能是朗诵。

师:能确定他抽到的是哪张吗?

生:不能确定,小明抽到的结果是不确定的。

师:谁来代替小明从三张中抽取一张?(学生抽取)告诉大家你抽到了什么?

生:唱歌。

师:你可以把这张卡片带走了,不过你欠大家一首歌,下次班级联欢时你替他补上。

②从两张卡片中抽取一张。

师：接下来，请小丽来抽，她可能会抽到什么呢？

生：跳舞和朗诵都有可能，结果是不确定的。

师：那请你想一想，小丽还能抽到唱歌吗？

生：不会抽到唱歌，因为剩下的两张卡片里面没有唱歌。

师：所以我们可以说，小丽不可能抽到唱歌。这是确定现象还是不确定现象？

生：确定现象。

师：现在谁来代替小丽抽？（学生抽取）让大家看一看抽到了什么。

生：跳舞。

师：你也将这张卡片带走吧，记着下次班级联欢时给大家跳个舞。

师：现在就剩下一张卡片了，能确定是什么吗？

生：朗诵。

师：还需要小雪来抽吗？为什么？

生：不需要。因为不抽也能确定卡片上是什么。

师：如果让小雪来抽，我们能不能说她抽到的一定是朗诵？

生：能。

师：这是确定现象还是不确定现象？

生：确定现象。

（2）确定现象和不确定现象的表达。

师：通过模拟抽卡片活动，同学们对不确定现象有了更进一步的认识。对于不确定现象，人们常用的词语是"可能"，比如，明天可能会下雨。对于确定现象，常用的词语有"不可能""一定"，用"不可能"来表示某件事不会发生，用"一定"表示某件事肯定发生。

【评析】让学生亲自参与抽卡片活动，体验事件发生的确定性和不确定性，在不同情境中感受事件发生的确定性和不确定性，学会用"不可能""一定"和"可能"来描述事件的确定性和不确定性。

师：（出示课件）从这幅画面中，你看到了什么？你能回答他们的问题吗？

生：从左边的盒子里一定能摸出红色棋子，不可能摸出绿色棋子，因为里面装的都是红色棋子。

师:说得真好,"从左边的盒子里一定能摸出红色棋子,不可能摸出绿色棋子"都是什么现象?

生:确定现象。

师:"一定""不可能"在这里用得准确吗?

生:准确。

师:哪位同学来继续回答他们的问题?

生:从右边的盒子里可能摸出绿色棋子。这位女同学从右边的盒子里可能摸出红色棋子,也可能摸出绿色棋子或黄色棋子。

【评析】借助摸棋子游戏,丰富学生对确定现象和不确定现象的体验,并引导他们能用语言进行描述。

三、引向深入,扩展认知

师:看来同学们对确定现象和不确定现象有了一定的认识,并能用语言来描述这两种现象。那么,刚才这位同学说"从右边的盒子里可能摸出红色棋子,也可能摸出绿色棋子或黄色棋子"。你能从这位同学的描述中联想到什么?

师:对于一个不确定现象,虽然在事件发生前,我们不能作出准确的预测,但我们可以知道有哪些可能。

(开展抛硬币活动)

师:抛一枚硬币,大家说,这枚硬币落地后有几种可能?

生:两种,可能是正面朝上,也可能是反面朝上。

师:在抛出之前,你能确定是正面朝上还是反面朝上吗?

生:不能,结果是不确定的。

(开展掷骰子活动)

师:这是一枚骰子,我们玩游戏时偶尔会用到它。你们熟悉它吗?谁来介绍介绍它?

生1:它是一个正方体,有6个面,上面分别有1到6个小圆点或数字。

生2:相对的两面数字之和为7。

师:啊!你观察得真仔细。我们今天的问题是,在你随意掷出一枚骰子之前,能确定朝上一面的点数吗?可能会出现怎样的结果呢?请你把所有可能发生的结果一一列举出来。

生:共有 6 种可能,分别是 1、2、3、4、5、6。

(开展"剪刀、石头、布"游戏活动)

师:"剪刀、石头、布"的游戏你们玩过吗?哪两位同学给大家表演一下?(两位同学走上讲台)请你俩表演 5 次,大家为他们记录输赢。

(两位同学表演。同学甲输 1 次,赢 3 次,平 1 次)

师:我们来采访一下同学甲,在你出手前,知道对方要出什么吗?

同学甲:不知道。

师:假如你出的是剪刀,对方可能会出什么?

同学甲:剪刀、石头、布都有可能。

师:是这样吗?

师:你还有可能出什么?

同学甲:石头、布。

师:假如你出的是石头,对方有可能出什么?

同学甲:剪刀、石头、布都有可能。

师:大家赞同他的说法吗?(赞同)好,那你们就动脑想一想,动手画一画,当玩"剪刀、石头、布"的游戏时,每局出现的结果有几种可能?假如你是参与者,这些可能的结果中对你有利的有几种?

(学生活动,老师参与到学生的活动中)

师:哪位同学先来和大家交流?

生:这是我画的图。2 代表剪刀,0 代表石头,5 代表布。

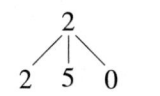

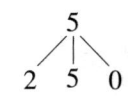

$$
\begin{array}{ccc}
2 & 0 & 5 \\
/|\backslash & /|\backslash & /|\backslash \\
2\ 5\ 0 & 2\ 5\ 0 & 2\ 5\ 0
\end{array}
$$

我认为每局有 9 种可能,有 3 种情况是对我有利的。

师:他说得对吗?你们研究的结果和他的有不一样的吗?

生 1:我研究的结果和他一样,表示的方法不一样,我是用字母 J 表示剪刀,S 表示石头,B 表示布。

生 2:我是列了一个表。

	剪	石	布
石	石—剪（胜）	石—石（平）	石—布（输）
剪	剪—剪（平）	剪—石（输）	剪—布（胜）
布	布—剪（输）	布—石（胜）	布—布（平）

结果共有 9 种可能，3 种对我有利，3 种对我不利，3 种平。

【评析】引导学生在熟悉的情境中，体会随机现象，分析可能出现的结果。

四、课堂总结

师：通过今天的学习，同学们对生活中发生的各种现象有了一些新的认识，说说看——

生1：有些现象在发生前就能确定，有些现象在发生前无法确定。

生2：有些不确定现象，通过分析，可以知道它有哪些可能。

…………

师：其实，不确定现象也并非那么神秘，只要我们掌握了它，充分认识了它，它就可以为我们所用。随着我们进一步学习，你会对不确定现象有更多的认识。今天的课就到这里，下课！

板书设计

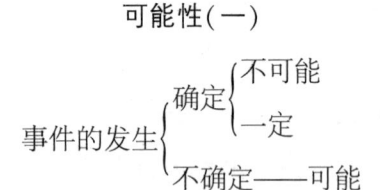

可能性（一）

$$\text{事件的发生}\begin{cases}\text{确定}\begin{cases}\text{不可能}\\\text{一定}\end{cases}\\\text{不确定——可能}\end{cases}$$

知识链接

蒲丰投针实验

投针实验是法国数学家蒲丰设计的一项随机实验，实验的步骤是：

第一，任取一张大白纸，在上面画满间距均为 d 的平行线。

第二，取多根质量均匀、长度均为 $l(l \leqslant \dfrac{d}{2})$ 的针，向纸上随机地投掷，并记录投针次数(投出纸外不计次数)和针与直线相交的次数。

第三,计算投针次数与相交次数的比值。

一次实验结果显示:一共投出2212枚针,其中704枚与平行线相交。计算出投针总数与相交次数的比值,出人意料的是得到的比值竟是圆周率的近似值:

$$\frac{投针总数}{相交次数}=\frac{2212}{704}\approx 3.142$$

投针是概率论的随机性方法,计算 π 值是几何学的确定性问题。用随机性的实验可以解决确定性的问题,体现了不同数学分支间的内在联系,反映了数学的"统一美"。

(摘自韩雪涛:《好的数学:数的故事》,有删改)

作者简介

任乔丹,中小学二级教师,所执教的课获洛阳市优质课一等奖、洛阳市洛龙区一等奖。

可能性（二）

高晓静

课堂回放

教学目标

(1)通过操作活动,结合历史上数学家的实验,让学生感受等可能性,体验数据的统计规律。

(2)通过推理让学生知道简单随机现象结果发生的可能性有大有小。

教学重点

会比较两种结果事件的可能性大小。

教学难点

能根据可能性的大小逆向思考比较事件数量的多少。

教学过程

一、谈话导入

师:通过上一节课的学习,我们知道有些事情的发生是确定的,我们称它为——

生:确定现象。

师:有些事情的发生是不确定的,我们称它为——

生:不确定现象。

师:不确定现象表现在事情发生之前,无法预测它的结果。因此,在一些竞赛中经常利用它的这一特性来决定优先权。比如羽毛球比赛中用抛球落地后羽毛或羽托的朝向决定双方的赛场。我们也会用"手心手背""石头、剪刀、布"来决定游戏的先后顺序。这些方式好在哪里?

生:公平。

师:你们所说的公平体现在哪里?

生1：谁也不知道结果。

生2：谁也无法控制结果。

师：就是说，结果是不可以人为决定的，这一点说得不错，但我还想说，这些方式对两个队来说，得到优先权的机会均等吗？

生：我想是均等的。

师：这种事情不能想当然，需要通过实验来获取一定的数据才有说服力。

【评析】紧密联系生活，通过具体的情境和描述，培养学生的数据意识，让学生学会理性思考问题。

二、操作实验，探究规律

1. 分组实验

师：如果我们一起在教室里做抛硬币实验，会有很多不便利的地方，所以我们改成摸球实验。看，老师为每个小组准备了这样一个盒子，现在盒子是空的，请小组长打开盒子让大家看一下。下面的事情请小组长跟着老师一起来完成！

师：现在把一个白球和一个黑球放在盒子里面，这两个球除了颜色不同，其余完全一样。闭上眼睛任意摸出一个球，摸出之前能确定球的颜色吗？

生：不能。

师：我们可不可以将摸出黑球看成硬币正面朝上，摸出白球看成硬币反面朝上？

生：可以。

师：好，那我们就把每次摸球看成一次实验，并记录实验的结果，通过实验获取的数据来看一看，这种方式对每个队来说机会是不是均等的。这里是实验的具体要求(出示课件)。

实验要求

(1)小组做好分工，1人记录，1人监管，1人汇报结果，其他人轮流摸球。

(2)每次摸完后放回去摇一摇。

(3)每组需完成10次实验。

(4)统计出实验结果。

实验记录单

序号	黑	白	序号	黑	白
1			6		
2			7		
3			8		
4			9		
5			10		

共摸出黑球(　　)次,白球(　　)次

注:在相应表格中打"√"

(学生活动)

2. 数据统计

师:同学们都很认真地完成了这次实验。为了便于分析实验数据,老师课前准备了这样一幅统计图(贴到黑板上),我将根据你们获取的实验数据截取一定长度的黑纸条和灰纸条制成一幅条形统计图。

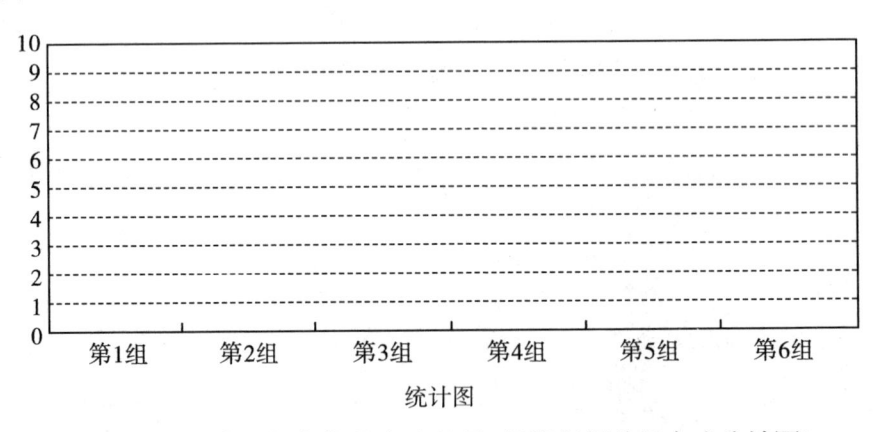

统计图

现在请各小组代表汇报你们的实验结果(根据汇报结果完成统计图)。

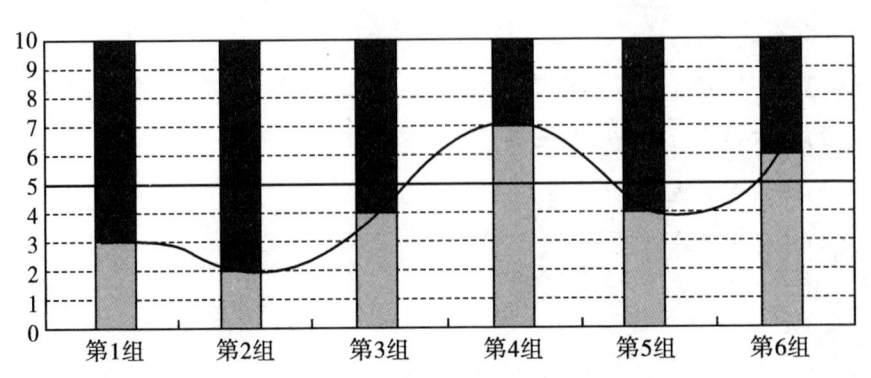

师：看到这个结果，你有什么话要说？

生1：各组的差别很大。

生2：在中间数5的上下。

师：你说的是中间值5吗？（在图上添加较粗线）那么，我们实验得到的数据距离中间值最大的是多少？最小的是多少？

生：最大的是3，最小的是1。

师：可不可以说偏离中间值比较明显？

生：可以。

师：我们沿条形灰色部分连接为一条曲线（作图），你又有什么想说的？

生1：各组的差距比较大。

生2：数据变化较大。

师：也就是说数据的波动较大，各组实验的结果存在着较大的差距，这正说明了事件发生的不确定性。如果让你摸10次球，有没有可能摸出的都是黑球，或都是白球？

生：有。

3. 揭示规律

师：这是我们班组与组之间的比较。老师还为你们收集到了其他各班的实验数据，并在班与班之间进行了比较。从这幅图上我们可以看到波动有所减小。

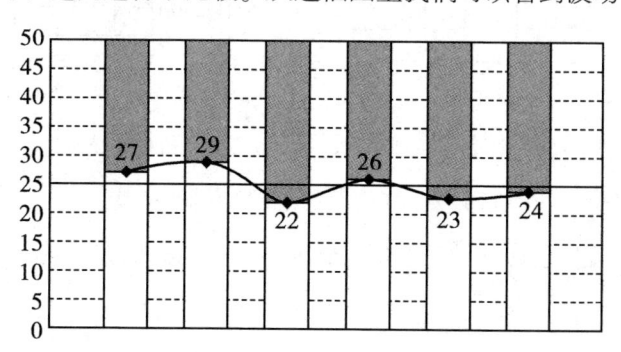

师：历史上，不少数学家为了探索不确定现象的规律，不厌其烦地进行大量的重复实验。请看，这是美国数学家维尼的2000次分组实验。（出示课件）

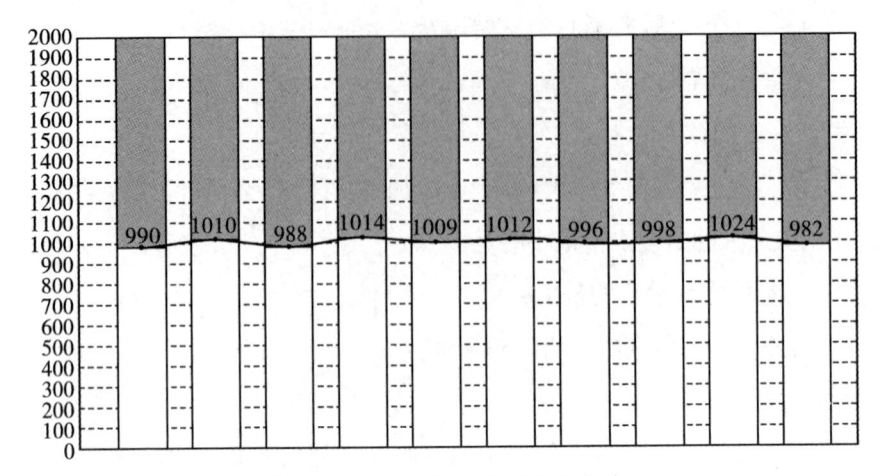

美国数学家维尼的 2000 次分组实验

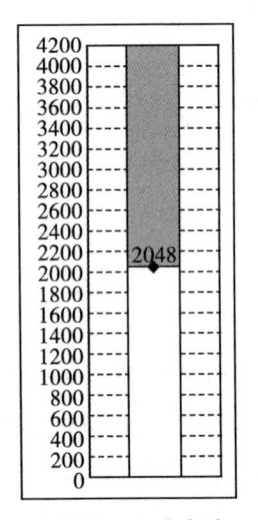

摩根的 4092 次实验

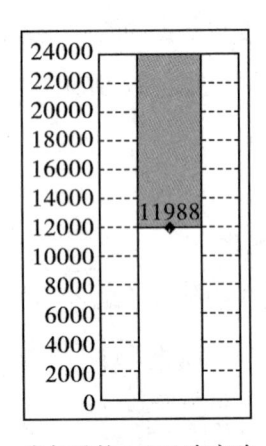

皮尔逊的 24000 次实验

师：通过这些数据，你是否可以看到不确定现象背后的规律？

生1：用抛硬币决定首先发球权，各队的机会是一样的。

生2：如果我们也像数学家们那样做大量实验，那么，摸到的黑球数和白球数会非常接近。

…………

师：抛出一枚硬币，落地后是正面朝上还是反面朝上？盒子里装有一个黑球一个白球，闭上眼摸出一个，摸出的是黑球还是白球？在它发生之前，无法确定它的结果。数学家却从大量的实验数据中发现，重复抛一枚硬币，次数少了可能会有较大的波动,次数多了就呈现出一定的规律:正面朝上和反面朝上出现的次数始终稳定在中间值上。数学家皮尔逊做的24000次实验中,正面朝上11988次,反面朝上12012次,仅相差24次,非常接近。我们可不可以认为正面朝上或反面朝上的机会是均等的?(学生点头)

【评析】通过有意义的数学活动,让学生感受事件发生的随机性,并通过介绍数学家的实验,让学生了解不确定的背后也存在着规律,体会事件发生的等可能性,培养学生用数据说话的意识,懂得用数据说话的基本方法。

三、运用规律,合理推断

师:盒子中有5个棋子,其中4个黑色棋子,1个白色棋子。如果让你闭上眼睛去摸出1个棋子,摸出黑棋和摸出白棋的机会均等吗?为什么?

生:不均等,因为黑棋的数量多,有4个,白棋只有1个。

师:那你们说说,是摸出黑棋的可能性大,还是摸出白棋的可能性大呢?

生:黑棋。

师:如果在盒子里再放入3个白棋(课件演示),摸出黑棋的可能性还大吗?

生:摸出黑棋的可能性与摸出白棋的可能性一样大。因为黑棋和白棋都是4个。

师:你们是不是想说,当盒子里棋子形状完全一样,只是颜色不同时,闭上眼睛去摸棋子,每个棋子都有可能被摸出,机会是均等的。如果想让摸出白棋的可能性更大点,该怎样做?

生:继续向盒子里放白棋。

师:不错,白棋的数量比黑棋多得越多,摸出的可能性就越大。

【评析】抓住问题的关键,引导学生充分感知"等可能性"的本质内涵,在具体情境中感知可能性的大小是可以预见的。

四、巩固拓展,深化提升

问题一:小明、小亮、小丽三位同学角逐年级组舞蹈冠军,为了公平起见,该选取抛硬币、掷骰子中的哪种方式来决定出场次序?

生1:我认为抛硬币不行。因为抛硬币只有正面朝上或反面朝上两种可能,无法决定三个人的先后顺序。

生2:骰子有6个面,掷出的结果有6种可能,每个面都有可能朝上,1、2、3、4、5、6这6个数出现的机会是均等的。问题是我们要决定的是三个人的出场顺序,怎样设计方案呢?

师:是啊,该怎样设计方案呢?相互说一说。

(展示学生中形成的方案)

方案一:小明——1;小亮——2;小丽——3。按这些数的掷出顺序来决定他们三个人的出场顺序。

方案二:小明——1、2;小亮——3、4;小丽——5、6。按这些数的掷出顺序来决定他们三个人的出场顺序。

方案三:小明——1、2;小亮——3、4;小丽——5、6。按这些数的掷出顺序来决定谁第一个出场;再用抛硬币的方法决定谁第二、谁第三出场。

师:他们的方案可行吗?你更喜欢哪种方案?

生:三种方案都能体现公平性,我喜欢第三种,第一种、第二种方案有可能要掷很多次。而第三种方案只需掷一次骰子,再抛一次硬币就可以了。

问题二:(出示课件)

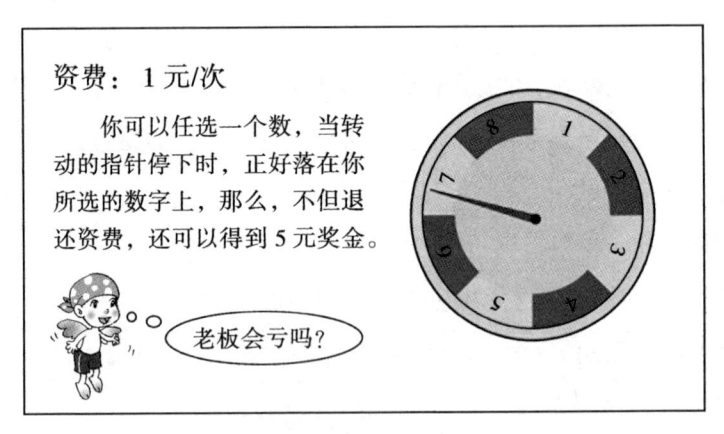

资费: 1元/次

你可以任选一个数,当转动的指针停下时,正好落在你所选的数字上,那么,不但退还资费,还可以得到5元奖金。

老板会亏吗?

师:1元玩一次。你可以任选一个数,当转动的指针停下时,正好落在你所选的数字上,那么,不但退还资费1元,还可以得到5元奖金。老板会亏吗?

生1:我觉得老板不会亏,这个老板很精明。圆盘上一共有8个同样的区域,我们所选的一个数只是其中的一个区域,可能性就很小。

生2:我想,如果是8个人来玩,可能只有1个人获奖。这样老板就能赚到

8-1-5=2(元),所以不会亏。

师:说得不错,老板很精明,也懂数学,精心设计的这个转盘游戏给人们带来了欢乐,也为自己带来了收入。

【评析】通过具体情境,让学生体会"可能性"的价值,理解生活现象背后的数学本质。教会学生用数学的方法去解决生活中的问题,用数学的眼光观察生活中的现象。

五、课堂总结

师:通过今天的学习,你是否对不确定现象又有了新的认识?说说你的体会。

生1:不确定现象背后也有规律,可以通过一些数据来推测某件事情发生的可能性是大还是小。

生2:我从数学家的身上看到了"用大量数据来探寻规律"的认真态度和科学精神。

生3:这节课让我体会到,可以利用事情发生的不确定性服务于生活。

……

师:对不确定现象的研究离不开数据,数据可以张口说话,数据的背后存在着规律,后面的学习我们将利用数据来进一步认识事件发生的"可能性"。

板书设计

可能性(二)

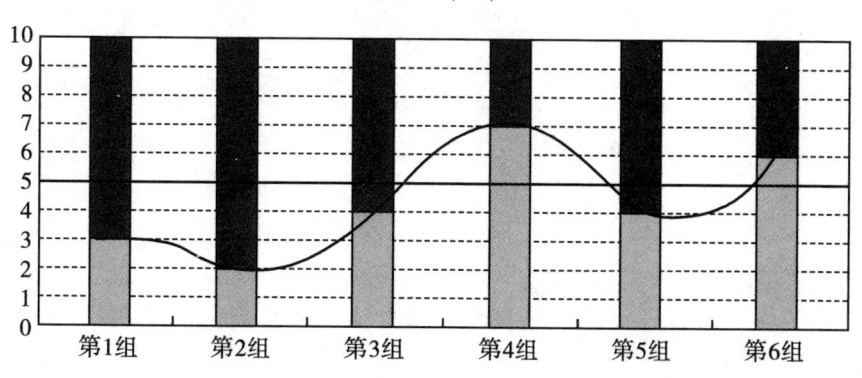

摸到黑棋的可能性大于白棋,每个棋子都有可能被摸出,机会是均等的。
黑棋4个   白棋1个

知识链接

数学期望

期望值是帕斯卡在研究概率问题的过程中提出的一个数学概念。

假如我们来玩一个游戏:袋中有大小相同的纸牌10张,有2张分别写10个游戏币,3张分别写5个游戏币,5张分别写1个游戏币。随意从袋中抽取一张,得到10个游戏币的机会(概率)为$\frac{2}{10}$,得到5个游戏币的机会(概率)为$\frac{3}{10}$,得到1个游戏币的机会(概率)为$\frac{5}{10}$,均值为:$10\times\frac{2}{10}+5\times\frac{3}{10}+1\times\frac{5}{10}=4$。

数学期望就是随机变量所有可能取值的加权平均数,是随机变量最基本的数学特征之一。它作为一个重要的参数,在市场预测、经济统计、风险与决策、体育比赛等领域有着重要的指导作用。

(摘自王长江、郝华荣:《统计学原理》,有删改)

作者简介 　高晓静,中小学二级教师,河南省洛阳市洛龙区优秀班主任,洛龙区教学标兵,曾获洛龙区数学优质课一等奖。

可能性（三）

李丽文

课堂回放

教学目标

(1)让学生在摸棋子的游戏中感受到通过数据,可以对整体情况进行推断。

(2)引导学生进一步体会随机事件发生的偶然性,感受偶然性背后的必然性。

(3)引导学生通过解决问题,提升数据分析和推断能力。

教学重点

在具体情境中初步感受偶然性背后的必然性。

教学难点

结合数据的统计规律,对整体进行推断。

教学过程

一、旧知回顾，引发思考

1.回顾

师:通过前一段的学习,同学们对"可能性"有了一定的认识。请看课件。

这个盒子中装有2个黑色棋子和8个白色棋子,闭上眼睛,随意摸出一个棋子结果会怎样?

生1:可能摸到1个黑色棋子,也可能摸到1个白色棋子。

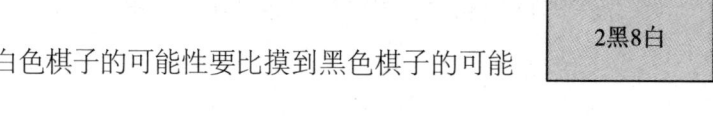

生2:摸到白色棋子的可能性要比摸到黑色棋子的可能性大。

师:谁来说一说,你们是根据什么作出这个推断的?

生:根据盒子里有8个白色棋子,2个黑色棋子。

2. 引出问题

师：老师这里还有一个盒子，我只知道装的是黑、白两种颜色的棋子，其他什么也不知道。如果我们想知道盒子里黑、白棋子各有多少，你们有什么办法？

生：打开看看。

追问：是个办法，除此之外还有其他办法吗？

生：摸几次看看。

师：你的意思是通过摸的情况来推断，是吗？

生：是。

师：好，我们先来摸一个看看。(摸出白色棋子)现在我摸出的是一个白色棋子，接下来，如果连续5次摸到的都是白色棋子，这时你会怎么想？

生1：盒子里全是白色棋子。

生2：不一定，也可能有黑色棋子，只是没有摸到。

师：是啊，假如第6次就摸到一个黑色棋子，这时你会怎么想？

生1：有少量黑色棋子。

生2：那也不一定，因为我们仅摸了6次，还不能下结论。只能说盒子里有黑、白两种棋子。

师：大家认同他的说法吗？（认同）

【评析】通过回顾引出问题，激发学生积极探索的欲望，并在这个过程中进一步体会随机现象。

二、从实验中获取数据，依数据做合理推断

1. 分组实验，获取数据

师：我明白了大家的意思，进行多次实验，获得足够多的数据，就可以推断出盒子里棋子的整体情况，是这样吗？（学生点头）

师：好，现在我们来做这样的实验。（课件出示实验要求）

> **实验要求**
>
> 1. 分组实验,每组摸 20 次。
> 2. 每摸出一个棋子,就在记录表上记下棋子的颜色,然后把棋子放回去,搅一搅,继续摸。
> 3. 最后根据记录的结果统计你小组摸到黑色棋子和白色棋子的总次数。
>
> 注意:为了保证我们的数据有效,实验成功,摸棋子的时候应遵守实验规则。(不能用眼睛看盒子里的棋子,结束后也不能打开盒子)

师:谁来把实验要求读给大家?

(学生读实验要求)

师:大家对实验要求还有不清楚的地方吗?(没有)

师:好,我们接下来要做的虽然简单,但也是科学实验,所以大家要严格按照要求,认认真真、安安静静来完成,能做到吗?(能)

(学生分组实验)

2. 整理数据

师:大家的实验都结束了,下面请各组代表把实验数据用纸条呈现在这幅图上。

师:(出示课件)这是根据你们统计的数据制成的条形统计图。深灰色代表黑色棋子的数量,浅灰色代表白色棋子的数量。

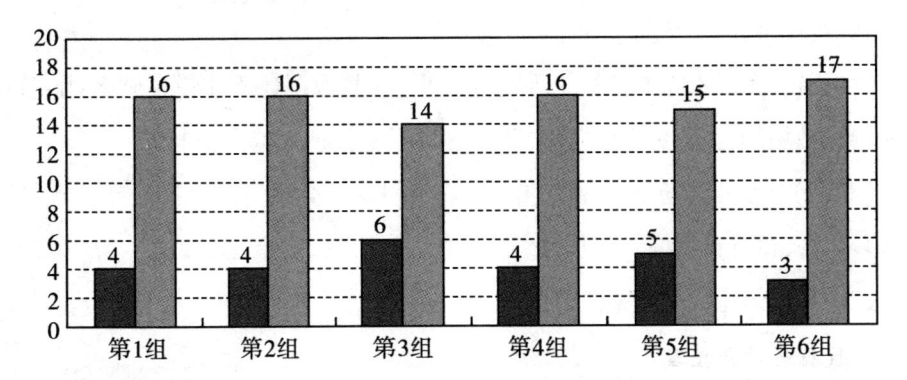

组别	黑色	白色
第1组	4	16
第2组	4	16
第3组	6	14
第4组	4	16
第5组	5	15
第6组	3	17

3. 分析与推断

师:你从这组数据中看到了什么?

生1：虽然每组获取的数据不同，但白色棋子都比黑色棋子多。

生2：盒子里的白色棋子多于黑色棋子。

师：能不能再深入一步？比如，从图中可以看出第一、二、四组，白色棋子都是黑色棋子的4倍。让我们看看全班的实验数据，再做推断。

生1：我算了，全班共摸出黑色棋子26次、白色棋子94次，黑色棋子是白色棋子的$\frac{13}{47}$，与$\frac{12}{48}$（$\frac{1}{4}$）非常接近，可以说盒子里的黑色棋子是白色棋子的$\frac{1}{4}$。

生2：我认为说黑色棋子是白色棋子的$\frac{1}{4}$不合适，因为这只是估计，用约是白色棋子的$\frac{1}{4}$更好点。

生3：我认为也应该考虑另外三组的情况，比如第五组，黑色棋子是白色棋子的$\frac{1}{3}$。

（打开盒子，呈现出6个白色棋子，2个黑色棋子）

师：大家看，我们在实验数据帮助下对盒子中棋子的总体情况作出了合理推断，盒子里黑色棋子是白色棋子的几分之几？

生：$\frac{1}{3}$。

师：与我们的推测吻合吗？

预设：还行，有一点偏差。

师：不错，我们推断的依据是现有的数据，这些数据还不能说足够多，随着我们实验次数增加，获取更多的数据，我们的推断就会越来越接近事实。

【评析】让学生经历数据收集、整理的全过程，学会通过用数据进行合理推断的一般方法，体会数据分析的价值。

三、拓展体验，充分感悟

1. 数据统计并整理

师：你们愿不愿意再接受下一个挑战，进一步感受数据的力量？请看屏幕。

我国是世界上河流最多的国家之一，有许多源远流长的大江大河。如果把我国所有的天然河流连接起来,总长可绕地球赤道十圈半。这里是我国 60 条主要的天然河流的长度统计表。

我国主要河流长度统计表

单位:km

名称	长度	名称	长度	名称	长度	名称	长度	名称	长度
长江	6300	郁江	1152	渭河	818	额尔齐斯河	593	玛纳斯河	406
黄河	5464	嘉陵江	1119	湘江	856	疏勒河	540	澧水	388
黑龙江	4370	海河	1090	鸭绿江	790	车尔臣河	527	韩江	410
西江	2075	和田河	1090	赣江	744	东江	523	南渡江	313
澜沧江	2354	嫩江	1379	岷江	711	图们江	491	瓯江	376
塔里木河	2137	大渡河	1155	柳江	773	喀什噶尔河	505	沂河	386
雅鲁藏布江	2057	沅江	1033	乌伦古河	715	钱塘江	605	大黑河	236
怒江	2013	叶尔羌河	1076	汾河	693.8	北江	468	九龙江	258
松花江(北源)	2309	乌江	1018	洮河	673.1	伊犁河	601	绥芬河	258
汉江	1532	淮河	845	元江	686	桂江	426	鉴江	211
雅砻江	1571	乌苏里江	500	资水	653	阿克苏河	660	浊水溪	170
辽河	1390	滦河	877	闽江	541	格尔木河	323	下淡水溪	171

师:今天我们关注的不是这些数的大小,而是每个数据的最高位。不管是三位数,还是四位数,我们只看最高位。

师:那么,一个数的最高位有几种可能?

生:9 种。

师:一个数,它的最高位可以是 1 至 9 中的任何一个,它们出现的可能性均等吗?

生 1:均等。

生 2:不一定。

师:还是那句话,你说了不算,我说了也不算,谁说了算?

生(齐答):数据说了算。

师:接下来你们的任务就是根据这组自然形成的数据完成下表,再制成条形统计图,有问题吗?

首位	1	2	3	4	5	6	7	8	9
个数									

(学生独立完成数据统计,并制成统计图)

2. 结果展示

首位	1	2	3	4	5	6	7	8	9
个数	14	10	5	6	8	8	5	4	0

师:(出示课件)这是根据你们统计的数据制成的条形统计图。

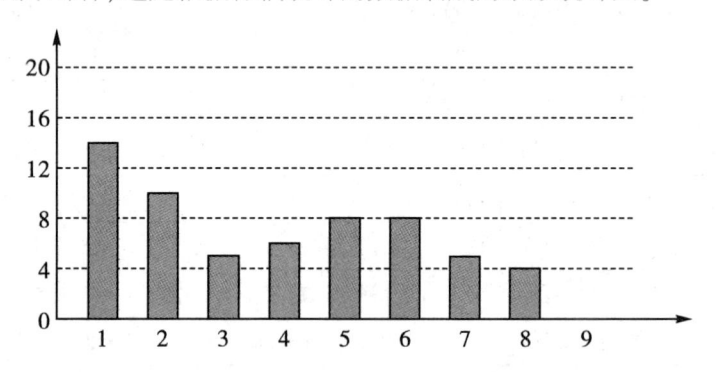

3. 初步分析

师:从这组数据中你读出了什么?

生1:在自然形成的数据中,首位上是1的可能性最大。

生2:首位是1的可能性最大,是9的可能性最小。

……

师:通过60个自然产生的数据,我们发现首位是1的数据最多,9的最少。如果收集很多的自然数据,又会怎样呢?

师:历史上就有一位科学家本福特做了这件事。他收集了大量自然产生的数据,惊讶地发现首位是1的数最多,首位是2的数排在第二位,是3的排第三位,依次类推,首位是9的最少。他发现的这个规律后来被人们称为本福特定律。

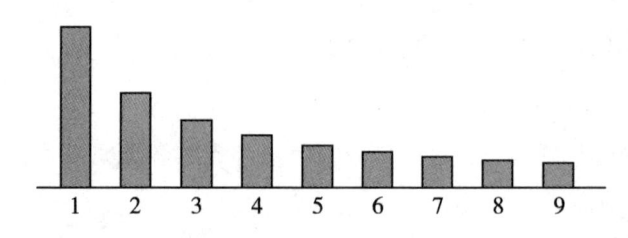

【评析】在具体情境中,使学生了解收集数据的方法是多样的,进一步体会数据分析的价值,并从中感悟到直觉有时是不可靠的。

四、课堂总结

师:同学们,课上到这里,老师想做个小小的调查。

师:你们觉得数据有用吗?数据厉害吗?

生:有用!厉害!

师:其实数据的作用在我们生活的方方面面。比如,估计一片森林中有多少棵成材树,一座水库中大约有多少条鱼,这些难题都可以从获取的统计数据中得到答案。希望通过本节课的学习,大家能和数据交上朋友,在数据的助力下,做一个有远见卓识的人。

板书设计

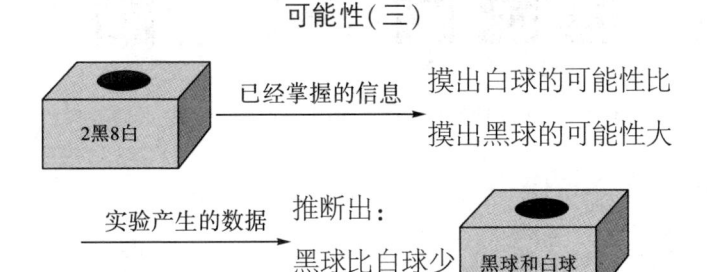

可能性(三)

2黑8白 —已经掌握的信息→ 摸出白球的可能性比摸出黑球的可能性大

—实验产生的数据→ 推断出:黑球比白球少 黑球和白球

知识链接

三门问题

三门问题起源于美国20世纪80年代蒙蒂·霍尔主持的一档电视游戏节目。游戏规则是,玩家面临三扇关闭的门,其中两扇门后面各藏一只山羊,一扇门后面是一辆汽车,选中后面有车的那扇门可赢得该汽车。当玩家选定一扇门后,主持人在剩下的两扇门中打开一扇门,这扇门后是山羊(主持人事先知道哪扇门里是汽车),然后询问玩家是否更换选择。

更换选择是否会增加玩家赢得汽车的概率,这一问题引起热烈讨论,有不少数学家也参与其中。

支持派认为：当然要换，选择"交换"可将赢得汽车的概率由 $\frac{1}{3}$ 增加到 $\frac{2}{3}$。理由是：

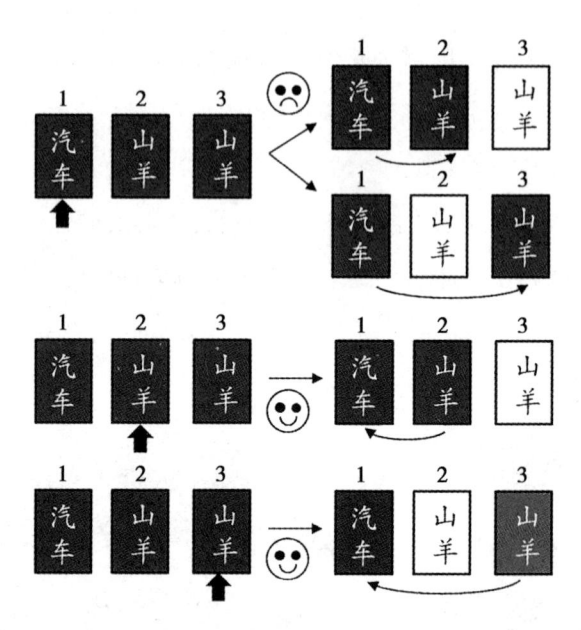

反对派认为：按照标准的游戏规则，到最后一步，玩家面临的都是二选一的问题，两扇门中，一扇门后是汽车，另一扇门后是山羊，选择任何一个概率都是 $\frac{1}{2}$，所以，换不换无所谓。

为此，有人在全国范围内的学校数学课上组织了统计实验，另外又有几百人以不同的方式用计算机做仿真实验，这些实验结果得出的结论是交换对玩家更有利。

事实上，三门问题是英国数理统计学家托马斯·贝叶斯创立的贝叶斯定理在现实生活中的应用。关于三门问题的讨论已超越了问题本身，引发人们开始思考概率的本质，并认识到概率有其客观性，也有其主观性。

（摘自张天蓉《从掷骰子到阿尔法狗：趣谈概率》，有删改）

作者简介   李丽文，中小学高级教师，曾获河南省优质课一等奖。